普通高等学校交通运输类专业教材

新一代航运系统导论

严新平　刘佳仑　柳晨光　蒋仲廉　胡欣珏　范诗琪　编著

武汉理工大学出版社
·武　汉·

内 容 简 介

本书适合作为本科及相关层次学生教材，可作为高等院校交通运输、海事管理、航海技术、物流管理、交通装备与控制工程等相关专业的课程教材或教学参考书，其目的是使学生了解我国水路交通的发展概况和国内外技术趋势。该教材涉及水路运输工程应用与技术发展，包括学科交叉和跨界融合协作，面向未来运输场景和组织模式，引入了系统科学领域的相关理论方法，从载运装备、航道设施、岸基平台、运营服务四个方面介绍了新一代航运系统的组成。

图书在版编目(CIP)数据

新一代航运系统导论 / 严新平等编著. -- 武汉 ：武汉理工大学出版社，2025. 7.
ISBN 978-7-5629-7482-6

Ⅰ. U699.2

中国国家版本馆 CIP 数据核字第 2025D6J363 号

项目负责：陈军东　　**责任编辑**：陈军东
责任校对：文志年　　**版式设计**：冯　睿
出版发行：武汉理工大学出版社
武汉市洪山区珞狮路 122 号　邮编：430070
http：//www.wutp.com.cn　理工图书网
E-mail：chenjd @whut. edu. cn
经 销 者：各地新华书店
印 刷 者：湖北恒泰印务有限公司
开　　本：787×1092　1/16
印　　张：12.25
字　　数：321 千字
版　　次：2025 年 7 月第 1 版
印　　次：2025 年 7 月第 1 次印刷
定　　价：49.00 元

凡购本书，如有缺页、倒页、脱页等印装质量问题，请向出版社发行部调换。
本社购书热线电话：027-87384729　027-87391631　027-87165708(传真)

前　　言

航运业作为世界经济的动脉，承担着约90%的世界贸易运输任务，在全球贸易与经济发展中扮演着举足轻重的角色。随着科技的迅猛发展，绿色化、智能化、韧性化已成为航运业高质量发展的重要方向。为适应新时代的需求，航运业亟须引入先进的绿色能源技术、电子信息技术和智慧运营服务理念，以新质生产力为驱动，推动实现航运业的绿色、高效、安全和可持续发展。

国际海事组织IMO(International Maritime Organization)正在积极推进自主水面船舶MASS(Maritime Autonomous Surface Ships) Code技术规则的制定，在此技术背景下，以“岸基驾控为主、船端值守为辅”新型船舶运行模式为代表的新一代航运系统应运而生并逐步完善，它融合了以人工智能、大数据为代表的新一代信息技术以及新能源、新材料等前沿技术，致力于打造一个更加智能、高效、安全、环保的航运业态。通过绿色智能船舶、数字生态设施、可靠岸基支持以及韧性运营服务，新一代航运系统有望实现航运资源的优化配置、运营效率的大幅提升、安全风险的有效防控以及对环境影响的显著降低，从而推动航运业的可持续发展，提升其在全球经济中的竞争力。

为了倡导新一代航运系统的理念并推进其发展，在高等院校交通运输和物流类专业中，开设“新一代航运系统导论”的课程十分必要。为此，我们从2021年开设基地课，2022年在航运技术、海事管理专业开设专业选修课，在此基础上组织了本教材的编写。本书共分为7章，系统地介绍了新一代航运系统的有关内容。第1章为绪论，阐述了航运业的发展现状与面临的挑战，引出了新一代航运系统的概念、特点和发展趋势，为后续章节的学习奠定基础。第2章详细介绍了新一代航运系统的体系架构，包括其组成部分、各部分之间的相互关系以及整体运行机制，使读者对新一代航运系统的框架有清晰的认识。第3章聚焦于水路交通绿色智能装备，探讨了船舶动力系统的智能化与绿色化技术、智能导航与助航设备的发展以及船舶自动化装卸系统与货物管理系统的应用，展示了绿色智能装备领域的创新成果。第4章深入剖析了水路交通数字生态设施，涵盖了数字航道与绿色智慧港口的建设、枢纽通航运行系统的发展以及航运大数据平台的应用，体现了数字化技术在航运基础设施和信息服务方面的重要作用。第 5 章围绕可靠岸基支持与驾控中心展开，介绍了岸基支持系统在船岸通信、远程诊断运维等方面的功能，展示了岸基系统在船舶远程操控和智能化管理中的作用，使读者了解船舶远程操控的实现方式和技术要点。第 6 章关注韧性运营服务，介绍了船舶营运管理、航运多式联运、船员管理、水运商务服务等多方面内容，阐述了韧性运营服务的概念、作用与范畴，分析了航运运营服务对企业经营的影响及未来发展趋势。第 7 章介绍了航运系统的安全应急与救援，系统地介绍了新一代航运系统风险评估方法，涵盖了综合安全评估流程与框架、航运风险致因因素分析以及防控策略分析方法，强调了航运安全保障的重要性。

本书涵盖了新一代航运系统的各个关键领域，从技术原理到实际应用，从基础设施到运营管理，从装备研发到安全保障，形成了一个完整的知识体系。同时，紧密跟踪航运科技的最新发展动态，引入了大量国内外先进的技术成果和实践案例，确保内容具有前沿性和时效性，使读者能够了解到航运领域的最新知识和发展趋势。

本书可作为高等院校交通运输、海事管理、航海技术、物流管理、交通装备与控制工程等相关专业课程的教材或教学参考书，也可供航运企业管理人员、技术人员、科研人员以及对航运业发展感兴趣的人士阅读参考。本书的出版目的是使读者了解我国水路交通的发展概况和国内外技术发展趋势，掌握新一代航运系统的定义、内涵和功能特征，熟悉航运发展业态，拓宽知识面，奠定专业基础，培养学生在航运管理、水路交通组织运营等方面的创新性思维，提升国际视野和学术格局，更好地结合个人情况进行职业规划和适应行业发展。

本书由严新平教授制定写作大纲，胡欣珏博士协助组织和统稿。参加本书撰写人员为：刘佳仑（第 1 章和第 2 章）；柳晨光（第 3 章）；蒋仲廉（第 4 章）；马枫、胡欣珏（第 5 章）；刘清（第 6 章）和范诗琪（第 7 章）。

本书在编写过程中，编者结合了团队承担的国家自然科学基金项目、科技部重点研发任务计划项目、工业和信息化部内河绿色智能船舶创新专项等科研任务形成的成果，在此感谢各类项目的资助和支持；同时，本书也参阅了大量的文献，这些文献启发了编写者的思路，提供了丰富的素材，在此，对列在本书参考文献中的作者，表示真诚的感谢；在本书出版过程中，一直得到武汉理工大学出版社陈军东编辑等的热忱帮助，在此表示衷心的谢意。

本书为武汉理工大学“十四五”规划教材，获得武汉理工大学本科教材建设专项基金项目资助。

由于编者水平有限，时间仓促，书中难免有错误和不妥之处，恳请各位读者批评指正。

严新平

2024 年 12 月 30 日

于武汉理工大学余家头校区航海楼 709 室

目　录

第1章

绪　论

1.1　概述

本章阐述传统航运业在国民经济中的作用和地位；介绍航运业在人工智能、移动通信、物联网、大数据等新兴技术支持下，国内外技术的发展现状，包括国际海事组织的技术规范、欧盟地平线2020计划资助项目等内容；梳理航运业在绿色、智能两方面技术驱动下的发展展望，总结未来关键技术领域，如船舶智能航行与远程驾驶、船舶绿色高效驱动、高精度动态数字航道、岸侧能源动力供给、港区自动化、港口物流运输等。

1.2　航运业的作用地位

航运业在全球经济中占据着至关重要的地位，是服务国家重大战略规划和社会经济发展的重要支撑。作为国际贸易的基石，航运业连接了全球各个大洲和国家，确保了航运货物的高效流动。全球约90%的货物运输依赖于海运，这使得航运业成为维持全球供应链稳定和国际贸易增长的核心力量。各种运输形式中，水路运输主要承担载运量大、位移距离远的客货运输，其运输能力与适应性强，通航所受限制小，运输成本低，相较于公路、铁路、航空、管道运输，具有较强的货物适应能力，在能耗、效率、生产、建设、维护等经济技术指标方面表现出良好特性。

《交通强国建设纲要》指明了加强新型载运工具研发，强化智能船舶、新能源船舶等自主设计建造能力，广泛应用智能航运、自动化码头等新型装备设施的发展方向。《国家综合立体交通网规划纲要》明确要求完善客运枢纽等旅游服务设施功能，加强内河高等级航道运行状态在线监测，推动船岸协同和自动化码头发展。《内河航运发展纲要》指出要针对绿色水运、智能服务等新的发展模式、业态，开展试点示范，科学引导内河航运高质量发展。提出进一步提升安全监管与应急救助能力，构建内河安全管控体系，实现智能综合信息高效便捷服务。

2021年，国务院印发《“十四五”现代综合交通运输体系发展规划》，明确了完善船-岸、船-船通信系统，增强全航行过程船岸协同能力等任务；2022年，工业和信息化部等五部委联合印发《关于加快内河船舶绿色智能发展的实施意见》，提出推动船舶新一代智能航行技术研发应用，开展基于5G网络的“岸基驾控、船端值守”船舶航行新模式研究，鼓励在通航秩序好、船舶交通密度适中的骨干支线航段客船、货船上率先开展远程驾驶系统技术的试点示范。随着“交通强国”“海洋强国”等国家重大战略的深入实施，以新一代船舶智能航行技术为核心的智能航运产业得到了迅速发展，对加强有条件下的自主航行关键技术研究和推动船舶智能航行的岸基协同系统、安保系统和远程操控系统等整体技术应用提出了更高要求。

总体来说，航运业的作用和地位体现在其对全球经济、国际贸易、供应链稳定、能源运输以及地缘政治的深远影响。它不仅是全球化的重要推动者，也是各国经济发展和能源安全的基石。随着全球经济的发展和资源环境保护意识的提升，航运业将在未来继续发挥其重要作用，同时面临新的挑战和机遇。

1.3 航运业的发展现状

1.3.1 世界航运业技术发展现状

自2012年起，国内外研究机构(含高校)以提高水路交通运输的经济效益为目标，着眼于运输载体智能船舶的升级改造和船岸通信网络的构建，开始了绿色智能航运方面的研究，并陆续拓展至港航基础设施与运营组织服务等方面。面对能源供给、安全高效、低碳环保、服务便捷、可持续发展等挑战，以美国、荷兰、比利时、日韩为代表的航运大国也在不断寻求新的发展路径和探索新型货运组织方式，以克服传统水路交通运输对集装箱码头依赖程度高、运营成本高、信息化程度低、自动化程度低等问题，提高船舶运输的利用率。

欧盟理事会2020年6月于布鲁塞尔形成了“欧盟水路运输领域远期展望：面向碳中和、零事故、自主化和竞争化发展”的水运发展理念，旨在达成：碳中和、零污染；数字化转型；面向未来海运和内河运输的船员适任能力提升和培训；世界领先的欧盟内河水路运输系统等目标。挪威船级社(DNV. GL)预测：按照IMO提出的减排战略，2030年左右航运业能降低大约50%的碳排放，2050年降低70%，在本世纪末达到零碳排放的目标。

欧盟最早提出的航运综合信息服务概念，通过船端系统环境、物理链路、全球无线电导航支撑系统和岸基技术服务等要素完成了对航海保障综合服务体系的总体技术架构设计。挪威研究理事会和康斯伯格开展 SESAME e-Navigation 项目，基于船岸通信实现对航行环境和会遇态势的感知融合与协同决策，旨在验证新一代船舶交通管理系统的概念。国际海事组织（IMO）发布了《水面自主船舶试航暂行指南》，明确了水面自主船舶的试航要求，以保障其试验的安全和效率。

国际海事组织海上安全委员会（MSC）提出了自主操作能力等级划分标准并启动了国际法规的梳理和修订工作，世界上主要船级社先后发布了智能船舶规范或指导性文件。韩国启动了自主船舶及智慧海运物流应用服务研发计划，旨在突破智能船舶装备技术和船岸数据交互与通信技术，建设远程控制与应急救援中心，开展试航评估与应用服务技术验证，构建配套的应用服务和法规标准体系。俄罗斯工业贸易部和交通部启动了自主和远程导航船舶试验项目，旨在为国家海事高新技术 MARINET 发展路线图的制定提供支撑。

鹿特丹港港务局批准了“马斯莱可迪”二期项目（Maasvlakte2），资金投入总额 40 亿美元，旨在通过建立完善的信息基础设施，应用云计算、移动服务终端、物联网、视频监控系统，为港口物流和运营管理提供基础支撑，研发港口运营管理 CITOS 系统与全程运营基础平台，实现港口机械设备与信息指令的集成控制，强化高效协同的航运物流。新加坡海事和港口管理局（MPA）提出“2030 年下一代港口”（简称“NGP 2030”）的愿景，以建设大士港智能港口为核心，应用清洁能源，促进港城协同，保障港口运营安全，实现可持续发展。德国汉堡港发布《港口发展规划 2025》，提出重点围绕码头智能化运营、物流价值链服务、港区服务升级、生态环境优化改造等方面推进智慧港口建设。美国交通部启动港口基础设施计划，投资 2.3 亿美元总额改善港口基础设施，支持集装箱转运设施建设、扩充堆场容量，以提升港口容量和运营效率。

欧盟地平线计划启动了 AEGIS（Advanced Efficient and Green Intermodal Systems）项目研究，通过引入小型化的短程运输船舶、自动化装卸货设施、自主航行船舶、新型标准化集装箱等技术手段，以实现新型水上交通系统的智能、绿色和一体化发展，设计了利用小型无人船的货物转运、近海滚装船运输服务与内河运输联运、船舶-火车的绿色多式联运三个示范场景，美国、英国、比利时等国陆续启动了智能船舶测试场的建设和智能船舶测试验证的相关研究。由雅典国立技术大学协调的 MOSES 项目旨在应用船舶创新技术、加强基础设施建设和优化交通物流运营，培育端到端的服务模式，减少船舶港区滞留时间、提升货物载运效率，节能减排、降本增效。利用自主航行的支线集装箱船以优化大型集装箱船的进港时间和频率，与此同时建设数字化的船岸协同平台，在海上实现货物过驳作业，提升集装箱货物效率。

通过设计配备自动化集装箱处理系统的混合电池动力船舶、开发港口自动化控制系统减少设备机动装置的装卸时间和船舶停靠时间、研发船货/船港/港货物流匹配平台，实现节能减排、降本增效和韧性化运营。由奥地利航道管理局协调的欧洲内河航运管理信息服务项目基于现有基础设施和运营平台，通过客户、运营商和管理部门间的数据交互提升交通管理质量和信息服务的互用性，充分发挥航运优势。荷兰代尔夫特理工大学协调的 AVATAR 项目针对北海地区内河航道(IWW)的创新技术应用问题，以城市水道和货物运输为应用场景，研发与测试零排放的自动驾驶船舶，实现远程监控并开展相关的法律框架研究。

2021 年 5 月，国际海事组织在 MSC 103 次会议上完成了关于 MASS(Maritime Autonomous Surface Ships，海上自主水面船舶)监管范围的界定，将船舶自主化划分为辅助决策支持、有船员在船的远程驾驶、无船员在船的远程驾驶和完全自主四个等级，如图 1-1 所示；2022 年 5 月，ISO/TC 8 发布了《自主船舶系统相关术语》(ISO/TS 23860)技术规范；2022 年 11 月，MSC 106 届会议在伦敦召开，正式设立了海上自主水面船舶(MASS)工作组，集中受理了一批 MASS 相关的会议提案，如表 1-1 所示；2023 年 5 月，MSC 107 届会议继续在伦敦召开，制定了目标型 MASS 规则，并界定了 MASS 规则与 SOLAS 规则、STCW 公约及《国际海上避碰规则(COLREGs)》的关系，会议征集的 MASS 相关议题如表 1-2 所示；2023 年 10 月，海上自主水面船舶会间工作组在伦敦召开会议，讨论了立法范围界定所识别的部分共性问题，包括 MASS Code 的适用范围、MASS 及远程操作中心(Remote Operations Center，ROC)的检验与发证、网络监管等议题。

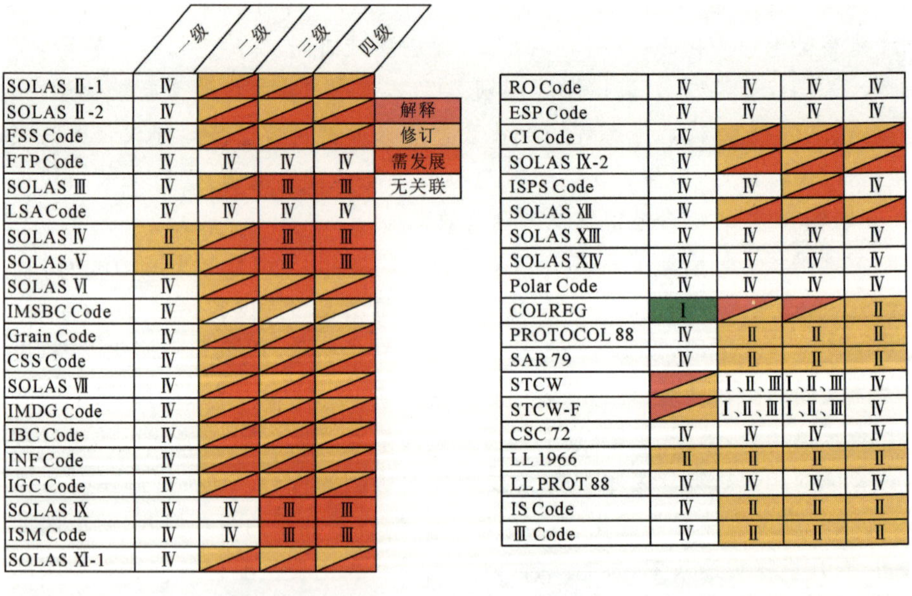

图 1-1 国际海事组织(IMO)自主水面船舶法规适应性研究框架

表 1-1 MSC 106 届会议各国 MASS 提案

序号	提案方	提案编号和名称	主要内容
1	日本	MSC 106/5/1 Draft provisions of navigational tasks/functions for the international code of safety for MASS	结合日本国内的 MASS 试航情况，对 MASS 导航功能系统划分，以及 MASS 的设计范畴等问题提出了技术主张

续表 1-1

序号	提案方	提案编号和名称	主要内容
2	韩国	MSC 106/5/2 Considerations for accident response to fire and flooding accident of maritime autonomous surface ships	提出了针对 MASS 响应所需的主要设备系统(传感器、数据传输、冗余、工程计算与模拟数据库)和响应方法(事故确认、问题解决、响应结果验证、响应配置与要求)
3	中国	MSC 106/5/3 Proposal for incorporation of risk assessment into MASS instrument	中国提出将风险分析(Risk Analysis)作为 MASS Code 的一个单独章节,并具体提出了 FMEA(Failure Modes and Effects Analysis,潜在失效模式与影响分析)、STAMP (Systems Theoretic Accident Model and Process,事故分析模型)等风险评估方法供参考
4	俄罗斯与阿联酋	MSC 106/5/4 Comments on document MSC 106/5/1	表达了对日本按照功能系统划分来制定 MASS 规则,以及本次针对导航功能提案的支持,并进一步就 MASS 术语定义提出观点
5	韩国	MSC 106/INF. 13 Application of autonomous technology by onboard system at present	结合本国的研究,围绕 MASS 功能系统的划分和关键术语提出了技术主张
		MSC 106/INF. 14 Information on the autonomous ship verification & evaluation research center	介绍了韩国自主船舶评估与验证中心的基本情况、设备配置和技术应用情况
		MSC 106/INF. 15 Methodology for accident response to fire and flooding accidents of MASS	与韩国的主提案 MSC 106/5/2 密切相关,提供了具体细化的针对火灾和透水事故的应急响应方法,按照船舶自主等级、船员角色等进行分类
		MSC 106/INF. 20 Lessons learned from the MASS control remote concept simulation training	介绍了韩国的 MASS 海员模拟培训情况,并梳理了当前存在的主要问题

续表 1-1

序号	提案方	提案编号和名称	主要内容
6	日本	MSC 106/INF. 4 Results of demonstration tests of fully autonomous ship navigation on MEGURI 2040	介绍了日本国内依托 MEGURI 2040 项目的 MASS 试航情况，包括具体的示范验证方法和结果细节
7	英国	MSC 106/INF. 6 The United Kingdom developments on maritime autonomous surface ships: research, legislation and industry projects	介绍了英国针对海上自主水面船舶的研发和立法进展情况
8	中国	MSC 106/INF. 18 Information on the common gaps and key issues related to the use of MASS identified in the IMO instruments	系统梳理了当前针对 MASS 立法存在的共性需求，并围绕关键术语等问题提出了技术主张

表 1-2　MSC 107 届会议 MASS 相关议题

序号	议题名称	主要内容
1	MASS 规则的适用范围	MASS 规则草案适用于《SOLAS 公约》第一章定义的货船，但不包括高速货船，以及军船在内的政府所有及营运的船只
2	MASS 规则草案的审议	同意第 1、第 2 部分中的检验发证、批准程序、操作范围、系统设计、软件原则、安全操作管理、报警管理、人员因素等章节草案的内容，需要根据会议意见进一步开展编写及调整工作
3	MASS 规则草案框架调整	第 1 部分为总则，涵盖应用时须考虑的主要事项。 第 2 部分为 MASS 与 MASS 功能的主要原则，主要规定了应用自主或远程操作模式下的技术原则。本部分要求是 MASS 批准和认证过程必须满足的要求。 第 3 部分为目标、功能性要求和条款，用于自主或远程操作功能，根据所认证的操作模式和功能，该部分并非要求都需要满足
4	引入远程操作管理（Remote Operation Management, ROM）概念	MASS 和相关远程操作中心（ROC）监督机制进行了讨论，并引入远程操作管理（ROM）的概念。MASS 的安全运行责任应由 ISM 公司承担，而 ROM 概念应保留为 ROC 安全运行管理的补充替代认证计划

续表 1-2

序号	议题名称	主要内容
5	更新 MASS 规则制定路线图	(1)计划于 2025 年召开的 MSC 110 上完成和通过非强制性 MASS 规则，随后进入经验积累阶段； (2)强制性的 MASS 规则计划最早于 2032 年 1 月 1 日生效
6	重建 MASS 联系工作组，明确其职权范围	(1)完成 MASS 规则草案第 1 部分术语和定义章节的制定； (2)完成第 2 部分制定； (3)考虑 MASS 会间工作组(MSC/MASS ISWG 3)的成果以及 MSC 109 的成果和指示； (4)向 MSC 109 口头报告通信组工作进展，并向 MSC 110 提交书面报告

2024 年 1 月，韩国国会表决通过了自主水面船舶研发及商业化应用促进法案，旨在促进自主航行船舶关键技术和核心零部件的开发，并为自主航行船舶的安全运营奠定基础，并于 2025 年 1 月开始实施。当前，针对自主船舶的立法工作正在加速推进，国际海事组织计划 2025 年在 MSC 110 届会议上最终确定并通过推荐性 MASS Code 导则，2028 年起开始制定强制性 MASS code 导则，在 2030 年前通过提案并于 2032 年 1 月 1 日前生效。

1.3.2　国内航运业技术发展现状

我国先后发布了《自主货物运输船舶指南》、《船舶总装建造智能化标准体系建设指南》、《绿色生态船舶规范》、《智能船舶规范(2024)》等指导性文件，设立了高技术船舶科研项目——“智能船舶 1.0”专项，选择散货船、油轮和集装箱船舶开展智能化技术研发，示范船舶取得了智能航行、智能能效、智能机舱等智能船舶符号。科技部设立国家重点研发计划——基于船岸协同的船舶智能航行与控制关键技术研究，旨在开展支撑船舶智能航行的岸基信息支持、通信及网络安全和远程驾驶技术研究，面向 64 TEU 集装箱示范船、智飞号沿海集装箱示范船，研发内河船舶重点航段的智能航行系统和沿海船舶航线智能优化及自主航行系统。工业和信息化部设立高技术船舶科研项目——绿色智能内河船舶创新专项，开展内河船舶技术体系架构研究，明确智能化、绿色化技术发展路径。

在国家战略的指导和高校科研院所、政府部门、企业的共同努力下，具备星上智能信息处理系统的“水运一号”卫星成功发射，构建了“一图两网四平台”长江干线通航运行体系和内河“两横一纵两网十八线”航运网络，建成了三峡、葛洲坝船闸等一批高等级安全通航工程，离岸深水港建设关键技术、巨型河口航道整治技术、长河段航道系统治理技术、海工机械特种船舶、大型自动化专业化集装箱成套设备制造技术达到世界领先水平，海上风电场建设累计装机容量 5.93 GW，在建风电场项目 13 个，珠海万山智能船舶测试场启动运营。

全国已累计建成岸电装置 2400 余套，覆盖泊位 3200 多个，三峡通航区通过打造覆盖坝区岸电设施的一体化运营服务网络，为船舶提供岸电设施联网、便捷用电、智能运维、增值服务等业务，京杭运河水上服务区基本实现了岸电全覆盖。自动起重机装卸、无人驾驶集卡、多功能航标等新型基础设施逐步应用于港口、航道等具体运输作业区域，智能船舶、港口无人牵引车、自动驾驶集卡等载运装备自主研发建造能力不断提升。天津港、青岛港、宁波港、上海洋山港等的自动化码头投入实际运营，基本具备智能船舶、智能航保、智能监管试点示范环境条件。

高技术船舶及海洋工程装备被列为《中国制造 2025》的十大重点领域，《"十四五"现代综合交通运输体系发展规划》明确了推广绿色智能船舶，推进船舶自主航行等单项智能船舶技术应用，推动船舶智能航行的岸基协同系统、安保系统和远程操控系统整体技术应用等重点项目。2022 年，工业和信息化部等五部委联合印发《关于加快内河船舶绿色智能发展的实施意见》，明确提出推动新一代智能航行船舶技术研发应用，开展基于 5G 网络的"岸基驾控、船端值守"船舶航行新模式研究，在通航秩序好、船舶交通密度适中的骨干支线航段客船、货船上率先开展远程驾驶系统技术的试点示范。国家海事局发布《船舶自主航行试验技术与检验暂行规则(2023)》，填补了国内船舶自主航行领域的技术法规空白，以船舶智能航行为核心的智能船舶技术正在加速进入快车道，随着感知、决策、控制等技术的创新研发与应用探索，智能航行正循序渐进地从局部向全船、从外延到内涵应用拓展。

1.4 航运业技术的趋势展望

航运业作为全球贸易的核心支柱，正处于快速变革的关键时期。近年来，随着环保意识的提升和全球气候变化的挑战，绿色航运已成为当前航运业发展的重要趋势。国际海事组织(IMO)和各国政府相继出台了更为严格的排放标准，加快航运公司应用绿色技术的进程。例如，液化天然气(LNG)、氢燃料电池、电力推进系统等新能源技术正在逐步替代传统的柴油机，以减少船舶的二氧化碳、硫氧化物和氮氧化物的排放。同时，船舶设计和运营的优化也在持续进行，通过提高能效和减少废弃物排放，航运业正向着更加环保和可持续的方向迈进。

与此同时，数字化与智能化技术的迅速发展正在颠覆航运业的运作模式。物联网(IoT)、大数据分析和人工智能(AI)正在航运公司中得到应用。这些技术在提升船舶的运营效率的同时，可进一步变革物流管理全链流程。基于新一代计算机与通信技术的应用，智能船舶可进一步实现自主规划航线并优化燃料使用，自动化港口和智能物流系统在货物处理速度和准确性层面将进一步得到提升。此外，区块链技术的引入，有望为航运供应链提供更加透明和安全的管理模式，减少交易和运输过程中的摩擦和不确定性。

如图 1-2 所示，在船舶智能航行方面，沿着增强驾驶、辅助驾驶、远程操控、人机共驾的路线发展，旨在最终实现自主航行。在船舶绿色能源方面，正由传统的石油制品燃料朝着液化天然气燃料、混合能源动力、纯电池动力、氢氨燃料电池动力的方向发展。随着船舶智能化相关技术的不断发展，最终可实现由智能系统设备逐步转变为会思考的智能船舶，促进船舶安全、高效航行。

图 1-2　载运装备发展趋势

1.4.1　智能技术发展展望

航运业的智能技术发展正处于快速推进的阶段，依托人工智能、大数据分析、物联网(IoT)和区块链等先进技术，航运业正在逐步实现智能化转型。智能船舶作为其中的重要载体，通过配备先进的助导航和自动化系统，能够实现自主规划航线、优化能效利用并应对复杂的海况。通过远程驾控技术，智能船舶可进一步提升运营效率，为船舶的无人化发展奠定基础。

在自动化与无人化方面，自动化设备和无人操作技术在港口和船舶上的应用正逐渐普及。自动化码头和自动导引车(AGV)的运营使用显著降低了人力成本,为提升港口作业效率提供坚实动力。无人船的研发和试验也在不断推进,虽然距离大规模商业化应用尚远,但这项技术的成熟将可能彻底改变传统的航运模式,使得航运业运输作业流程更加高效、安全。

在港口自动化技术层面,设备远程操作智能化技术可提高人与机器间的协同合作效率,在保障人员安全与系统状态可实时监测的前提下,能大幅提高安全性、便捷性以及精确性。随着自动化程度的提高,全球供应链的运作效率将大幅提升,使得航运业能够更好地应对未来不断增长的物流需求。

通过嵌入式、物联网和区块链技术,智能物流管理系统在航运业中得到广泛应用,实现了运输过程的实时跟踪和数据共享。该项技术的应用增加了供应链的透明度,进一步加强了物流的安全性和可靠性。未来,随着这些智能技术的进一步发展,航运业将能够更好地优化全球供应链,提高运营灵活性,并应对市场变化和突发事件。

全球供应链的日益复杂化促使航运业在整合与协作方面做出重大决策。航运公司、物流供应商和港口运营商之间的合作日益紧密,以期利用数字化平台实现供应链的透明化和实时监控。通过进行多式联运的优化,航运企业能够更加灵活地应对市场变化和突发事件,进一步提升了物流效率并降低了运营成本。特别是伴随亚洲、非洲和南美等新兴市场的崛起,航运网络正在为更好地服务区域市场不断完善。

最后,围绕航运金融与保险业层面,伴随社会发展,绿色债券、可持续融资等新兴金融工具,正成为航运公司获取资金的重要渠道。同时,航运保险通过应用智能化技术,使得风险评估和管理流程向精准化和高效化迈进。这些发展趋势提升了航运公司的融资能力,也增强了整个行业的风险抵御能力。综上,航运业正在通过技术创新和全球化协作模式,迎接未来发展的挑战和机遇,巩固其在全球经济中的重要地位。

1.4.2 绿色技术发展展望

面对日益严峻的环境挑战和全球气候变化压力,航运业的绿色技术发展已成为行业可持续发展的关键所在。新能源技术的应用,如液化天然气(LNG)、氢燃料和电力推进系统,正在逐步替代传统的燃油驱动,能够显著减少船舶的碳排放和污染物排放。特别是氢燃料和电池电力推进技术,作为未来的清洁能源解决方案,将在未来逐步推广,助力航运业实现零排放目标。

除能源变革外,能效优化技术在绿色航运中占据着同样重要的地位。优化船体设计和推进系统,能大幅优化船舶能效,显著减少燃料消耗和碳排放。船舶岸基供电技术是船舶在停泊码头期间停止使用辅机,而改用岸上电源供电,获得其泵组、通风、照明、通信和其他设施所需电力。运用该技术可大幅减少船舶发电机单独供电带来的船舶运行成本，此外还可控制颗粒物、氮氧化物、硫氧化物的排放和噪声污染。接入岸基电源，能使船舶每次靠港的颗粒物、氮氧化物、硫氧化物的排放量减少高达95%，具有明显的减排效果。这些技术突出了未来航运业的节能环保特性。

港口交通能源融合技术是提高交通运输的能源效率、优化交通运输的能源结构、推动交通运输的转型发展的关键技术。多能源系统运用先进的管理技术，整合系统区域内多态绿色能源，实现系统内能量的供需平衡。在满足多元化用能需求的同时有效提升能源利用效率，进而促进能源可持续发展。港口交通能源融合技术包含三大核心点，即多能源系统与港口负荷动态平衡调控理论、港口资产能源化方法以及港口多能源系统协同控制。

综上所述，航运业技术内涵指与航运业相关的所有技术要素与方法的综合，对提升航运效率、安全性、经济性以及环境可持续性起关键作用。智能技术和绿色技术的协同发展，将深刻改变航运业的未来面貌。聚焦智能化，先进的智能技术应用将显著提高航运效率和安全性。围绕绿色化，清洁能源和节能环保技术的应用将显著降低航运对环境的影响，助力航运业实现可持续发展目标。未来的航运业，将在这两大技术的推动下，踏入更加智能、绿色和高效的全新阶段。

1.4.3 韧性技术发展展望

韧性技术综合运用大数据与人工智能等前沿方法理论，借助拓扑分析及仿真模拟途径来评定系统的整体运行效能，精准识别安全隐患，优化决策流程并提升运输作业效率。韧性技术核心聚焦于系统的可达性、鲁棒性、抗毁性、适应性与可恢复性等关键能力，在基础设施建设、航运物流组织以及船舶交通管理等诸多领域均有着广泛的应用，能够助力管理人员对交通态势展开科学研判，妥善完成风险管理工作。

伴随货物运输量的持续攀升以及船舶向大型化、专业化趋向发展，复杂多变的海洋环境与密集的船舶交通流量致使航运业面临更大的安全风险。地缘冲突、重大公共卫生事件以及全球气候变暖均在不同程度上对资本的流动与贸易格局的演变产生影响，运输距离、时间及费用等要素的波动也给物流供应带来极大的不确定性冲击。在此情形下，如何增强系统应对极端天气与自然灾害的抗毁能力，提高在突发船舶交通事故后的恢复能力，预先推测并适应持续变化的外部环境，达成船舶、货物、港口、泊位等资源要素的优化配置与集约高效运用，已然成为当下航运业发展的核心主题。

在供需关系平衡层面，需持续优化航线网络和基础设施布局，合理调整船队规模结构，科学规划船型、数量以及新造船订单，强化与国际海运船队标准的对接。综合考量货物类型、时间、距离与运输成本等多方面因素来确定船期班组，充分彰显散货船在中短途运输方面的比较优势，防止运力过剩引发的恶性竞争，在保障航运企业经营效益的同时，切实满足国家海上战略物资运输的安全需求。通过构建“航运+港口+物流”三位一体的全球物流供应链体系，推动交通基础设施网、运输服务网、能源网以及信息网的协同共进，完善“端到端”服务链条，从而实现物资供应高效畅通，确保国民经济平稳运行。

长期以来，船舶交通组织管理主要依靠 AIS(Automatic Identification System，船舶自动识别系统)、VHF(Very High Frequency Radiotelephone，甚高频无线电话)、雷达、电子海图等技术手段为船员提供航行信息服务，尚处于以人为主导的弱控制时期。针对船舶运行过程中存在的态势理解能力欠佳、通信传输受限、数据建设与应用相互割裂等突出问题，迫切需要构建陆海空天一体化的水上交通安全保障体系，达成全时、全域、全天候的动态监管与风险管控。融合 5G 通信、差分校准与空/岸基增强技术，大力推动北斗导航系统的规模化应用，稳固高精度时空信息服务根基；创建船舶多尺度行为谱，精确预估船舶交通流量与航行碰撞风险，提升智能化决策水准，为海事执法人员提供事前预警、事中快速响应、事后妥善处置的完备方案，有效规避因人为因素诱发的船舶交通事故。

1.4.4 未来航运业关键技术

未来航运业关键技术包括以下六个主要方面：

(1)船舶智能航行与远程驾驶技术

船舶智能航行与远程驾驶技术是指利用人工智能、自动化控制、传感器和通信技术，实现船舶自主航行和远程操作的一系列技术。该技术可使船舶在没有或极少人工干预的情况下自动规划航线、避碰、调整航速以及应对突然情况。船舶远程驾驶技术允许岸基驾控中心操作人员通过卫星通信和数据链路远程监控和控制船舶，以保障船舶航行的安全。技术实际实现路径方面，通过运用移动通信、自动控制、视觉增强等技术理论，进一步促进全息环境感知、船岸信息交互、安全辅助驾驶、远程运行控制、人机混合智能、协同决策控制、船舶自主航行等技术的突破。岸基控制中心的搭建，可将多源交通信息进行融合，实时监测系统运行环境并主动防控交通行为风险，面向船岸协同的网联环境，可通过分布式计算、云计算提供综合信息服务，实现船舶智能航行一体化感知与融合控制。该技术的应用可进一步提升航运业运输效率，在减少人为错误的基础上，降低了船舶运营成本，是船舶迈向无人驾驶的重要环节。

(2)船舶绿色高效驱动技术

船舶绿色高效驱动技术是指一系列用于提高船舶驱动效率并减少环境污染的技术手段。这些技术包括但不限于使用新能源(如液化天然气、氢燃料、风能、太阳能等)推进系统，优化船体设计以减少阻力，采用高效推进器和先进的能效管理系统。当前世界海运船舶排放 CO_2 约 10^9 t，约占全球 CO_2 排放总量的 3%。为提高船舶能效、减少船舶温室气体排放(节能减排)，国际海事组织(IMO)提出 EEDI(Energy Efficiency Design Index，新造船设计能效指数)、EEOI(Energy Efficiency Operational Indicator,船舶营运能效指数)等评价指标。航运发展应顺应"绿色船舶"的发展潮流,分析通航环境、装载量、吃水、主机功率(转速)等因素与EEOI之间的内在关系,在保证船舶安全和营运效率的前提下,通过优化控制船舶航速、装载量、吃水、航线等,以最大限度降低EEOI。

(3)高精度动态数字航道技术

高精度动态数字航道技术是基于先进测绘、导航和信息技术,为船舶提供精确、实时航道信息的技术。推动了基于云网交互的高精度动态航道图、船舶过闸调度、港口信息管理系统、港航基础设施建养等综合信息服务平台建设,可实现端-网-云架构下自动驾驶集卡、轨道平台、港口货物集疏运设备的应用。基于水路网各节点间电子航道图的数据共享和交互,发挥"多点协同联动"效能,促进航运高质量发展。面向船舶智能航行、通航要素信息感知与融合、高精度定位与导航等技术需求,结合太阳能一体化航标灯等感知设备,建成内河全息助航系统。伴随数字孪生和大数据等船舶智能化相关技术的不断发展,最终可实现由智能系统设备逐步转变为会思考的智能船舶,促进船舶安全、高效航行。

(4)岸侧能源动力供给技术

岸侧能源动力供给技术是指在港区或码头为停泊船舶提供电力和其他能源支持的技术。该技术核心是通过岸电系统(Shore Power)向停泊中的船舶提供电力,使其在停泊期间能够关闭船舶上的辅机或主机,减少燃油消耗与污染物排放。在生态环境保护、能源结构转型的政策推动下,船舶动力向着绿色化、低碳化、电动化的方向转型升级。以混合动力和蓄电池动力为代表的新能源船舶,具有低排放、环境友好等优点,与电力推进技术相结合,能够满足智能船舶所需的功率冗余、可靠性高、操控性好等需求。未来,新能源与智能技术的融合发展将是智能船舶技术发展的重要特征。

(5)港区自动化技术

港区自动化技术是指在港口作业中通过应用自动化设备和智能系统,提升货物处理效率、降低人力成本的技术手段。港口技术的推动与全球航运高效运转息息相关,现今港口通过深水码头、大型集装箱装卸设施和自动化堆场建设,有效降低了船舶的污染排放。港区作业层面,港区AGV的应用较为广泛,目前主流的AGV导航方式是二维码+惯导,这种方式使用相对灵活,铺设或改变路径也比较容易,但路径需要定期维护,如果场地复杂则要频繁地更换二维码,另外对陀螺仪精度及使用寿命的要求严格。

随着激光SLAM(Simultaneous Localization and Mapping,即时定位与地图构建)导航算法的发展,SLAM成为许多AGV厂家优先选择的先进导航方式,SLAM方式无需其他定位设施,形式路径灵活多变,能够适应多种现场环境。激光SLAM在未知的室内环境,通过配备的激光雷达等核心传感器可以帮助AGV构建环境地图,助力AGV自主行走。激光SLAM系统通过对不同时刻两片点云的匹配与比对,计算激光雷达相对运动的距离和姿态的改变，从而完成自身的定位。激光 SLAM 构建的地图精度高，不存在累计误差，且能直接用于定位导航。无需任何辅助定位设施，可以实现自由导航，自动规划路径，自主行驶，安全可靠高效。

(6)港口物流运输技术

港口物流运输技术是指用于管理和优化港口内外货物运输的技术手段，主要包含港口内部的货物搬运、装卸以及储存，港口外部的货物运输(如铁路、公路和海上运输)连接。该技术通过建立智能物流管理系统，应用物联网(IoT)和大数据技术，实现港口资源的优化配置与货物流动的实时寻迹，显著减少了货物的滞港时间。以支线船公司、干线船公司、内河沿线码头、沿岸城市码头、支线代理人、干线代理人等为主体建立的综合信息服务平台，可实现船舶、集装箱、货物、港口等动态信息的碎片式服务向一站式服务和柔性服务转变，进一步增强物流供应链层面的综合信息化水平建设，融合当前集装箱航线和港口装卸、转运的优势，助力航运物流产业的优势提升，为多式联运提供新的渠道，优化物流环节。

1.4.5 绿色智能航运应用案例

(1)比利时 SEAFAR 远程驾驶项目

2020 年，SEAFAR 公司在一条 135 m 长的驳船 Zonga 号上进行了远程驾驶过闸试验，2021 年以 Deseo 号集装箱船舶为对象实现了由泽布吕赫港到安特卫普港的全航程远程操作，其研发设计的远程驾驶系统已应用于 De Vlaamse Waterweg nv 的 Watertrucks+项目测试。在比利时安特卫普港启用了由六个控制站和两个监管中心组成的岸基驾控中心(Shore Control Center，SCC)，投入了 12 艘干散货船和集装箱船运营，沿佛兰德斯的伊瑟运河和帕森达勒—尼乌波特运河运输建筑材料，见图 1-3。

远程过闸试验　　Deseo号全航程远程操作　　安特卫普港岸基驾控中心

图 1-3　比利时 SEAFAR 远程驾驶项目进展

(2)韩国 HiNas 智能航行项目

韩国泛洋海运旗下的 3.25×10^5 t 超大型矿砂船(Very Large Ore Carrier，VLOC)“Sea Shanghai”号搭载了韩国重工集团研发的“HiNas 2.0”系统(见图 1-4)并已正式投入运营，“HiNas 2.0”在“HiNas 1.0”的基础上增加了“自主控制”功能，通过以深度学习为基础的情境认知与态势分析，船舶可以自行控制速度和避免碰撞，以应对多种突发情况，基于船舶动态建模和操纵分析技术为船舶航路规划提供基于高效燃料使用率和经济性营运碳强度指标(CII)评级的最优路径。

图 1-4　韩国 HiNas 智能航行项目动态

(3)德国内河船舶远程控制航行倡议

德国政府提出了内河船舶远程控制航行倡议，旨在改善船员工作环境、解决技术人员短缺问题，推动德国内河智能航运发展。并于 2024 年 2 月启用了同 HGK Shipping 和 Reederei Deymann 合作的在杜伊斯堡建设的首个岸基驾控中心(见图 1-5)，由操作员和海事监管人员共同完成船舶的航行作业与监管调度。

图 1-5　德国杜伊斯堡港岸基驾控中心

(4)我国开展内河集装箱船舶远程驾驶示范

针对内河船舶智能航行需求，武汉理工大学研发了基于“航行脑”的船舶智能驾驶系统，以集装箱运输船舶为对象开展功能算法开发，于 2020 年在湖州繁忙水域开展了内河远程控制示范，测试了自主离泊、循迹控制的稳定性，验证了动静态障碍物避碰、旋回等功能，见图 1-6。

图 1-6 内河州集装箱运输船舶远程驾控应用示范

(5)我国首艘智能航行集装箱商船“智飞”号投入运营

2022 年 4 月，我国自主研发的智能航行 300 TEU 集装箱商船“智飞”号(图 1-7)在青岛首航，具有人工驾驶、远程遥控驾驶和无人自主航行 3 种驾驶模式，能够实现航行环境智能感知认知、自主循迹、航线自主规划、智能避碰、自动靠离泊和远程遥控驾驶。此外，“智飞”号还配备有船舶航行辅助系统，可在人工驾驶模式下为驾驶员提供信息提示、环境认知、安全预警等支持，目前已连续运行三年多，往返于青岛港至董家口港区，积累了丰富的航行经验。

图 1-7 我国首艘智能航行 300 TEU 集装箱商船“智飞”号

当前，智能船舶正在由辅助驾驶(L1)逐渐进入远程驾驶(L2)发展阶段，短期辅助增强，远期少人上船已经成为船舶智能化的实施方案，以单船智能为基础逐步提升动态交通场景下船舶的安全经济操纵性能，与此同时，整合海事监管、航运物流调度和航行作业等业务，探索群体智能的网联化协同发展路线。通过对既有船舶配套设备的数字化水平进行升级改造，提升船舶的电子电气集成程度，以满足高等级智能化作业任务的技术需求，研发新型船用智能系统，逐步实现对于传统驾驶瞭望、避碰、操舵等功能的替代(脱眼、脱脑、脱手)。面向岸基驾控、智能机舱等未来应用场景,布局"船-岸-云"跨域协同的一体化融合控制、多网融合通信、信息安全防护等关键技术研发,颠覆现行模式下的设计规范、布局形式以及结构形态。

"课程思政"延伸阅读案例一:

继往开来——全球航运史中的文明帆影与华夏潮涌

在历史的长河中,航运宛如一条坚韧的纽带,串联起古今与世界,见证着文明的兴衰起伏。

远古时期,人类就踏上了水上运输的探索征程。古埃及人凭借尼罗河,以简易船只开启原始贸易交流,虽造船技艺稚嫩,却为其文明发展助力。在亚洲东方,中国秦汉时航海技术初现,沿海航线渐趋活跃,丝绸、瓷器等经航运外销,奏响海上丝路序章。唐宋之际,中国造船工艺达巅峰,福船、沙船等结构稳固、性能卓越,指南针的应用拓宽航海范围,中国与多地贸易频繁,文化科技远播,在世界文明进程中留下深刻印记。

中世纪欧洲,威尼斯、热那亚等城邦借地理与航海技术优势,掌控地中海航运,商船满载珍宝穿梭港口,积累财富,推动商业繁荣与文化艺术交流融合,为文艺复兴埋下伏笔。

15世纪末大航海时代开启,葡萄牙、西班牙航海家环球航行。迪亚士绕好望角,达·伽马开拓印度航路,麦哲伦率先领导环球壮举,不仅证明地球形状,更为全球航运网络奠基。此后欧洲列强殖民扩张,资源全球流动,世界市场形成,文化宗教科技相互交融。

18世纪中叶工业革命袭来,航运业巨变。蒸汽动力使轮船取代帆船,航速与运输效率大增。钢铁工业为造船提供材料,船舶吨位与载货量攀升。其后,苏伊士运河与巴拿马运河开通,缩短航程,促进全球贸易。英国凭工业革命优势成为海上航运帝国,主导贸易航运规则制定。

步入20世纪,二战后科技发展,航运呈多元化、全球化趋势。集装箱运输革新货运模式,降本增效,契合大规模贸易需求。虽受空中航空运输冲击,航运在大宗商品运输与国际贸易物流仍居关键地位。如今各大航运公司优化航线、提升技术、整合物流,在全球经济一体化进程中起着关键作用。

回顾航运的漫长发展史,它不仅是一种单纯的运输方式,更是人类文明交流与进步的强劲推动者。中国古代航运的辉煌灿烂彰显了中华民族的无穷智慧与非凡创造力,而近代以来世界航运的深刻变革则生动反映了各国在科技、经济、政治等多方面的激烈竞争与广泛合作。在当代,中国提出的"一带一路"倡议为世界航运发展注入了新的活力与内涵。“一带一路”倡议传承了古代丝绸之路的精神与脉络，通过加强共建国家的基础设施建设、贸易往来和人文交流，构建起了更为广泛和深入的国际合作平台。在航运领域，“一带一路”倡议促进了沿线港口的升级与协同发展，新的航线不断开辟，航运资源得到更高效的整合与配置，进一步推动了区域经济的繁荣与世界经济的平衡发展，彰显出中国在全球经济治理与国际合作中的担当与引领作用，也为世界航运在新时代书写新的辉煌篇章提供了广阔机遇与坚实动力。

（“课程思政”延伸阅读案例部分内容参考大语言模型“豆包”相关检索结果）

本章思考题

1. 航运的主要作用是什么？

2. 航运与其他交通运输方式相比有哪些优势和劣势？

3. 国内外航运业的技术发展趋势是什么？

4. 智能技术与绿色技术如何融合发展？

参考文献

[1] 严新平. 自主水路交通系统的研究与展望[J]. 中国水运，2020(13)：6-7.

[2] 严新平，李晨，刘佳仑，等. 新一代航运系统体系架构与关键技术研究[J]. 交通运输系统工程与信息，2021，21(05)：22-29＋76.

[3] 严新平. 内河新一代航运系统构建的思考[J]. 中国水运，2021(09)：6-8.

[4] 严新平，贺亚鹏，贺宜，等. 水路交通技术发展趋势[J]. 交通运输工程学报，2022，22(04)：1-9.

[5] 严新平，韩亚，吴兵，等. 水路交通系统的发展现状与未来展望[J]. 中国航海，2024，47(02)：145-152.

[6] 中国船级社. 自主货物运输船舶指南(2018)[Z]. 北京：中国船级社，2018.

[7] 工业和信息化部. 船舶总装建造智能化标准体系建设指南(2020 版)[Z]. 北京：工业和信息化部，2020.

[8] 中国船级社. 绿色生态船舶规范(2022)[Z]. 北京：中国船级社，2022.

[9] 中国船级社. 智能船舶规范[Z]. 北京：中国船级社，2024.

[10] 严新平，刘佳仑，胡欣珏，等. 新一代航运系统的未来船舶技术展望[J]. 船海工程，2024，53(05)：1-4.

[11] 马勇，王雯琦，严新平. 面向新一代航运系统的船舶智能航行技术研究进展[J]. 中国科学：技术科学，2023，53(11)：1795-1806.

[12] 严新平，刘佳仑，范爱龙，等. 智能船舶技术发展与趋势简述[J]. 船舶工程，2020，42(03)：15-20.

第2章

新一代航运系统体系架构

2.1 概述

本章从新一代航运系统的定义入手，介绍其绿色、智能、韧性的内涵特征；从信息物理结构、整体框架和功能逻辑方面介绍新一代航运系统的基本组成；进而介绍构建和实现新一代航运系统的基础理论指导和技术支撑。主要包括：航运系统规划设计、绿色智能航运装备、数字生态航道建设养护、船舶运行智能控制、交通运营组织、水上应急救援以及测试验证评估7个方面。

2.2 新一代航运系统内涵特征

新一代航运系统（New Generation of Waterborne Transportation System，NEW-WTS）是利用高新技术实现航运系统“船-港-货，人-机-环”要素融会贯通、自洽共享，运输船舶组织运营呈现“岸基驾控为主、船端值守为辅”的新型水路运输系统，由绿色智能船舶、数字生态设施、可靠岸基支持、韧性运营服务组成，是以信息物理系统为基础，构建出的数字化创新技术体系。新一代航运系统的船舶、港口、航道和客货等单元物理分散但信息互联共享，可显著提升运输服务的绿色、安全、智能和便捷水平。

当前交通运营作业主要由船舶驾驶员和港口操作人员完成，系统或设备具备基本的状态感知、数据采集和对指令的响应能力，决策和控制程序均为预设值，不具备适应性与延展性，缺乏有效的协同和数据集成处理，尚处于自动化发展阶段。航运装备设施的动力供给仍以传统化石燃料为主，综合能效优化、污染物排放控制等绿色化技术应用迫在眉睫。船舶运行由船端驾驶员操作，岸侧控制能力弱，运营组织由船务公司和货物代理调配，交通管理尚处于被动响应阶段。系统建设应用割裂，功能板块以离散化的信息服务为主，基于功能需求设计的应用方案可持续性低，无法满足绿色智能航运发展的产业要求，整体缺乏体系性创新和资源节约、集约利用策略。新一代航运系统通过重塑“人-

船-岸”间的关系和价值，使得运营组织效率和服务保障能力提升，总体呈现绿色化、智能化、韧性化的特征。

(1)绿色化

航运装备设施绿色化、轻量化能减少有害材料的使用，在提升材料使役性能和服役性能的同时延长生命周期。绿色化装备设施的动力型式以多能源协同利用为主，其对温室气体等大气污染物排放的控制能力更强。太阳能、风能、氢能等可再生能源和纯电池动力在船舶与港口推广应用，实现绿色服务区与岸电配套设施实现全覆盖，可促进交通基础设施网与能源网融合发展。

(2)智能化

通过构建数字化创新技术体系，可增强水路运输组织运营的数据应用水平，推动信息互联、系统共建，实现航运智能化。航运要素单元、功能系统和架构系统具备全息感知、协同认知、智能决策、自动控制、人机协同交互的能力，在岸基驾控中心可实时对在航运营船舶进行监管、控制和驾驶权切换响应，借助功能/架构系统高度集成，实现数据信息充分共享，依托设备设施协同联动，达到技术业务深度融合。

(3)韧性化

韧性化的“船-港-货、人-机-环”运行流程呈现衔接畅通、协同指挥和主动适应的特征，系统的可持续性与普适性更强，对于自然环境、运行冲突的应变能力也更强，可更出色地完成事前预警、事中处置、事后评价，在保持原有功能和恢复可达性的基础上，能够更加有效地缓解货物匹配和场桥泊位调度优化等问题，进而提供个性化、差异化服务，统筹管理、按需分配，减少资源的闲置和浪费。

2.3 新一代航运系统基本组成

2.3.1 信息物理结构

新一代航运系统以实现乘客的舒适搭载与客货的个性化、高效精准位移为服务导向，让绿色智能船舶、数字生态设施、可靠岸基支持和韧性运营服务等独立运作而又随机关联的组件、要素和系统适时交互、协同作业，使物理世界与信息空间的人、机、物、环境、信息等要素构成平行映射，联通了相关的流程、功能、数据，交通要素行为分层涌现、信息交互共享、域内/域间协作、自主运行管理，实现了系统内资源配置和运行的按需响应、动态优化，是船舶、交通、信息和通信等多系统协同发展的典型复杂信息物理系统(Cyber-Physical System,CPS)。各要素单元、功能系统间具有松耦合关系，整个系统为耗散结构，处于远离平衡态的自组织状态，是新一代航运系统体系架构的基础，其信息物理结构如图 2-1 所示。

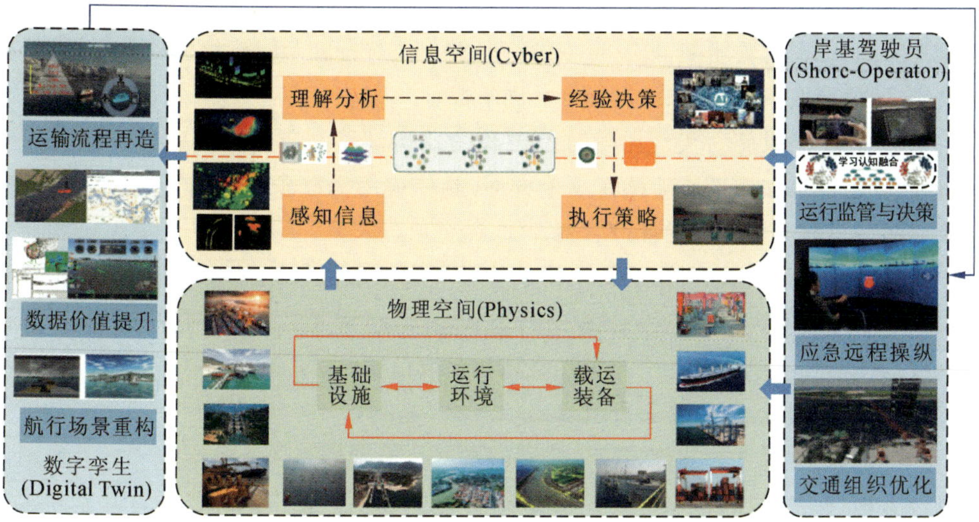

图 2-1　新一代航运系统的信息物理结构

2.3.2　整体框架

新一代航运系统具有明显的层级特征，分为要素单元级、功能系统级和架构集成级(System of Systems，SoS)，各架构集成级以任务为导向搭建总体架构，构成从数据传递到能量传递的总成，以共享资源与能力构成一个实用性更强的系统，实现个体无法达成的整体效果，与多个系统相比，功能更为广泛，性能更加优越。在对新一代航运系统内涵梳理分析的基础上，应用信息物理系统的层级结构提出新一代航运系统物理框架，主要包括：绿色智能船舶、可靠岸基支持、数字生态设施、韧性运营服务 4 部分，其整体框架如图 2-2 所示。

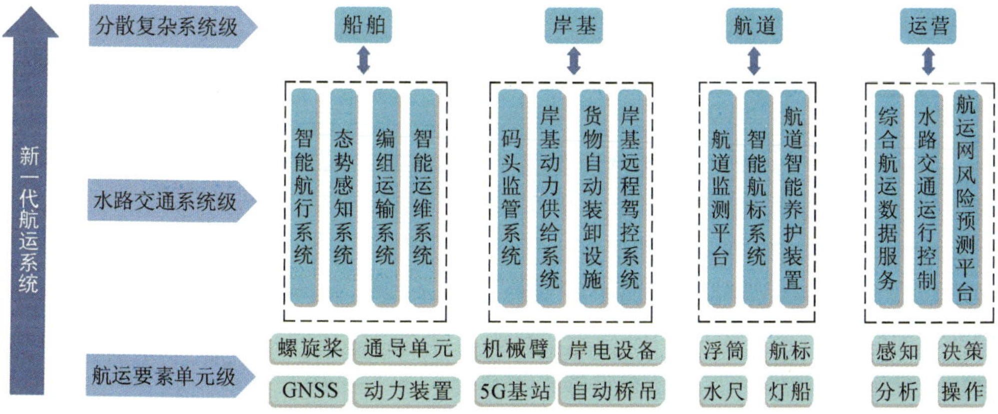

图 2-2　新一代航运系统的整体框架

(1)绿色智能船舶。乘客与货物承运的主要载体,包括:常规船舶、增强驾驶船舶、辅助驾驶船舶、远程驾驶船舶,以及自主航行船舶,由“航行脑”系统、绿色动力系统、船用机电设备、通信导航单元、船舶健康运维共同组成。

(2)数字生态设施。实现船舶时空位移的通道链路与重要节点,包括:数字生态航道、智慧绿色港口和信息基础设施 3 个方面,具体应用为电子航道图、全息助航设施、数传通信网络与港口自动化装备。

(3)可靠岸基支持。运输船舶的协同指挥平台和新一代航运系统的指令发布终端,完成在航船舶的驾控,对航运全过程进行监管,在紧急情况下介入操作,船东和海事监管机构可在移动终端或第三方平台实时监测和获取信息,由综合集控中心、岸基通信设施、远程驾控系统和移动服务终端等组成。

(4)韧性运营服务。开放、共享、协同的水路运输管理与服务系统/平台,支持面向具体航行场景、安全管理、物流服务功能需求的个性化定制,提供人性化运营服务和交通流量预测、航运风险评估、物流组织调度、水上应急救援和船舶运行控制等功能。

2.3.3 功能逻辑

在新一代航运系统的船岸协同环境下,传统航运的人为因素将不断弱化,船-船、船-岸、岸-岸耦合增强,系统可柔性测控,随机性减弱,系统的感知、认知、决策及控制主体逐渐从驾驶员/操作员转向机器。运行控制由船员/操作员操作执行演变为人机共驾,经历增强驾驶、辅助驾驶、智能驾驶、自主驾驶 4 个特征阶段,不同要素单元级、功能系统级、架构集成级混行并存,重构交通系统要素运行规律、个体服务于群体控制的平衡机理等。运行模式由交通诱导过渡至主动控制,操作地点从船舶等载运装备移至岸基驾控中心,指令形式由随动操作信息、机械执行信息转化为航向、航速、航迹、航次计划等目标任务,决策端由船舶逐步转向岸侧,人在运营作业中的参与度逐渐降低。

在组合通信链路与“空-天-海-地”一体化网络的支持下,打通新一代航运系统数据链路,使其具备低时延、高带宽、多切片的远程通信能力,提供可靠的通信通道和算力支持,建立船岸协同的信息感知、采集网络和数据交互准则。充分利用已有的航保感知网络、北斗导航、视频监控等岸基支持单元和 5G 数传终端等新型信息基础设施,融合现有船载智能监管设备、辅助决策系统和港航全息态势感知设施,建立船岸对于通航环境的基础数字描绘。联通不同业务应用层的信息流,统一存储和管理海量航运数据,打通信息数据间的壁垒,实现各要素单元级、功能系统级和架构集成级的共享复用,完成人由决策控制端向被服务端的转移。在没有足够人类监督和参与的情况下,能够在变化的、不可预测的交通环境中“理性地行动”,实现知识库的扩展和任务的迁移,以适应不同操作指令和应用场景,由被动交通响应和优化转向主动交通管理与服务。

2.4　新一代航运系统关键技术

新一代航运系统的构建和实现离不开基础理论的指导和技术的支撑，其关键技术主要包括：航运系统规划设计、绿色智能航运装备、数字生态航道建养、船舶运行智能控制、交通运营组织、水上应急救援，以及测试验证评估 7 个方面。

(1)航运系统规划设计技术

该技术旨在研究不同交通运输网络拓扑结构与交通动力学时空演化规律、网络承载力间的动态耦合关系，形成航运资源协同配置方法理论，规划设计航线网络和整体布局，在客流分布时空不均衡及运力资源有限的情况下，提高交通网络运营组织能力，降低乘客出行和货物运输成本，为研判交通运行状况和决策的执行提供有力支撑；开发航运系统仿真平台，分析交通运输网络结构的可达性、可靠性、鲁棒性及抗毁性，实现航运系统的可视化推演。

(2)绿色智能航运装备技术

该技术旨在开展“端-网-云”架构下自动驾驶集卡、轨道平台、大型无人机等港口货物集疏运设备研究与应用，提高换乘、换装水平，完善集疏运体系，研发污染物、碳排放循环利用和监测预警平台，促进港口能源系统相融合，建设水上绿色综合服务区，打造集约高效、功能协同的现代化港口；提升船舶装备的自感知、自决策、自操作、自协同能力，开展辅助驾驶、远程驾控、智能航行、编队航行等功能示范应用，研发无轴轮缘推进器、绿色能源动力系统等船舶绿色化关键设备，探索发展纯电力、燃料电池等动力船舶。

(3)数字生态航道建养技术

该技术旨在建立基础设施、运行状态、航道环境数据库，以“高精度数字底图＋多维动态信息”的模式实时同步呈现；研发航标运行状态监测与应急反应系统和数字航道技术的集成应用平台，通过电子航道图、多功能航标推动航道终端的标准化，融合基础设施、气象条件、地理信息和水深等数据，实现航运信息系统数据的安全有序运行和共享；突破生态航道智能建养技术，应用数字孪生技术完成全生命周期的航道整治，包括：航道协同化设计、参数可视化施工、动态管理与维护，以及虚拟航标设置等。

(4)船舶运行智能控制技术

该技术旨在运用移动通信技术构建船岸协同信息传输网络，基于“云-管-端”的云计算基础平台、船载智能终端和船联网云控平台，达成“人-船-岸-云”的高度协同；在岸基驾控中心实现远程故障诊断、在途监测预警和人机协同控制，在开阔水域、封闭作业空间等特定场景下可独立于人的干预完成相应功能任务，船端控制终端自主完成航行操纵、靠离泊、多船避碰作业；通过构建人在回路的协同控制框架，在通信不稳定或系统故障时按照驾驶权柔性切换策略，实现控制权在船岸和不同控制站间的切换，根据并发任务执行框架识别系统风险和人因失误；研究编队航行技术，构建具有灵活性、高容错的编队结构，完成队内、队间的相对速度和机动性约束，实现编队的动态性能响应。

(5)交通运营组织技术

该技术旨在以数据分析为基础实现交通管理的科学化和智能化，推进跨部门、跨区域信息合作共享，完成综合航运网络的组织调度和多运行主体的协同作业，消除交通要素间数据共享不足、实时性差、信息延误等问题；突破航运主体碎片信息标准化、基于集成的智能决策分析等技术瓶颈，将离散分布的航行油耗、船舶服务、租船管理等数据整合为物流运输过程中可监控的状态流，按需响应形成科学决策；合理调配船、港、货，完成船舶、港口、场桥、泊位等资源的配置和协同调度优化，提供船舶运力分布预测、港口运营效能分析、航运金融风险测算等服务和灵活的航运物流解决方案；综合环境规制、市场情况等，合理组织和安排船舶的运输生产活动，尽可能取得最大效益，帮助航运企业和海事管理部门处理好外部环境与内部条件之间的动态平衡。

(6)水上应急救援技术

该技术旨在面向水上交通安全管理的业务连续性建立常态监管、异常干预和应急处置的一体化应对机制，推进内河干线、区域航段北斗导航与卫星通信的常态化应用，构筑功能完善、能力扎实的航运安全体系；融合应急救援过程，水上、水下救援人员和智能无人设备等施救信息，实现水上交通常态监管和应急处置中多尺度、可视化、信息精准的数据保障和闭环控制，基于多元救援协同通信与控制理论，提供能够适应空中、水面和水下立体救援任务的决策支持。

(7)测试验证评估技术

该技术旨在考虑系统整体架构研究中科学性、完整性的应用及验证需求，研发多功能、可广域配置的测试验证平台，应用平行控制理论，以场景、事件、任务为驱动，设计模块化、可剪裁的测试系统，建立物理域与虚拟世界的强关联。融合虚拟仿真和物理实验的优势，测试功能有无、验证结果对错、评估性能优劣；综合物理世界和信息空间的安全威胁、标准化链接与通信协议等方面，运用复杂系统数字孪生手段，实现定性评价与定量评估。

“课程思政”延伸阅读案例二：

追潮逐浪——近现代中国航运奋进路与启航新篇

在世界航运发展的历史画卷中，近现代中国航运书写了一部波澜壮阔的追赶史诗，而当下的新一代航运系统正处在弯道超车的关键历史节点，具有极为重要的战略意义。

近代时期，西方列强依仗其先进的航海技术与坚船利炮，强行轰开中国的大门，中国航运主权遭受严重践踏。自鸦片战争后签订的一系列不平等条约起，中国的沿海与内河航运便被外国轮船公司牢牢把控。英国的太古洋行航运网络遍布中国沿海各主要港口，运营着从上海至香港、广州等诸多定期航线，大量进出口货物经其运输，从中获取了巨额财富；怡和洋行更是在航运主导地位的基础上，将触手延伸至贸易、金融等多领域，进一步强化在华经济霸权；美国的旗昌洋行也曾长时间垄断长江中下游的航运要道，致使中国传统的帆船运输业深陷困境，中国航运在世界舞台上被边缘化到了极点。

然而，中国航运人骨子里的坚韧与抗争精神并未就此磨灭。洋务运动浪潮中，中国积极探索创办近代航运企业以谋求自强之路。1872 年诞生的轮船招商局犹如一颗璀璨星辰照亮了中国近代航运的天空，成为重要的里程碑。在艰难险阻的竞争环境里，它通过购置先进轮船如“伊敦”号等，开辟了从上海到汕头、香港等地的航线，与外国航运巨头在客运与货运领域展开激烈角逐，成功夺回了部分航运权益，迈出了中国航运追赶世界的坚实第一步。

步入 20 世纪，伴随民族觉醒意识的高涨与工业技术的缓缓进步，中国航运持续砥砺前行。抗日战争时期，尽管面临战火纷飞与敌人严密封锁的绝境，中国航运业在大后方依旧发挥着不可替代的关键作用。其中民生公司表现卓越，在著名的宜昌大撤退中，在极为紧迫的时间内，民生公司迅速集结众多船只，如“民权”号轮船等多次往返穿梭，将大量战略物资与人员从宜昌安全转运至重庆等大后方地区，为抗战胜利保存了珍贵的有生力量，彰显出顽强不屈的生命力与坚韧不拔的民族精神。

新中国成立后，中国航运迎来了发展的崭新曙光。国家大力投入资金用于港口建设、船舶制造等航运基础设施与产业发展。从 20 世纪 50 年代到 70 年代，中国逐步构建起较为完备的沿海与内河航运体系，自主建造的船舶也不断更新换代，航运能力稳步提升。例如江南造船厂成功打造了多艘万吨级货轮，其中“东风”号万吨远洋货轮意义非凡，它作为新中国自行设计建造的首艘万吨级船舶，为中国远洋运输事业注入了强大动力。在港口建设方面，天津港历经多次扩建，航道不断疏浚拓宽，从最初仅能容纳小型船只进出，逐步蜕变成为可接纳大型货轮的重要枢纽港口；湛江港也是新中国自主设计建造的现代化港口典范，其建成对华南地区航运发展起到了极为关键的推动作用。

改革开放春风拂过，中国航运业如同一艘扬起风帆的巨轮，飞速驶入发展的快车道。中国积极融入世界经济浪潮，航运发展日新月异，上海港、宁波舟山港等大型港口迅速崛起成为世界航运的核心枢纽。上海港通过持续扩建码头设施、优化装卸流程，如今其集装箱吞吐量连续多年雄踞世界榜首；宁波舟山港整合资源后，在大宗商品运输领域占据着举足轻重的地位，其铁矿石、原油等货物吞吐量极为庞大。同时，集装箱运输等现代航运技术广泛普及，中国船队规模持续扩张，在国际航运市场的份额稳步攀升，在全球贸易运输体系中扮演着不可或缺的角色。在航道建设领域，长江航道历经系统整治，水深大幅增加、航宽有效拓展，万吨级船舶可顺利直达南京，极大地增强了内河航运的运力；京杭大运河部分河段也得到精心修复与升级改造，航运功能与水资源综合利用效益显著提升。葛洲坝水利枢纽工程的建成，有效改善了长江通航条件，水位抬升，保障了更多船只安全通行，有力促进了长江中上游的航运繁荣发展。

时至今日，随着新能源、大数据、人工智能、物联网等前沿科技的迅猛发展，新一代航运系统应运而生。中国在这些新兴技术领域展现出强大的研发实力与卓越的应用能力，这为中国航运实现弯道超车提供了千载难逢的绝佳机遇。新一代航运系统正站在历史的全新起点，肩负着引领世界航运未来发展走向的神圣使命，中国航运也必将在世界舞台上镌刻下更为辉煌灿烂的篇章。

（“课程思政”延伸阅读案例部分内容参考大语言模型“豆包”相关检索结果）

本章思考题

1. 新一代航运系统的内涵特征是什么？
2. 新一代航运系统的基本组成是什么？
3. 新一代航运系统的关键技术有哪些？

参考文献

[1] 严新平，李晨，刘佳仑，等. 新一代航运系统的体系架构与关键技术研究[J]. 交通运输系统工程与信息，2021，21(5)：22-29+76.

[2] 严新平. 内河新一代航运系统构建的思考[J]. 中国水运，2021(9)：6-8.

[3] 中国电子技术标准化研究院. 信息物理系统建设指南(2020)[Z]. 北京：中国信息物理系统发展论坛，2020.

[4] 秦勇，孙璇，马小平，等. 智能铁路 2.0 体系框架及其应用研究[J]. 北京交通大学学报，2019，43(1)：138-145.

[5] NAIK N. Building a virtual system of systems using docker swarm in multiple clouds[C]. Edinburgh：2016 IEEE International Symposium on Systems Engineering (ISSE)，2016.

[6] VARGA P，BLOMSTEDT F，FERREIRA L L，et al. Making system of systems interoperable-The core components of the arrowhead framework[J]. Journal of Network and Computer Applications，

2017,81:85-95.

[7] 王云鹏,鲁光泉,于海洋.车路协同环境下的交通工程[J].中国工程科学,2018,20(2):106-110.

[8] 陆化普.智能交通系统主要技术的发展[J].科技导报,2019,37(6):27-35.

[9] HÖYHTYÄ M,MARTIO J. Integrated satellite terrestrial connectivity for autonomous ships: Survey and future research directions[J]. Remote Sensing,2020,12(15):2507.

[10] YAN X P,MA F,LIU J L,et al. Applying the navigation brain system to inland ferries[C]. Tullamore,Ireland: 18th International Conference on Computer and IT Applications in the Maritime Industries(COMPIT 2019),2019.

[11] 张春家,史天运,吕晓军,等.铁路智能客运车站总体框架研究[J].交通运输系统工程与信息,2018,18(2):40-44+59.

[12] LU C W,WANG S Q. The general-purpose intelligent agent[J]. Engineering,2020,6(3):40-52.

[13] 杨晓光,郝正博,杨正,等.智能交通主动管理与服务系统(ATMaaS)框架体系[C].//中国城市规划学会城市交通规划学术委员会.交通治理与空间重塑:2020年中国城市交通规划年会论文集.2020.

[14] 关伟,吴建军,高自友.交通运输网络系统工程[J].交通运输系统工程与信息,2020,20(6):9-21.

[15] 毛保华,高自友.城市轨道交通网络运营资源共享方法与技术进展[J].交通运输系统工程与信息,2018,18(3):1-8.

[16] 包甜甜,连峰,杨忠振.航运管理研究综述[J].交通运输工程学报,2020,20(4):55-69.

[17] 杨宜佳,朱晓宁,闫柏丞,等.考虑能耗的铁水联运集装箱装卸设备协同调度[J].交通运输系统工程与信息,2018,18(6):215-221.

[18] WU C,ZHANG T. Intelligent unmanned systems:Important achievements and applications of new generation artificial intelligence[J]. Frontiers of Information Technology & Electronic Engineering,2020,21(5):649-651.

[19] 王远渊,刘佳仑,马枫,等.智能船舶远程驾驶控制技术研究现状与趋势[J].中国舰船研究,2021,16(1):18-31.

[20] WANG S W,MA F,YAN X P,et al,Adaptive and extendable control of unmanned surface vehicle formations using distributed deep reinforcement learning[J]. Applied Ocean Research,2021,110:102590.

[21] LI C,YAN X P,LI S J,et al. Survey on ship autonomous docking methods:Current status and future aspects[C]. Shanghai: The 30th International Ocean and Polar Engineering Conference. International Society of Offshore and Polar Engineers,2020.

[22] RAMOS M A,THIEME C A,UTNE I B,et al. Human system concurrent task analysis for maritime autonomous surface ship operation and safety[J]. Reliability Engineering & System Safety,2020,195:106697.

[23] 张卫东,刘笑成,韩鹏.水上无人系统研究进展及其面临的挑战[J].自动化学报,2020,46(5):847-857.

[24] CHEN L Y,NEGENBORN R R,HUANG Y M,et al. Survey on cooperative control for waterborne

transport[J]. IEEE Intelligent Transportation Systems Magazine,2021,13(2):71-90.
[25] LI S J,LIU J L,NEGENBORN R R. Distributed coordination for collision avoidance of multiple ships considering ship maneuverability[J]. Ocean Engineering,2019,181:212-226.
[26] 陆化普,肖天正,杨鸣. 建设城市交通大脑的若干思考[J]. 城市交通,2018,16(6):1-6.
[27] 田宇,周强,朱本飞. 自动化集装箱码头双循环 AGV 与场桥的集成调度研究[J]. 交通运输系统工程与信息,2020,20(4):216-223+243.
[28] ZHU F H,LV Y S,CHEN Y Y,et al. Parallel transportation systems:toward IoT-enabled smart urban traffic control and management[J]. IEEE Transactions on Intelligent Transportation Systems,2020,21(10):4063-4071.
[29] 刘佳仑,杨帆,马枫,等. 智能船舶航行功能测试验证的方法体系[J]. 中国舰船研究,2021,16(1):45-50.
[30] KARPAGAM G R,KUMAR B V,MAHESWARI J U,et al. Smart Cyber Physical Systems:Advances,challenges and opportunities[M]. Boca Raton:CRC Press,2020.
[31] TAO F,ZHANG H,LIU A,et al. Digital twin in industry:State-of-the-art[J]. IEEE Transactions on Industrial Informatics,2019,15(4):2405-2415.

第 3 章

水路交通绿色智能装备

3.1 概述

水路交通绿色智能装备是新一代航运系统的重要组成部分，主要包括绿色智能船舶、绿色智慧港口装备和智能导助航设施。2022 年工业和信息化部等五部委联合发布的《关于加快内河船舶绿色智能发展的实施意见》明确提出，我国内河船舶在绿色化、智能化等方面与经济社会绿色低碳发展和人民群众美好生活需要相比仍有差距。因此，突破水路交通装备绿色智能技术是我国交通强国、海洋强国建设的重要举措。

本章首先介绍新一代航运系统体系下水路交通绿色智能装备的内涵和总体发展；其次，针对绿色智能船舶、绿色智慧港口装备和智能导助航设施，分别梳理其技术发展现状、系统结构、关键技术和典型应用案例；最后，对水路交通绿色智能装备的未来技术发展趋势进行展望。

3.2 水路交通装备总体发展

3.2.1 水路交通装备绿色化发展

近年来，随着新能源、低碳利用、绿色动力等技术的不断发展，水路交通装备的绿色化进程逐渐加快。在政策引领方面，国务院和各部委发布了《交通强国建设纲要》《国家综合立体交通网规划纲要》《绿色交通“十四五”发展规划》《船舶制造业绿色发展行动纲要(2024—2030 年)》等文件，明确了水路交通绿色发展方向。在标准体系方面，制定了

《绿色交通标准体系(2022 年)》《绿色港口等级评价指南》《水运工程节能设计规范》等标准规范，全面推动水路交通绿色低碳发展。2023 年，国际海事组织(IMO)海上环境保护委员会第 80 届会议(MEPC 80)成功通过了《2023 年 IMO 船舶温室气体减排战略》，明确了国际海运温室气体排放尽快达峰，并在 2050 年前后达到净零排放，到 2030 年国际海运温室气体年度排放总量比 2008 年至少降低 20%，并力争降低 30%，到 2040 年国际海运温室气体年度排放总量比 2008 年至少降低 70%，并力争降低 80%。

截至 2024 年 6 月，我国已建、在建 LNG 动力船舶已达 600 余艘，纯电池动力船舶 440 余艘，氢燃料电池、甲醇和氨燃料动力船舶正处于加速试点应用阶段，船舶类型、吨级、航线等应用场景日益丰富。2022 年，世界最大客位——1300 客位的纯电池动力客船"长江三峡 1"轮在宜昌市秭归新港码头正式下水首航；同年，工业和信息化部"绿色智能内河船舶创新专项"示范船舶"长航货运 001"轮在江苏镇江正式交付，其采用"柴油主机＋轴带电机＋LNG 气体燃料发电机组＋锂电池"的混合推进方式，如图 3-1 所示。

(a)　　　　　　　　(b)

图 3-1　我国典型绿色船舶

(a)纯电池动力"长江三峡 1"轮；(b)混合动力"长航货运 001"轮

日本等国家提出了使用氨、氢等脱碳燃料作为船舶动力的研究计划。2021 年，日本包括伊藤忠商事在内的 34 家企业和团体达成了集装箱船氨燃料安全共同研究框架协议。2024 年，日本邮船宣布其改装的全球首艘氨燃料商船——"魁(Sakigake)"号在横滨港完成了首次氨燃料加注。此外，由中船集团上海船舶研究设计院自主研发设计的全球首艘氨燃料动力集装箱船将在 2026 年交付比利时船东 CMB 公司使用，相比以往依靠化石燃料驱动的船舶，该型轮船的二氧化碳年排放量减少了将近 95%。在电动船舶方面，据统计 2023 年全球电动船舶市场规模为 38.3 亿美元，预计 2032 年将增长至 172.0 亿美元，预测期内复合年增长率为 18.8%。

绿色港口的发展历程与全球对环境可持续性的关注密切相关。随着海运业的发展，港口活动对环境的负面影响日益凸显，如大量消耗化石能源、船舶燃油燃烧产生颗粒物和排放气体等。为应对这些挑战，绿色港口的概念应运而生，其发展目标主要集中在治理港口污染、保护港口生态、合理利用资源、低能耗运营等绿色发展行为，促进生态投资和技术的生态导向形成。2019 年交通运输部等发布的《关于建设世界一流港口的指导意见》中，提到了加快绿色港口建设，构建清洁低碳的港口用能体系，加强资源节约循环利用和生态保护。

3.2.2　水路交通装备智能化发展

人工智能、先进传感、云计算、大数据等技术有力推进了水路交通装备的智能化升级。在政策引领方面，国务院和各部委印发了《中国制造 2025》《"十四五"智能制造发展规划》《智能船舶发展行动计划(2019—2021 年)》《"十四五"现代综合交通运输体系发展规划》《关于加快智慧港口和智慧航道建设的意见》等重要文件，将船舶、港口装备和系统智能制造作为重要发展方向。在标准体系方面，中国船级社率先发布《智能船舶规范(2015)》，定义了智能船舶，并将其分为六大功能模块：智能航行、智能船体、智能机舱、智能能效管理、智能货物管理和智能集成平台。为了适应智能船舶技术的发展和市场需求，对规范进行了持续的改进和更新，目前最新版为《智能船舶规范(2025)》。此外，中国船级社和中国海事局还发布了《船舶自主航行附加标志检验指南》《船舶自主航行试验技术与检验暂行规则》等技术规范。2017 年，我国工业和信息化部门启动了重大专项"智能船舶 1.0"，开启了我国对智能船舶关键技术的研发和应用，建造了超大型矿砂船"明远"号、VLCC"凯征"号和"新海遼"号等智能船舶。2021 年，在科技部重点研发计划项目支持下我国首艘、全球规模最大的自主航行集装箱实验船"智飞"号实现了无人驾驶、远程操控以及自主航行三项功能。2022 年，武汉理工大学牵头研发的"板新 2"号汽渡是国内第一艘应用人工智能技术并投入实际营运的汽渡船舶，具有智能避碰、智能穿档、推荐航线、全天候作业、三维实时管控等功能。我国典型智能船舶见图 3-2。

(a)　　　　(b)

图 3-2　我国典型智能船舶

(a)"明远"号超大型智能矿砂船；(b)"板新 2"号智能汽渡船

欧美国家、日本、韩国等对水路交通智能装备十分关注。早在 2012 年，欧盟率先启动了海上智能无人导航系统项目(MUNIN)，旨在开发和验证智能船舶的实现途径。2018 年，IMO 提出了海上自主水面船舶(MASS)概念，并对 MASS 自主等级进行了划分;2025 年,确定并通过非强制性 MASS 规则;2028 年,基于非强制性 MASS 规则制定强制性 MASS 规则,解决现有 IMO 法规中可能妨碍自主或远程控制船舶运行的法规缺口。在此背景下,各国积极开展了智能船舶自主航行和远程驾控等技术的探索与应用。2021 年,挪威 Yara 公司与 Kongsberg 公司联手打造的 Yara Birkeland 全电动智能航行集装箱船试航。2023 年,韩国研发的具有自主航行系统的 3.25×10^5 t 超大型矿砂船正式投入运营,这是大型自主航行商船产品全球首次商用化。

绿色港口装备和航道设施的智能化发展也是全球海运业可持续发展的重要组成部分。自 1993 年世界上第一个自动化码头 ETC-Delta 在欧洲建成以来,自动化集装箱码头的建设逐渐成为全球趋势。近年来,我国在自动化码头建设方面取得了显著成效,如厦门远海集装箱码头作为我国第一个全自动化集装箱码头,以及上海洋山四期自动化码头采用的"TOS+ECS"组合系统,实现了高效集装箱装卸作业。截至 2024 年 6 月,我国已建成自动化集装箱码头 21 座、自动化干散货码头 28 座,已建及在建的自动化码头数量居世界首位。

3.3 绿色智能船舶

3.3.1 发展现状分析

近年来,水路交通系统的运载工具呈绿色化、智能化、韧性化发展,在全球节能减排、绿色发展的理念下,内河船舶、沿海船舶及远洋船舶已开始开发使用低碳或碳中和燃料的绿色智能船舶动力系统。在内河、沿海运营中已有部分非货运船舶或短途货运船舶使用清洁能源替代化石燃料,部分甲醇动力船舶用于远洋运输甲醇。国外绿色智能船舶的研究发展迅速,日本等发达国家提出了使用氨、氢等脱碳燃料作为船舶动力的研究计划。表 3-1、表 3-2 分别总结了国外、国内绿色船舶的发展现状。

表 3-1 国外绿色船舶发展

国家/地区/机构	发展现状
IMO	2013 年起,逐步引入了船舶能效指数(EEXI)、船舶能效管理计划(SEEMP)、年度营运碳强度指标(CII)等指标; 2018 年,IMO 通过了《船舶温室气体减排初步战略》,提出到 2030 年,国际航运的碳强度比 2008 年至少减少 40%,争取到 2050 年,与 2008 年相比减少 70%; 2023 年,IMO 通过了《2023 年 IMO 船舶温室气体减排战略》,提出到 2030 年,国际海运温室气体年度排放总量比 2008 年至少降低 20%,并力争降低 30%;到 2040 年,至少降低 70%,并力争降低 80%

续表 3-1

国家/地区/机构	发展现状
欧洲	2021 年，欧盟通过“Fit for 55”立法计划，将碳排放交易机制应用于进入和离开欧盟地区的一半航运业务； 2024 年，欧洲航运业已经正式被纳入欧盟碳排放交易体系(EU ETS)； 2024 年，支线班轮公司 X-Press Feeders 与六座欧洲港口签署了绿色航运走廊谅解备忘录，计划运营欧洲首个由绿色甲醇集装箱船组成的支线网络
日本	2030 年前引入超低排放或零排放船舶，以实现较 2008 年 90%以上的温室气体减排量； 2024 年，日本邮船宣布其改装的全球首艘氨燃料商船在横滨港完成了首次氨燃料加注
韩国	2020 年，韩国政府发布了环保船舶十年规划，计划到 2030 年实现船舶温室气体减排 70%； 2023 年，韩国海洋水产部出台了《绿色船舶燃料供应链建设计划》，计划到 2027 年和 2030 年分别将港口船用绿色燃料供应比例提高至 10%和 30%； 2023 年，韩国现代重工为丹麦马士基建造的全球首艘甲醇动力 16200 TEU 超大型集装箱船下水
美国	美国政府发布了关于绿色航运走廊的框架文件，提出到 2050 年实现走廊各方面温室气体零排放的目标； 成立零排放船舶货主联盟(coZEV)，提出到 2040 年逐步将所有海运服务转向使用零碳燃料的船舶

表 3-2　国内绿色船舶发展

年份	发展现状
2012 年	中国船级社在 2012 年首次发布了全球首部《绿色船舶规范》，2015 年对其进行了全面修订，2020 年升级为《绿色生态船舶规范(2020)》，目前最新版为《绿色生态船舶规范(2022)》
2021 年	长航集团建造了 7500 t 绿色智能船“长航货运 001”轮，该船是中国内河第一艘绿色智能货运船
2022 年	由三峡集团和湖北三峡旅游集团合作研发建造的纯电动游轮“长江三峡 1”号首航，其一次充电续航可达 100 km，相比于传统动力船舶，“长江三峡 1”号每年可减少消耗燃油 530 t

续表 3-2

年份	发展现状
2022 年	国内首艘两千吨级集散两用新能源运输船“东兴 100”正式交付并投入运营，该船配置 3400 kW·h 磷酸铁锂电池，一次充电仅需 4～5 h，可供船舶满载航行 300 km、空船航行 500 km
2023 年	中国政府发布《船舶制造业绿色发展行动纲要(2024—2030 年)》，旨在推动船舶制造业绿色转型
2023 年	LNG、甲醇动力绿色船舶订单量快速增长，氨燃料预留、氢燃料电池等零碳船舶订单量取得突破，新接绿色动力船舶订单国际份额达到 57%
2024 年	沪东中华造船自主研发设计建造的全球首艘第五代“长恒系列”1.74×10^5 m^3 大型运输船“绿能瀛”号交付
2024 年	中国船舶集团七〇四所自主研制的核心产品实现快速迭代，新一代电池包和纯电池动力船舶能量管理系统均获得中国船级社认可证书

目前，全球智能船舶行业正在经历快速发展，人工智能、5G、低轨互联网星座等技术的进步为智能船舶行业带来了新的发展机遇。据中国船舶工业行业协会研究预测，2021—2035 年，全球新造船市场总需求约为 13.7 亿载重吨。据法国知名市场调研公司 Reportlinker 发布的《全球自主船舶行业》报告预测，到 2026 年全球自主船舶市场将达到 101 亿美元，可以预见，智能船舶必将成为新一代高新船舶竞争的风口。自 2012 年以来，包括中国在内的世界主要造船大国先后开始了智能船舶的研发，韩国在其《韩国造船再腾飞战略》中提出，2030 年韩国造船业在智能船舶领域争取实现 50% 的全球市场占有率。表 3-3 和表 3-4 分别总结了国外和国内智能船舶的发展现状。

表 3-3 国外智能船舶发展

国家/地区/机构	发展现状
IMO	2018 年首次提出海上自主水面船舶概念(MASS)； 2018 年提出 MASS 临时性定义与分级； 2022 年通过了推动 MASS 发展路线图； 2025 年计划通过非强制性 MASS 规则，2028 年推出强制性 MASS 规则
欧洲	2012 年，欧盟启动了 MUNIN 项目，旨在开发和验证自主船舶的实现途径； 2014 年，欧盟发布的“地平线 2020 计划”(Horizon 2020)为智能船舶研究提供支持； 2014 年，挪威开启 ReVolt 项目，旨在打造一艘 100 TEU 的概念船“ReVolt”号； 2015 年，芬兰阿尔托大学等多家单位联合启动了 AAWA 项目，开发了模拟无人驾驶船舶控制系统；

续表 3-3

国家/地区/机构	发展现状
欧洲	2017 年，芬兰瓦锡兰公司在美国远程操控位于 8000 km 外欧洲北海海域的 Highland Chieftain 轮船； 2017 年，欧盟启动了“NOVIMAR”项目，开发基于“船舶列车”概念的多船编队航行系统； 2018 年，英国罗尔斯·罗伊斯公司与芬兰国有渡轮运营商 Finferries 在芬兰图尔库市以南展示了全球首艘无人驾驶渡轮 Falco，完成了无人驾驶和远程驾驶航行； 2019 年，芬兰瓦锡兰公司和 PSA Marine 联合研发 IntelliTug 项目，缓解拖船船长复杂繁重的任务压力； 2019 年，挪威船级社与 Høglund 公司等合作，在 Fannefjord 号渡轮上实现了自动化系统和轮机设备的远程控制； 2020 年，欧盟启动了“AUTOSHIP”项目，在挪威海岸成功展示了 Eidsvaag Pioner 号货船的远程操控和自主航行技术； 2020 年，欧盟启动了“MOSES”项目，旨在通过一系列创新技术提升欧洲短途海运供应链的计划； 2020 年，欧盟启动了面向智能内河航运的自主驳船“AUTOBarge”项目； 2021 年，挪威 Yara 公司与 Kongsberg 公司联手打造的 Yara Birkeland 全电动智能航行集装箱船试航； 2021 年，荷兰 Machine Odyssey 项目实现了“Nellie Bly”号自主拖轮完成世界上首次超过 1000 n mile 的海上自主旅程； 2022 年，挪威科技大学自主设计的客运轮渡“milliAmpere 2”号完成了在特隆赫姆和卑尔根之间主航道上的穿梭运输服务
日本	2019 年，日本邮船等公司实现从 400 km 外的兵库县西宫市的陆上支援中心远程操控拖船“吉野丸”号； 2020 年，日本启动了“MEGURI 2040”项目，目标是在 2025 年实现无人船实际应用，到 2040 年实现日本 50%的船舶自主航行； 2022 年，完成了小型客船“Sea Friend Zero”号自主航行试验，大型客滚船“SOLEIL”号全程 7 h 高速自主航行，“Mikage”号在敦贺港至境港之间约 270 km 的航线上进行自主航行； 2023 年，“MEGURI 2040”项目进入第二阶段，川崎汽船旗下“HOKUREN MARU No. 2”汽渡船通过自主导航在日立港与钏路港之间完成了 1600 km 的往返航程

续表 3-3

国家/地区/机构	发展现状
韩国	2020 年，韩国启动了韩国自主水面船舶(KASS)项目，旨在推动智能船舶技术发展； 2022 年，现代重工 LNG 运输船“Prism Courage”轮跨太平洋航行约一半航程通过自主航行完成； 2023 年，韩国研发的具有自主航行系统的 3.25×10^5 t 超大型矿砂船正式投入运营，这是大型自主航行商船产品全球首次商用化

表 3-4　国内智能船舶发展

年份	发展现状
2015 年	2015 年，中国船级社发布了全球首部《智能船舶规范(2015)》，目前最新版为《智能船舶规范(2025)》
2016 年	工业和信息化部启动了重大专项“智能船舶 1.0”项目，并设计建造了“明远”轮、“凯征”轮等多艘具备航行辅助驾驶、综合能效管理等功能的大型智能化船舶
2019 年	珠海云航公司研制了“筋斗云 0 号”自主航行货船，于 2019 年完成了首航，开展多船会遇避碰、自主靠离泊等应用与验证
2019 年	武汉理工大学研发了基于“航行脑”系统的船舶辅助驾驶系统，实现了南京板桥汽渡的船舶辅助驾驶
2019 年	我国自主研制的 13500 TEU 集装箱船——“荷花”号智能船舶交付运营，该船是全球首艘获得中国船级社 i-ship(N,M,E,I)船级符号和英国劳氏船级社 Smart Ship 符合性证书的大型集装箱智能船舶
2021 年	中国首艘自主航行的 300 TEU 集装箱商船“智飞”号成功海试，该船具有具备无人驾驶、远程操控和自主航行的能力
2022 年	我国首艘国产百吨级无人艇实现自主航行测试，验证了无人艇在对遇、追越、交叉等不同场景的自主避碰能力
2022 年	中国首艘 2.1×10^5 t 纽卡斯尔型升级版智能散货船“山东新时代”号交付，成为 CCS 认证的中国首艘获得网络安全船级符号的大型散货船
2023 年	南方海洋科学与工程广东省实验室(珠海)主持制造的“珠海云”号正式交付，获得了中国船级社颁发的首张智能船舶证书
2023 年	由哈尔滨工程大学等联合研发的我国首艘数字孪生智能科研试验船交付，建立了船舶数字建模、模型迭代进化、虚实实时交互、在线离线共生、船岸镜像等技术体系
2024 年	蓬莱中柏京鲁船业公司建造的绿色智能中尺度试验船“创智号”完成船舶实船试验任务
2024 年	大连海事大学智能研究与实训两用船“新红专”轮交付，该轮在自主航行、船岸协同、海上智能船舶移动试验验证平台等方面实现新突破

3.3.2　绿色船舶技术

绿色船舶定义随着相关技术的研发而迭代更新，其具体含义也被逐渐充实与细化。根据2022年中国船级社《绿色生态船舶规范(2022)》定义，绿色船舶采用先进技术在其生命周期内能安全地满足其预定功能和性能，同时实现提高能源使用效率，降低温室气体排放，减少或消除对人类健康危害和生态环境污染破坏，提升资源有效循环利用。虽然学术界对绿色船舶的概念界定尚未达成完全一致的说法，但都基本体现了在船舶建造和应用的全生命周期中以绿色环保、节能减排为原则，以先进技术和新能源燃料开发为支撑，以减少乃至消除环境污染为目标等核心要义。绿色船舶技术贯穿船舶全生命周期，包括船舶的设计、建造、运营和拆解等流程。

1)绿色船舶设计技术

绿色船舶的设计所涉及的领域主要有并行设计、标准化模块化设计、节能环保设计和绿色能源的使用等，可进一步细化到船舶的结构与设备设计、节能装置与环保材料使用、清洁能源使用等。

(1)针对绿色船舶节能设计需求，可以利用船型优化、水动力优化、新型节能、绿色动力系统设计、数字化协同设计等技术实现。

①船型优化技术。船型优化后将会大幅降低货物运输成本，且节能效果显著。在货物运输总量充足的情况下，船舶大型化可显著改善单位货物运输效率，降低温室气体的排放总量，可用最经济的成本实现特定运输功能，符合绿色船舶的宗旨。

②水动力优化技术。水动力优化作为较传统的节能方法之一，其技术可靠、优化投入成本低，且节能效果佳，其效用主要体现在降低船舶阻力和提高船舶推进效率两个方面。船舶航行阻力的降低主要通过采用线型优化、剖面多目标优化、纵倾优化、采用低阻油漆或气层减阻和上层建筑风阻优化等实现;船舶推进效率的提高则可通过螺旋桨优化及水动力节能装置的应用来实现。

③新型节能技术。新型节能技术主要包括空气润滑减阻技术和风能辅助推进技术。空气润滑系统通过在船底形成空气层减小摩擦阻力，风能辅助推进则利用无成本无排放的风能作为补充动力。

④绿色动力系统设计技术。绿色动力系统包括LNG、甲醇、氢等低碳或零碳燃料的船舶动力系统，以及气电混合动力系统。绿色动力系统设计技术强化甲烷逃逸和氮氧化物排放控制;同时，还可以加强船用动力电池、电池管理系统等技术集成和优化，提升船舶电池动力总成能力和安全性能。

⑤数字化协同设计技术。建立涵盖设计、制造、运营等环节的数字化协同设计体系，加强设计和制造协同仿真，提高船舶工业软件创新应用能力。

(2)针对绿色船舶环保设计,可以围绕硫氧化物(SO_x)排放控制、氮氧化物(NO_x)排放控制及满足压载水公约和排放标准等展开。

为满足相应排放标准,船舶制造业采用选择性催化还原技术(Selective Catalytic Reduction,SCR)、废气再循环技术(Exhaust Gas Recirculation,EGR)和使用清洁燃料等手段。SO_x 排放问题主要可从使用低硫燃油、安装脱硫洗涤塔和使用清洁燃料等途径来解决。

为评估新造船碳排放强度,IMO 提出了船舶能效设计指数(Energy Efficiency Design Index,EEDI)指标,其定义是基于船舶设计最大载货状态,以一定航速航行所需推进动力及相关辅助功率所消耗的燃油计算出的 CO_2 排放量[g CO_2/(t · n mile)]。EEDI 指数越高,说明船舶能耗越高,能源效率越低。EEDI 从 2013 年开始实施,并根据船舶类型和大小有不同的范围和折减系数,越新的船舶,EEDI 应越小,也就是越严格。

2)绿色船舶建造技术

绿色船舶建造技术是指在船舶的设计、建造、运营和回收等全生命周期内,以提高能源利用效率、减少环境污染和实现可持续发展为目标的一系列技术,具体涉及绿色焊接、绿色材料、绿色涂装工艺和绿色加工等技术。

①绿色焊接技术。绿色焊接是一种针对传统焊接行业中能源消耗大、资源有效利用率低等问题而提出的发展概念,其核心理念是研发和采用低排放、低污染的焊接材料、焊接工艺及新型、高效、绿色的焊接方法。

②绿色材料技术。利用碳纤维增强塑料等复合材料,可以有效降低船舶的重量,提高能效;使用挥发性有机化合物含量低的涂料,如水性涂料和高固体分涂料,可减少对环境和人体健康的危害;传统的涂装材料对环境与作业人员的身体健康均会产生较大的危害,需对待涂装的材料进行预处理,并在处理后进行多次涂装。

③绿色涂装工艺技术。在涂装生产线的规划和设计中,注重节能减排,如采用 PVC“湿碰湿”工艺,取消单独烘干,减少能耗和废气排放;利用智能化技术提高涂装效率,减少材料浪费,并通过精确控制用量降低环境污染。

④绿色加工技术。主要的绿色加工方式有干式切割加工和无余量制造。干式切割加工是一种在加工过程中不使用任何冷却液的加工方式,它通过简化工艺、降低成本,并消除冷却废液的排放和处理,从而降低对环境的影响。无余量制造是船体建造过程中的一项精度控制技术,通过设置合理的建造公差和采用有效的工艺技术与管理,以加放尺寸精度补偿量取代余量,对船体零部件、结构进行尺寸精度控制,这有助于减少作业量,降低建造成本,提高产品质量,并缩短造船周期。

3)绿色船舶运营技术

绿色船舶运营技术是指在船舶的全生命周期中,通过先进的技术手段和管理策略,实现船舶的节能减排、环境保护和可持续发展。

(1)船舶智能能效管理技术

能效作为一种评价指标,是指能源利用效率,即生产实践的能源利用与转化过程中,实际发挥作用的能源量与总消耗的能源量之比。船舶能效是众多能效领域中的一个分支。面向营运中的船舶,IMO 在 SEEMP 中提出船舶能效营运指数(Energy Efficiency Operation Index,EEOI),以衡量营运船舶的能效水平。EEOI 反映的是船舶实际航行运输过程中单位运输工作量所排放的 CO_2 量,EEOI 指数越低表明船舶的营运能效水平越高。

船舶能效管理主要是面向营运船舶,指利用相关技术手段加强船舶航行过程中的操作管理,包括基于传感器的能效参数监测、能效水平的智能评估以及基于模型分析的能效管理策略制定等。通常情况下,把通过操作管理创新提升营运船舶能效水平的技术集合称为船舶能效管理技术。现代信息技术和人工智能等赋能技术的发展,推动着船舶能效管理技术的实船应用。在传统能效管理技术的基础上,应用智能算法和技术,为船舶管理和操作人员提供辅助决策,称为智能能效管理技术。以智能能效管理技术为核心,辅以相关的软硬件系统,可形成智能能效管理系统。系统具备较高的成熟度,产品化之后,则形成船舶能效管理的相关产品。

如图 3-3 所示,船舶能效管理系统的功能主要包括 4 个方面,即船舶能效在线监测、能效评估、能效优化以及能效辅助功能。其中,能效在线监测可采集能效数据,服务于其他 3 项功能,主要对船舶能耗、环境、航行等参数进行监测;能效评估基于在线监测采集的数据,运用数据挖掘技术,得到船舶能耗状况;能效优化则向船舶给出航速、航线与纵倾等最佳参考值,提升船舶营运能效;能效辅助功能主要提供符合 IMO 与海事部门要求的日志与报表。可以看出,船舶能效在线监测、智能能效评估和能效优化控制研究是船舶能效管理的关键技术。

①船舶能效在线监测技术。能效在线智能监控是智能能效管理系统所应具备的基本功能之一。在线智能监控,即对船上主要耗能设备、船舶航行状况等进行监测,进行数据的采集、传输、储存、分析,并对船舶能效和能耗等相关技术指标进行评估和报警。因此,船舶能效在线监测是能效在线智能监控的重要内容,同时也是能效智能评估和优化的研究基础。能效在线监测的信息来源可分为两类:一类是人工输入的信息,主要从船舶基本资料和日常报表中获取,如船舶尺寸信息、船舶航行起点、终点、预计到达时间等;另一类是借由布设的传感器采集的数字信息,主要对象为主要耗能设备参数与船舶航行状态参数。

②船舶智能能效评估技术。智能能效评估是在数据挖掘技术的支持下,从船舶航行以及日常运营,挖掘船舶节能潜力,同时也为管理者提供更优的能效管理方案建议。借助能效评估,管理者可以找到能效标杆,设立能效基准水平,也可以从同航线同船型的其他能效表现较好的船舶借鉴节能经验。针对积累的大量船舶能耗、航行以及通航环境数

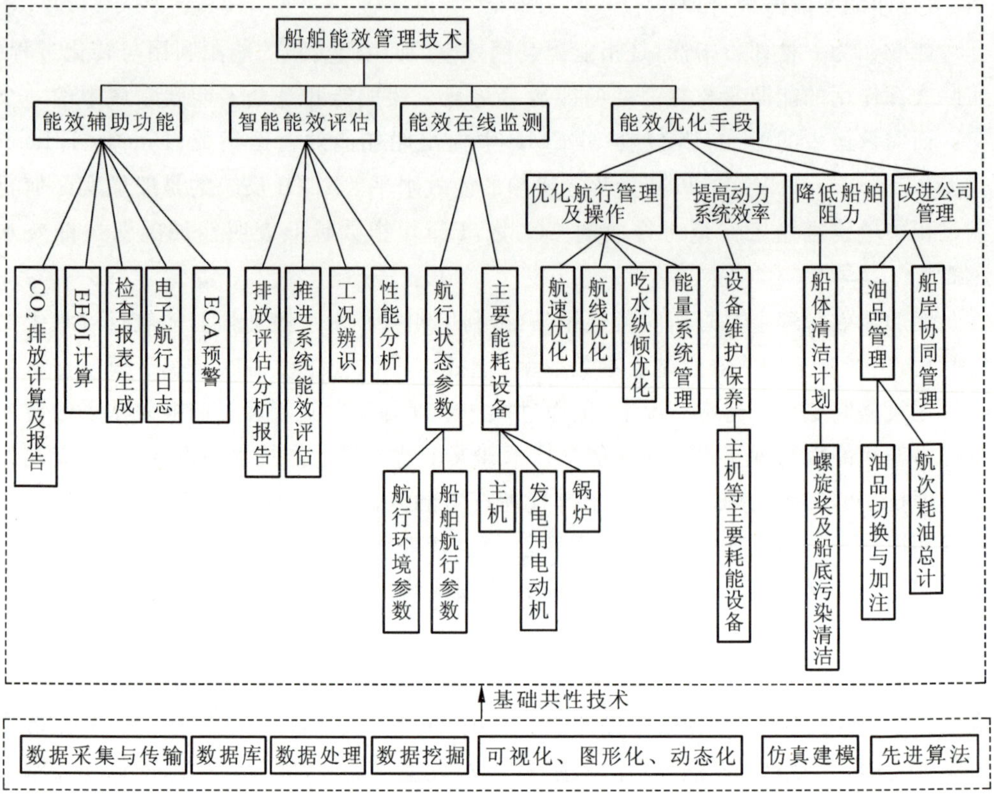

图 3-3　船舶智能能效管理关键技术架构

据，使用关联、聚类、机器学习等方法挖掘能效数据中的特征以及规律，在特征分析的基础上进行能效评估。评估的内容包括：基于实测数据，通过计算 EEOI、航行过程燃料消耗指数、CO_2 指数等能效及排放指标，评估船舶能效水平与状态；根据采集的油耗及功率，实时评估推进系统能效，为能效管理提供辅助决策；根据船舶主机状态，结合环境参数与历史数据信息，利用大数据技术和机器学习算法自动判断船舶航行工况；根据船舶能耗实时数据，分析得出船舶各部分动态能量消耗分布比例及能量利用效率。当前研究集中于分析采集到的能耗数据，基于数据拟合、聚类算法等方法，分析能耗指标、环境参数、主要耗能设备运行参数之间的关系。

③船舶能效优化控制技术。航速优化、航线优化和纵倾优化是常见的 3 种能效优化手段。《智能船舶规范》中针对航速优化和纵倾优化分别设立了智能能效管理补充功能标志，航线优化对于海运船舶有较好的节能效果。航速优化的主要目标为达到最佳经济效益和最佳环境效益，在考虑通航环境的影响下，实现 EEOI、CO_2 指数等能效排放指数的优化，或者通过应用智能算法达到多目标优化的目的。航线优化是指按照某一性能指标，如燃油消耗最低、航行路线最短、安全性能最高、航行时间最优等，充分利用电子海图所传达的航行综合环境信息以及交通管理控制信息，在智能技术的支持下，形成一条从

起始港到目的港的最优航线，主要用于海洋航行的船舶。对于不同吃水、不同航速，都存在一个最佳的纵倾角度，通过船模水池试验或CFD仿真，得到不同吃水、不同纵倾以及不同航速下的螺旋桨功率曲线，使用多元插值等方法得到纵倾优化结果。

(2)船舶数字化智能运维技术

船舶智能运维的关键在于使用先进传感器监测设备状态，通过智能算法建立评估与预测模型，创建设备数字孪生平台，通过虚拟空间分析、判定、推测设备状态变化，以提前预测故障并制定维修决策，保持设备状态。操作决策和维护保养计划的制定需要综合考虑技术、经济和操作因素，确保维护工作的优先级和执行计划的最优化。

大型船舶装备或平台，如船舶动力系统中的汽轮机装置、增压锅炉装置等，其可靠性、运行状态等直接影响到动力系统工况，直接制约了船舶性能的发挥。当前船舶动力关键设备运行管理、事故预警、故障诊断、剩余寿命预测及维修等的智能运维是亟待解决的重要难题。因此，基于数字孪生(Digital Twin，DT)等的关键技术的应用，不仅可实现对船舶装备的智能运维，更可对船舶装备进行全寿命周期健康管理，对进一步优化其使用和维修策略，提升船舶的在航率和动力具有重要意义。

船舶装备的运行维护是整个寿命周期的重中之重。对于大型船舶装置而言，一方面需要结合在线监测数据和历史数据等，做到对故障的及时诊断和预测，以期降低发生事故的概率和风险。另一方面，需要实时监测和评估其技术状态，结合性能退化规律，评估剩余寿命，用于维修策略制定等。数字孪生技术的应用，为船舶装备的智能运维提供了很好的技术支撑。智能运维关键技术包括：

①船舶装备故障机理及性能退化分析技术。船舶装备如汽轮机等属于高速旋转运动机械，其运行管理要求较高，且由于使用寿命贯穿整个船舶服役周期，受各种因素影响较大，容易产生性能退化和损伤累积，进而引发事故。如由于热应力、频繁的工况变化、离心载荷、气动载荷等引起的交变载荷，转子部件容易发生高/低周疲劳。长期处于高温蒸汽下工作，汽缸及转子等部件容易发生蠕变。由于高速气流激振和轴承油膜振荡等的作用，汽轮机部件容易受到损伤，产生裂纹。这些因素的综合作用，最终影响到船舶装备的可靠性和运行的稳定性等。

②船舶装备多尺度三维数字建模及有限元分析技术。构建高精度的船舶装备三维数字模型，是今后机器学习、智能诊断、维修决策的重要基础。建立船舶装备零件-部件-装置的多尺度高精度三维模型，能够提升有限元模型的计算精度。在数字模型的基础上，运用弹塑性力学、断裂力学、计算流体力学、计算传热学等理论开展数值计算，模拟船舶装备损伤演化过程，以此作为机器学习算法和推理决策模型的基础。

③基于机器学习的船舶装备状态评估技术。船舶装备在运行过程中，产生大量的监测信号，如温度、压力、油压、振动等，这些信号与船舶装备故障和性能相关，反映了船舶装备性能退化规律。通过对这些信号进行深层次的特征挖掘和提取，结合数字模型计算

数据等，形成可与数字体交互的数据库。基于机器学习等技术，实现船舶装备物理体与数字体的数据及时交互，定量评估船舶装备的退化状态，进行故障检测和剩余寿命预测等，可有效降低系统维护成本，避免重大事故发生。

④基于推理决策模型的船舶装备智能诊断及预测技术。预测是在考虑未来载荷的情况下，根据当前船舶装备的状态预测未来，进而预报未来某时刻的状态，或者在给定的载荷曲线条件下，预测剩余使用寿命，是一种前向预测。诊断则是根据现有故障或异常信号等，分析其原因或根源，是一种反向推理。基于贝叶斯理论，建立船舶装备贝叶斯网络推理模型，利用其双向推理机制，可实现其智能诊断及预测。

⑤基于智能运维的船舶装备维修决策及优化技术。根据对船舶装备状态评估和智能诊断等信息，在全寿命周期内以考虑任务完成、费用最小等为目标，对维修等工作进行自动优化决策，自动制定维护计划（如降低工况）、修理计划、备件更换保障需求等。

4)绿色船舶拆解技术

绿色拆解技术即在对所需报废船舶进行拆解时，通过一些绿色新型技术的使用，减少其对环境的污染，增大零件材料的回收利用率，进一步降低能源消耗与资源浪费。在船舶海工领域，船舶拆解属于高度污染行业，目前还未有针对绿色拆解技术的完善的解决方案。针对传统船舶在拆解过程中存在的技术含量低和对环境造成的污染严重等情况，分析传统船舶拆解模式的不足，并从船舶拆解的组织形式、拆解方式和原则等方面提出船舶拆解新思路。针对不同船型所需的不同拆解方式，采用相应适用的绿色拆解工艺，分析造成的污染类型，通过选用合理的处理方案，以期减少船舶拆解过程中产生的污染。

针对未来船舶绿色拆解需求，可采用新型拆解法（如完全坞内拆解法）进行船舶拆解回收，使用先进的回收处理技术对废弃物进行无害化处理或二次利用。研发无害化处理技术，通过加大废弃物无害化处理技术的研发力度，对废油和废水等进行有效处理或合理回收，进一步减少乃至消除船舶在拆解过程中产生的污染，从而打造安全环保的绿色拆船业。

3.3.3 智能船舶技术

目前，智能船舶在全球范围内没有统一的定义。中国船级社《智能船舶规范(2025)》将智能船舶定义为：利用传感器、通信、物联网、互联网等技术手段，自动感知和获得船舶自身、海洋环境、物流、港口等方面的信息和数据，并基于计算机技术、自动控制技术和大数据处理和分析技术，在船舶航行、管理、维护保养、货物运输等方面实现智能化运行的船舶，以使船舶更加安全、更加环保、更加经济和更加高效。此外，中国智能船舶创新联盟将智能船舶定义为：综合运用感知、通信、控制、人工智能等先进信息技术，具备对复杂环境及自身状态的自主感知、智能决策、多等级自动控制能力，比传统船舶更加安全、经济、环保、高效的新一代船舶。目前来看，业内对于如何定义智能船舶众说纷纭，并未达成一致。

(1)智能船舶功能定义

根据中国船级社《智能船舶规范(2025)》的定义，智能船舶的功能按照由局部应用到全船应用、由辅助决策到完全自主的方向发展，其功能一般分为智能航行、智能船体、智能机舱、智能能效管理、智能货物管理、智能集成平台、远程控制和自主操作。

智能航行：利用先进感知技术和传感信息融合技术等获取和感知船舶航行所需的状态信息，并通过计算机技术、控制技术进行分析和处理，为船舶提供辅助航行决策建议。在可行时，船舶能够在开阔水域、狭窄水道、进出港口、靠离码头等不同航行场景和复杂环境条件下实现船舶的自主航行。

智能船体：基于船体数据库的建立与维护，为船体全生命周期内的安全和结构维修保养提供辅助决策，同时还可以通过船体相关数据的自动采集与监测，提供船舶操纵的辅助决策。

智能机舱：综合利用状态监测所获得的各种信息和数据，对机舱内设备与系统的运行状态、健康状况进行分析和评估，为设备与系统的使用、操作和控制、检修、管理等方面的决策提供支持。

智能能效管理：基于船舶航行状态、耗能状况的监测数据和信息，对船舶能效状况、航行及装载状态等进行评估，为船舶提供评估结果和航速优化、基于纵倾优化的最佳配载等解决方案，实现船舶能效实时监测、评估及优化，以不断提高船舶能效管理水平。

智能货物管理：利用传感器等感知设备对货物/货舱及货物相关系统的参数进行自动采集，并基于计算机技术、自动控制技术和大数据技术进行处理和分析，以实现货舱/货物及货物相关系统状态的监测、预警/报警、辅助决策和控制，同时还可以基于监测获得的数据，进行智能配载、自动装卸货、智能洗舱(适用于油船/化学品船)，以实现船舶货物的智能管理。

智能集成平台：能为智能航行、智能船体、智能机舱、智能能效管理、智能货物管理、船舶远程控制和自主操作提供支持，形成船上数据采集/获取、存储、整合、交互、共享与展现、控制指令传输(如适用时)的统一集成平台。集成平台应具备开放性，能够整合安保系统、船上信息管理系统等，以实现对船舶的全面监控与智能化管理，并与岸基实现数据交互。

远程控制：船舶能够通过船舶之外的一个远程控制站或控制装置进行控制，实现船舶的远程控制运行。

自主操作：能在开阔水域或整个航程实现完全自主操作，正常情况下无须船员在船上操作。

需要注意的是，本书也将智能能效管理归类为绿色船舶技术。

(2)智能船舶等级划分

智能船舶等级的划分反映了国际海事界对于船舶自主性发展的共识和期待。不同组织的标准虽然存在差异,但它们共同推动了智能船舶技术的发展和应用。随着技术的进步和行业实践的深入,这些标准可能会进一步融合和统一,以适应不断变化的海事需求和挑战。此外,智能船舶等级的划分不仅为船舶设计和建造提供了指导,也为海事安全监管、船员培训和公众认知提供了重要的参考。因此,智能船舶等级的划分是海事行业迈向智能化、自动化的关键一步,对于促进海事安全、效率和环境友好型航运具有重要意义。以下分别介绍不同机构对智能船舶等级的划分。

①国际海事组织

IMO 将 MASS 定义为在不同程度上可以独立于人类互动运行的船舶,并对其自主水平进行了 4 个级别划分,具体如下:

L1:具有自动化流程和决策支持辅助的船舶。

L2:有船载人员的远程控制船舶。

L3:无船载人员的远程控制船舶。

L4:完全自主船舶。

②莱茵河航运中央委员会

莱茵河航运中央委员会是由荷兰、比利时、德国、法国和瑞士 5 个成员国共同组成的机构,旨在保障莱茵河及其支流的航运自由与平等,促进莱茵河航运的繁荣与安全。与美国汽车工程师协会(Society of Automotive Engineers,SAE)定义的道路车辆驾驶自动化的 6 个等级类似,莱茵河航行管委会(Central Commission for the Navigation of the Rhine,CCNR)定义了内河航行的 6 个自动化等级,如表 3-5 所示。

③劳氏船级社

2016 年 7 月 8 日,劳氏船级社(Lloyd's Register,LR)在《Ship Right 程序指南》中将船舶的自主水平分为 AL0~AL6 共 7 个等级,这是全球权威机构首次对船舶的自主水平进行等级划分,也是自主水平分级领域中的标志性文件。2017 年 2 月,在《Ship Right 程序指南》的基础上,LR 发布《无人船舶系统规范》,旨在提供一种独特且有价值的保证流程,以证明无人船舶系统的安全设计、建造和维护符合既定的框架。

LR 的船舶自主水平划分标准如下:

AL0:手动,无自主功能。

AL1:船载决策支持,由人采取行动,决策支持工具可以提供选项。

AL2:船载和岸基决策支持,由人采取行动,决策支持工具可以提供选项。

AL3:决策和行动在人的监督下执行。

AL4:决策和行动在人的监督下自主执行(操作员有权干预)。

AL5:完全自主(决策自主制定和执行,但存在少量被监督的操作)。

AL6:完全自主(决策自主制定和执行,完全无监督)。

表 3-5　莱茵河航行管委会提出的内河船舶智能等级划分

等级	等级描述	船舶操纵指令(转向,推进等)	航行环境监测与响应	动态航行任务处置	远程控制
0	无自动化 即使具备预警与介入系统支持,仍由船长全天候执行各类动态航行任务				无
1	辅助操舵 自动操舵系统利用获知的航行环境信息提供转向辅助,由船长执行其他方面的动态航行任务				
2	部分自动化 自动航行系统利用获知的航行环境信息对转向和推进装置进行控制,由船长执行其他方面的动态航行任务				岸基人员可根据等级描述中的具体场景,通过船舶操纵指令、航行环境监测与响应、动态航行任务处置等形式,对船舶进行远程控制,进而对船舶配员与人员资质要求产生影响
3	有条件的自动化 自动航行系统将承担所有动态航行任务(包括避碰)。船长将接受系统请求以干预并应对系统故障				
4	高度自动化 自动航行系统将持续执行动态航行任务,并处置异常情境。系统不再需要船长进行干预				
5	自主化(完全自动化) 系统将持续地、无限制地执行动态航行任务与异常处置。系统不再需要船长进行干预				

④法国船级社

2017 年 12 月,法国船级社(Bureau Veritas,BV)发布《自主航运指南》,对可用于提高自主船舶运输自主能力的设计或系统操作提出了相应的建议。2019 年版《自主航运指南》将船舶的自动化等级分为 A0～A4 共 5 个等级。其中,A0 为人工操作,A4 为完全自动化。具体定义如下:

A0:人工操作。自动化或手动操作均在人工控制之下完成,人类进行所有决策并控制全部功能。

A1:决策支持。系统提供决策建议,人工制定决策并采取行动。

A2:人工授权。系统调用函数进行决策,但需要人工确认。人类可以拒绝系统或船舶制定的决策。

A3:人工监督。系统无须等待人工授权即可制定、执行决策。但人类会被告知系统的决策和行动。

A4:完全自动化。系统在不通知人的情况下即可制定、执行决策。无须人工确认,仅在紧急情况下才会通知人类。

⑤日本船级社

2020 年 1 月,日本船级社(ClassNK)发布《船舶自动化/自主操作指南》1.0 版本,其认为自主船舶的发展方向大致可分为两种:一是以减少船员数量为目的,对无人驾驶船舶和短途小型船舶进行设计和开发;二是针对船上任务的部分自动化或远程支持进行设计和开发。在该指南中,并未直接对船舶的自主水平进行等级划分,而是从系统的设计开发、安装和操作的角度对自动化操作系统(Automated Operation Systems,AOS)和远程操作系统(Remote Operation Systems,ROS)进行分类,总体上将自动化类别划分成 3 类,具体如下:

1 类:人类执行所有子任务。

2 类:计算机系统执行部分决策子任务。

3 类:计算机系统执行全部子任务。

⑥韩国船级社

2019 年 1 月,韩国船级社(Korean Register,KR)发布《自主船舶指南》,并于 2020 年 7 月进行了修订,旨在通过风险评估确保自主船舶或自主操作所需的系统和功能的安全性和可靠性。在该指南中,KR 根据船舶的数据获取/分析、决策和执行功能对船舶的自主水平进行划分,分为 AL1～AL5 共 5 个等级,如表 3-6 所示。当处于 AL5 时,包括数据获取/分析、决策、行动在内的所有功能均由系统执行,系统可对异常操作场景(系统故障等)做出响应,操作员仅在紧急情况出现时进行监控。

表 3-6　KR 的船舶自主水平等级划分标准

自动化等级	数据获取/分析	决策	执行
AL1	系统/操作员	操作员	操作员
AL2	系统	操作员(系统提供决策支持)	操作员
AL3	系统	系统(决策需要操作员确认,发生故障时需要操作员介入)	系统
AL4	系统	系统(操作员对决策持续监督)	系统(操作员对行动持续监督)
AL5	系统	系统	系统

⑦俄罗斯船级社

2020 年 6 月，俄罗斯船级社（Russian Maritime Register of Shipping，RS）发布《海上自主和远程控制水面船舶入级规范》，并于 2022 年 1 月修订。该规范明确了自主船舶设计和建造过程中的技术监管要求，同时，对自主船舶进行了分类以表示在开阔水域和受限空间（受限水域、停泊区和港内）中移动时控制船舶的能力，并引入自主等级符号，使用两个符号分别表示自主船舶在开阔水域和受限空间的控制能力。例如，AC-MC 表示船舶在开阔水域可自主控制，但在受限水域和港口口门处移动时需要手动控制；RCMC-MCDS 表示船舶在开阔水域时可进行远程控制（具有手动控制覆盖能力），但在受限水域和港口口门处时仅能进行手动控制（具有决策支持），具体分类如下：

MC：手动控制，有人在船。

MC-DS：具有决策支持的手动控制，有人在船。

RC-MC：具有手动控制覆盖能力的远程控制，有人在船。

RC：远程控制，无人在船。

AC：自主控制，无人在船。

⑧挪威船级社

2021 年 9 月，挪威船级社（Det Norske Veritas，DNV）发布《自主与远程控制船舶入级指南》的最新修订版，旨在为自主船舶和/或远程控制船舶中实施新技术提供指导，从而确保其能够达到与常规船舶相当或更高的安全水平。与其他船级社的划分原则不同，在该入级指南中，DNV 将自主或远程控制视为实现某些功能和任务的手段，基于功能所使用环境的不同，从而确定相应的自主水平。

针对航行功能，DNV 将其自主水平划分为 5 个等级：

M：手动操作功能。

DS：系统决策支持功能。

DSE：具备执行能力的系统决策支持功能（执行前需要人工确认）。

SC：自控功能（系统将执行操作，但在需要时能够人工改写操作）。

A：自主功能（系统将执行该功能，通常在功能层面上无法人工干预）。

⑨美国船级社

美国船级社（American Bureau of Shipping，ABS）于 2021 年 7 月和 2022 年 2 月相继发布了《自主和远程控制功能指南》和《自主船舶报告》。根据自主程度将系统分为智能、半自主和全自主三个级别。对于具备自主功能的船舶，可获得 AUTONOMOUS 符号；对于具备远程控制功能的船舶，可获得 REMOTE-CON 符号。操作监督等级包括 OP1（船上持续性值守）、OP2（船上周期性值守）、OP3（船上按需值守）、RO1（远程持续性值守）、RO2（远程周期性值守）、RO3（远程按需值守）等。船舶等级分类包括：

手动：无系统增强的人类控制。系统不提供或提供有限的帮助，人类必须做出所有决定并采取所有行动。

智能：系统增强的人类控制。系统以健康和状况异常检测、诊断、预测、决策/行动替代方案和/或建议的形式提供被动决策支持。

半自主：人类增强的系统控制。系统操作建立在智能基础之上，并由系统和人的决策与行动组合管理。

全自主：无人员参与的系统控制。系统自主决策并采取行动，人类仅执行监督功能，并可干预和覆盖系统所做出的操作。

⑩中国船级社

中国船级社(China Classification Society，CCS)提出的功能分类框架主要强调将自动化和自主技术纳入船舶发展进程中，提出了 R1、R2 以及 A1、A2、A3 五个功能标志，形成了完整的智能船舶规范框架及相应的功能技术要求。

R1：有人在船，远程遥控。

R2：无人在船，远程遥控。

A1：锚地到锚地，自主航行，有人引水。

A2：锚地到锚地，自主航行，遥控引水。

A3：泊位到泊位，自主航行。

综上，目前各船级社或机构对于船舶自主水平分级大多聚焦在自主航行，而对于智能船舶尚未形成整体上的分级定义，仅是以智能船舶附加标志来界定船舶所具备的智能功能。此外，对智能机舱、智能能效管理等智能功能也没有分级标准来评价其智能水平。

(3)船舶智能航行总体架构

船舶智能航行系统主要包括环境感知、态势感知、制导、导航和控制单元。现阶段环境感知单元主要依赖雷达、AIS 和电子海图等设备分别提供动/静态环境信息。态势感知模块根据当前感知信息判断本船会遇责任和是否进行避碰行为。制导-导航-控制模块在这些依据下进行自主航行的行为规划及实施。图 3-4 为船舶智能航行典型技术框架。

(4)船舶智能航行感知技术

船舶智能航行感知是实现船舶智能化的关键基础，涉及对船舶自身状态及周围环境的全面监测与认知。它通过集成应用多种传感器、导航系统和数据融合技术，为船舶提供准确、实时的航行信息。这些信息包括船舶的位置、速度、姿态以及周围水域的交通状况、水文气象条件等。有效的航行感知系统能够增强船舶的环境适应性，提升航行安全性，并为船舶智能决策和自动控制提供必要的数据支持。随着技术的发展，船舶智能航行感知正朝着更高的精度、更强的稳定性和更广的覆盖范围方向发展。图 3-5 为船舶智能航行感知系统架构。

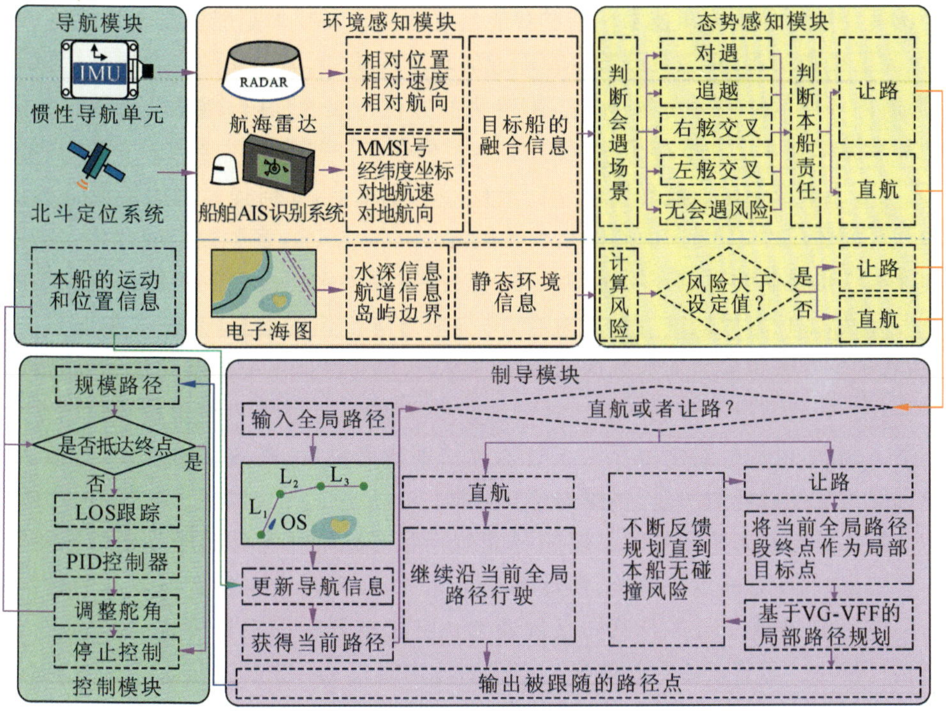

图 3-4　船舶智能航行技术框架

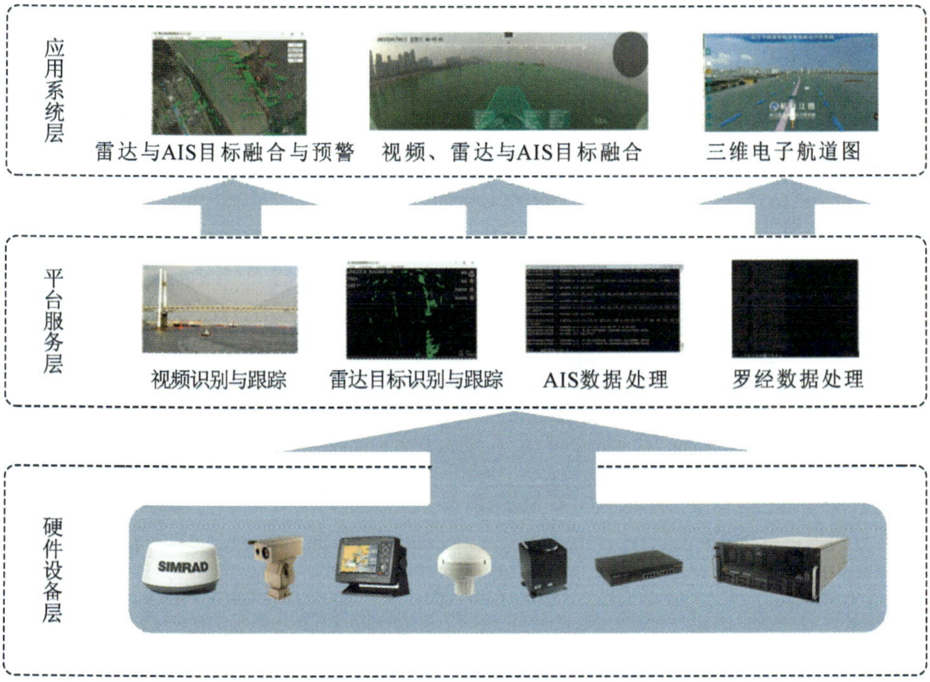

图 3-5　船舶智能航行感知系统架构

①智能航行环境感知技术。船舶智能航行环境感知技术是船舶基于传感器(如激光雷达、高清摄像头等)实现对航行过程中通航环境的感知,为船舶的安全航行提供有力保障,通航的环境信息包括水深、水流、障碍物的方位与尺寸、其他船舶动态等。尽管船舶通航环境感知技术已经取得了一定的成果,但仍存在一些技术重难点。一方面,水流、潮汐、天气等因素都会对通航环境感知的准确性产生影响,如何提高传感器设备的抗干扰能力和环境适应性,是当前面临的重要挑战之一;另一方面,多源数据融合技术的处理效率和准确性也是制约通航环境感知技术发展的重要因素。由于不同传感器收集的数据存在差异性,如何有效地进行数据融合,并提取出有价值的信息,是技术实现的关键;此外,随着传感器数量的增加和数据处理量的增大,如何保证系统的实时性和稳定性,也是技术实现中需要重点关注的问题。针对这些技术重难点,研究人员正在积极探索新的解决方案。例如,应用机器学习和人工智能算法实现高精度、高效率的感知;借助云计算、大数据等方法手段应对海量、多源的感知数据。

②智能航行状态感知技术。船舶智能航行状态感知技术是船舶基于传感器与导航定位系统(如北斗导航定位系统、惯性测量单元等)实现对自身位置与姿态的精准感知。在实际应用中,船舶智能航行感知系统通常包括传感器数据采集模块、数据融合模块和位姿估计模块。尽管船舶智能航行位姿感知技术取得了一定的进展,但目前仍面临一些技术重难点。一方面,航行环境的复杂多变对船舶航行状态感知的精度和稳定性提出了更高要求;另一方面,多源感知数据的融合处理需要解决数据同步、去噪、异常值处理等问题,以保证融合结果的准确性和可靠性。针对这些技术重难点,研究人员正在积极探索新的解决方案。例如,利用深度学习技术对传感器数据进行处理和分析,提高位姿感知的精度和稳定性;开发自适应数据融合算法,实现多源感知数据的动态融合处理。

(5)船舶智能航行决策技术

船舶智能航行决策技术是智能船舶系统的大脑,它基于感知系统提供的数据,运用先进的算法和模型,进行航行安全预警、避碰决策、航路规划和航迹规划等。这一过程要求系统能够快速准确地评估当前航行状态,预测潜在风险,并制定出最优的航行策略。智能航行决策不仅包括对即时情况的反应,还涉及对长期航行计划的优化。随着人工智能和机器学习技术的应用,船舶智能航行决策技术正逐步实现更高级别的自动化和智能化,以提高船舶的自主性和适应性。

①航行避碰决策技术。船舶航行避碰决策是船舶基于多种传感器设备,实时获取周围船舶的位置、速度、航向等信息,结合船舶自身的航行状态给出避碰策略。避碰决策系统通常包括碰撞风险评估、决策生成模块,能够实现对潜在碰撞风险的快速识别与响应。通过集成机器学习、深度学习等先进技术,避碰决策系统能够自动学习历史避碰案例和规则,不断优化决策模型,提高避碰决策的准确性和效率。避碰决策系统具备高度的动态性和适应性。避碰决策系统需要实时、准确地处理大量数据,并快速生成决策结果。这要求系统具备高性能的数据处理能力和计算能力,以保证决策的及时性和准确性。考

虑船舶航行特性、驾驶员操作习惯、法律法规等多种因素使得决策过程更加复杂。在紧急情况下，系统应具备高度的鲁棒性和极强的容错能力，能够迅速、准确地做出决策，避免碰撞事故的发生。

②航路规划技术。船舶航路规划是基于地理信息系统(GIS)、电子航道图(ECDIS)、船舶自动识别系统(AIS)等数据源，结合船舶航行特性、航道条件、水流信息以及船舶交通流量等多维信息，进行航路设计和规划。目前的航路规划系统能够实时接收和处理各类数据，自动分析气象条件、航道条件和船舶状态，为船舶提供实时、动态的航路规划服务。通过气象导航，系统能够根据历史航行数据和实时信息，优化航路规划结果。航道环境的复杂性和多变性对航路规划提出了挑战。航道条件、水流信息、船舶交通流量等因素的实时变化要求航路规划系统具备高度的动态性和适应性。船舶航行特性的差异性和多样性也增加了航路规划的复杂性。不同类型的船舶在航行速度、操纵性能、载货量等方面存在差异。在规划航路时，需要综合考虑船舶的航行安全、能源消耗、航行时间等因素，以实现最优化的航路规划结果，这需要航路规划系统具备高度的综合性和优化能力。

③航行运动规划技术。船舶航行运动规划依赖先进的感知系统和控制算法，通过实时收集和处理船舶状态、环境信息以及目标指令等数据，为船舶提供精确、可靠的路径或运动参数。运动规划系统通常包括路径规划、轨迹规划。路径规划模块根据船舶的航行任务、航道条件以及障碍物信息，规划出船舶的航行路径。轨迹生成模块则根据船舶的当前状态和运动特性，将路径转化为具体的航行轨迹。内河智能船舶运动规划技术也在不断进步。航道狭窄、水流湍急、障碍物密集等因素都可能影响船舶的航行轨迹和稳定性，运动规划系统应具备高度的动态性和适应性。运动规划需要同时考虑船舶的航行效率、安全性和舒适性等多个方面。在规划过程中，需要权衡船舶的速度、航向、加速度等参数，确保船舶能够在满足航行任务要求的同时，保持稳定的航行状态并避免碰撞风险。如何高效地处理和分析感知数据，并快速生成准确的运动规划策略是规划的关键技术之一。

(6)船舶智能航行控制技术

船舶智能航行控制技术是确保船舶按照既定航线和策略安全航行的执行系统。它涉及对船舶动力系统、舵系统等的精确操控，以实现对船舶航向、航速的实时调整和优化。智能航行控制技术需要克服内河环境中的交通流密度大、岸壁效应、浅水效应等挑战，同时还要应对船舶自身惯性大和运动非线性特点。先进的控制算法，如自适应控制、预测控制和模糊控制等，被广泛应用于提升船舶控制的性能。随着技术的进步，船舶智能航行控制正朝着更高的精度、更强的鲁棒性和更好的人机交互体验方向发展。

①船舶运动控制技术。单船航行运动控制技术是船舶根据规划决策模块解算出的期望运动状态，通过控制船舶控制装置(如螺旋桨和舵)使船舶当前的运动状态趋近期望的运动状态。船舶本身存在着的惯性大、运动强非线性和欠驱动的特点，给船舶的运动控制增加了难度。结合现有的先进控制方法如模型预测控制、滑模控制、鲁棒控制等方

法，以及探索与应用新的船舶推进形式，提高航行运动控制的精度和鲁棒性是亟待解决的问题。

②船舶靠离泊控制技术。智能船舶靠离泊控制是指利用先进技术实现船舶自主或半自主靠泊和离开港口的过程，是智能航运的重要组成部分，旨在提高操作安全性和效率。该技术需要克服复杂多变的环境、建立精确的船舶动力学模型、实时规划路径和跟踪轨迹。因此，需要进一步整合多种智能技术，如计算机视觉、传感器融合、人工智能算法等。系统通过收集和分析实时数据，自动控制推进器、舵机和侧推器，精确调整船位。同时需要考虑应急处理和人机交互等方面的问题，确保在各种情况下都能安全可靠地完成靠离泊操作。

③多船编队控制。多船航行编队控制技术是多个智能船舶在信息交互与协同决策的基础上，趋近或实现系统的控制目标。目前面临的技术重难点为：一方面，如何提高多船在协同控制过程中任务分配与规划的效率是工程实践中面临的重要问题；另一方面，多船之间存在着通信延迟、信息丢失等问题，如何在有限的通信带宽下实现多船的精准协同控制也是一个亟待解决的问题。

(7)船岸通信技术

可靠、稳定的船岸通信技术是实现“岸基驾控为主，船端值守为辅”运行模式的重要前提。船岸/船船无线链路通信板块相关设备接入全船总线网络，可实时获取智能航行、智能机舱等上游业务的多源异构上载/下载数据，并建立可靠船岸数据通信链接，维持上下行数据通信业务长时稳定性。外部船岸/船船无线通信是连接船基自主系统和岸基支持系统的桥梁，需要及时、安全、可靠地将船端采集信息发送到岸端，并将岸基遥测遥控指令发送至船端。该板块技术主要难点在于，如何通过多网融合技术将4G、5G，北斗卫星，AIS、VHF/UHF自建数传电台等多种船岸通信手段有机地结合在一起，从而为各类智能航行场景提供“远-近互补覆盖，快-慢协同传输，疏-密搭配接入，新-老互为备份”的可靠网络通信服务。

在网络扁平化、多接入技术协同下，基于4G、5G，北斗卫星，AIS、VHF/UHF自建数传电台等船岸交互网络现状，可设计具备业务承载网络可控切换能力的船载智能融合出口网关。智能网关可感知船岸通信网络所将承载的不同类型业务需求（如语音通话、文件传输、指挥导航等）的差异性，自主调整路由策略；根据不同业务对时延的敏感度以及传输带宽资源的不同需求，可接入不同特性的船岸网络。此外，水面复杂多变的电磁环境可能会导致不同接入网络的实时信道状态产生剧烈波动，对数据传输的稳定性与实时性均会产生较大影响。因此通过监测网络信道状态与区分网络业务优先级，可设计适用于不同网络环境与业务需求的动态网络资源分配方案。在多网融合船岸/船船无线通信网络架构中，可通过网络路由选择、拥塞控制、资源调度等机制实现网络业务及资源的协同提升优化。

(8)船舶远程驾控技术

智能船舶远程驾控系统作为智能航运技术的重要组成部分,从多个维度进行综合考量,以确保系统能够高效、安全地满足实际应用场景。安全性需求是智能船舶远程驾控系统的核心。系统必须能够提供实时的船舶状态监控,包括船舶位置、速度、航向等,并能够对潜在的碰撞风险进行预警。此外,系统应具备在紧急情况下的自动或手动干预能力,确保船舶和船员的安全。效率性需求体现在远程驾控系统能够优化船舶的航行路径和速度,减少燃料消耗和航行时间。系统应能根据实时的海洋气象信息、海流情况以及交通状况,智能规划最优航线。经济性需求要求系统能够降低运营成本。通过自动化和智能化的船舶操作,减少对船员的依赖,从而降低人力成本。同时,优化的航线和减少的燃料消耗也有助于减少运营成本。环境适应性需求也是智能船舶远程驾控系统必须考虑的因素。系统应能适应不同的航行环境和气候条件,保证在各种环境下都能稳定工作。法规遵从性需求也是不可忽视的一部分。系统的设计和运行必须符合 IMO 和其他相关海事法规的要求。技术前瞻性需求要求系统设计时考虑到未来技术的发展,确保系统具有一定的扩展性和升级能力,以适应未来可能出现的新技术和新需求。

智能船舶远程驾控系统由船端、岸端和云端组成,船端包括船舶和船载硬件设备,完成船端的数据采集处理和底层硬件设备的驱动控制;岸端持续监测航行环境和船舶状态,设置航行任务并在必要时响应船端接管请求或应急介入;云端提供计算资源和存储服务,通过使用基础平台部署软件应用,实现远端访问和业务管理。船舶远程驾控系统架构如图 3-6 所示。

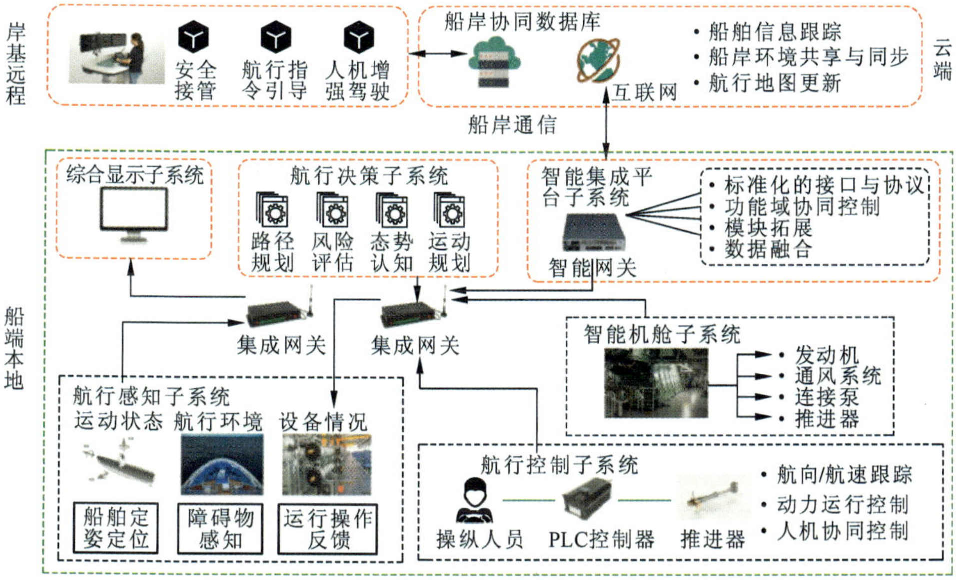

图 3-6 船舶远程驾控系统架构

(9)船舶智能航行测试技术

船舶智能航行测试是确保智能船舶系统性能和可靠性的重要环节。它包括对船舶智能航行感知、决策、控制和通信等关键技术的验证和评估。测试过程通常涉及虚拟测试、物理测试和虚实融合测试等多种方法,以模拟不同的航行环境和场景,检验系统的响应能力和性能指标。通过系统的测试,可以发现并修复潜在的问题,优化系统设计,提高船舶智能航行的安全性和有效性。随着船舶智能化技术的不断进步,测试技术也在不断发展,以满足更高标准的测试需求,确保智能船舶技术的成熟度和实用性。

①自主航行系统构建技术。自主航行系统是虚实融合的智能船舶测试验证评估的对象。自主航行系统应当是包括环境感知与认知、场景识别与理解、系统决策与控制以及信息交互与协同等关键功能组分在内的人工智能集合体。环境感知与认知指利用感知手段获取船舶的航行环境和自身状态信息;场景识别与理解指通过图像识别等方法让船舶在航行过程中建立基于感知信息的外部状态辨识;系统决策与控制指在航行场景库与驾驶行为库支持下实现对船舶的智能航行决策控制;信息交互与协同包含船-岸-云信息一体化和数据采集、分析、数据以及存储。

②虚实融合信息交互技术。虚实融合信息交互是指虚拟仿真环境与真实物理环境之间进行实时的通信、交互和协同,以实现有效的虚实联动。虚实融合信息交互包括信息交互、虚实融合与人机交互;信息交互指船端信息和航道信息与岸基信息和操作空间之间的信息交互,包含船-岸-天一体化信息交互,同时也涵盖了安全、存储、解析等多方面功能;虚实融合指将实际传感器信息与交通流信息融入数字孪生船舶与虚拟仿真环境中;人机交互指船舶与船上人员、船舶与岸基人员的信息交互,需要保证交互的安全性、实时性、准确性和稳定性。

③人机共融评估评价技术。人机共融评估评价指利用人机共融的手段对船舶自主航行系统进行综合能力的定性评估和定量评价;人机共融是利用人与自主航行系统的有机融合与随机组合构建人机共融的测试环境;定性评估指通过专家系统对自主航行系统航行测试结果进行定性的测试评价;定量评价指通过建立评价指标对自主航行系统航行测试结果进行定量的打分评价。人机共融评估评价可以利用图灵测试的理论方法,通过在系统中接入由船舶驾引人员操作的船舶驾驶模拟器,被测船舶智能与船舶驾引人员同时操控虚拟船舶于系统中进行虚拟场景测试,在不清楚每个虚拟船舶的操控主体的前提下,由第三方评估人员对船舶智能航行能力进行定性评估,同时通过设置船舶智能航行能力评估指标对其智能水平进行定量评价。

3.4　绿色智慧港口装备

3.4.1　发展现状分析

交通运输行业倡导绿色发展，绿色智慧港口已成为港口建设与发展的重要指标。我国交通运输行业《绿色港口等级评价指南》从理念、行动、管理、效果四个方面对港口的绿色发展水平界定了评价标准，对港口装备的绿色技术提出了具体要求，涉及装备的节能低碳技术。港口信息化发展历程可分为数字港口、智能港口、智慧港口 3 个阶段。数字港口优化码头业务管理，实现业务流程的电子化、无纸化、数字化，沉淀形成数字资产、实现可视化分析管理；智能港口应用物联网等技术，使港口生产运营、港口物流管理精细化、智能化；智慧港口则通过应用新一代信息技术实现对整个港口生态系统的全面智能化管理和优化。

中国港口行业拥有全球最大和最繁忙的港口网络之一，经过多年的发展，已经建立了一个领先世界的港口体系。这一体系不仅涵盖了集装箱、干散货、液体散货等多种货物的运输中转、装卸搬运、仓储、堆场、配送等服务，而且还在全球主要沿海港口吞吐量排名中占据了显著的地位。2022 年全球港口吞吐量排名 TOP50 中，中国就有 29 个；TOP10 中，中国的港口占据了 8 家。我国的大型港口在全球港口贸易中占据着举足轻重的地位。近年来，荷兰、新加坡、阿联酋等国加快推进港口设施和设备自动化、数字化改造，加强港口运营智能化管理，不断提升港口物流系统的竞争力。2023 年，数字平台“新一代物流”在鹿特丹港投入使用。该数字平台主要收集港口内每艘船的停靠地点、时间、货物等信息，并在短时间给出每艘船卸货、装箱的最佳方案，相当于港口的“中央处理器”。2023 年，已有 100 万个集装箱应用了“新一代物流”平台，节约了 1/5 的转运时间。

中国在自动化集装箱码头建设方面已走在世界前列，已建成和在建的自动化集装箱码头规模均居世界首位。例如，上海港洋山四期工程建成了世界上最大的自动化码头，运营以来多次刷新装卸效率的世界纪录。青岛前湾自动化码头也以其高效率获得国际认可。这些码头运用了先进的自动化引导运输车（AGV）、人工智能搬运机器人（ART）、智能导引运输车（IGV）等技术，以及码头生产管理系统（TOS 系统）和设备控制系统（ECS 系统），实现了关键核心技术的自主可控。

3.4.2　港口装卸装备

港口自动装卸装备是现代化港口提高作业效率、降低运营成本、增强环保性能的关键技术之一。近年来，随着自动化、智能化技术的发展，港口自动装卸装备的应用日益广泛，主要包括远程岸桥、干散货自动装卸系统等。

(1)集装箱码头远控岸桥

远控岸桥是一种通过远程操控技术实现集装箱装卸作业的现代化港口设备。随着自动化技术的发展，远控岸桥在提高作业效率、改善工作环境、降低人力成本等方面展现出显著优势。通过引入先进的传感器、机器学习和人工智能算法，岸桥能够实现自主探测，依靠智能算法规划出最优作业路径，提高运营过程中的智能决策水平。传感器网络的应用使得港口管理者可以实时监测岸桥的状态、运行情况和环境条件。这种实时监测为快速决策提供了可靠的数据支持，从而能够迅速应对运输需求变化和突发事件。同时，远程操控能力使得操作人员可以在后方远控室实时操控岸桥，并在多台岸桥间迅速切换。随着5G技术的普及，港口的通信速度和稳定性得到了显著提升，使得岸桥远程控制技术能够更为高效地进行大规模数据传输和远程操作。山东港口日照港实现了4台远控岸桥同时联船远控操作(图3-7)。

图3-7 岸桥联船远控操作现场

(2)干散货码头自动装卸装备

干散货码头自动装卸装备是港口自动化的关键组成部分，通过集成先进的控制技术和智能设备，旨在实现码头装卸作业的自动化和智能化。干散货自动装卸装备主要包括自动化装/卸船机、自动化堆取料机、自动化装车机、智能清舱设备等。这些设备具备自动化控制技术和远程操作功能，能够实现高效装卸作业，同时注重设备的自动化、轻量化和标准化。这些技术的集成应用，不仅提高了干散货码头的作业效率，更重要的是提升了作业的安全性，减少了人员在危险环境中的暴露风险，保护了工作人员的健康和安全。例如，山东港口烟台港的“全系统、全流程、全自动”干散货专业化码头控制技术通过自主研发的控制系统，实现了码头作业的全自动化，为全球传统码头自动化升级提供了示范样本。武汉理工大学严新平院士团队研发的智能清舱机器在遥控的基础上，初步实现了舱内自主导航以及与门机/卸船机的协同作业等智能化功能，已在某散货码头进行了长期的测试应用(图 3-8)。

图 3-8　智能清舱机器人及其测试应用

3.4.3　港口水平运输装备

港口水平运输装备是港口物流系统中的重要组成部分,它负责将货物在港口内部进行水平移动,包括从船舶到堆场,或者从堆场到码头等。随着技术的发展,港口水平运输装备正朝着自动化、智能化的方向发展。目前,港口水平运输装备主要包括以下几种类型:

(1)自动导引车

AGV 可为无人驾驶的车辆,通过预先设定路径或者磁条引导进行货物运输,在港口内部自由移动,实现集装箱自动装卸和运输。我国最新研发的北斗导航 IGV,集成了北斗卫星导航系统、激光雷达、视觉等多传感器融合定位技术,能够在港口堆场间自由穿梭,将集装箱运输至指定位置,实现自动化作业。IGV 不需要借助磁钉或其他地面标记物行驶,路径灵活多变,可以根据实际生产需求进行调度和规划。

(2)无人集卡

常用于港口集装箱的水平运输,它们可以自动规划路径,避开障碍物,并在指定地点进行装卸作业。由东风汽车集团研制的"无限星"港口集卡是国内首款采用无驾驶舱的港口无人驾驶集装箱车,可实现环境主动感知、自定位、自主智能控制、遥控控制和远程通信五大功能,且其配备的 5G T-BOX 能够实现特殊工况 5G 远程驾驶,实现车辆远程监控、智能化管理。

(3)无人驾驶平板运输车

适用于多种货物运输,包括集装箱、散货等。其通常配备有先进的传感器和控制系统,能够实现无人驾驶和自动装卸。

(4)智能跨运车

能够在集装箱堆场中进行高效的跨箱作业，通过自动化控制系统，实现对集装箱的快速装卸。上海振华重工公司研发的智能跨运车配置了科技前沿的自助驾驶系统、负载敏感混合动力系统、独立驱动转向系统和人工智能车队系统，如图 3-9 所示。

图 3-9 智能跨运车

随着智慧港口建设的推进，港口水平运输装备的智能化水平不断提升。此外，随着无人驾驶技术的发展，港口无人运输正在从隔离向无物理隔离混行兼容演进，这意味着未来的港口水平运输装备将更加灵活和高效，能够更好地适应复杂的港口作业环境。

3.4.4 港口靠离泊装备

港口靠离泊装备是确保船舶安全、高效地进出港口的关键设施。这些装备包括拖轮、靠泊辅助系统等，它们帮助在复杂的港口环境中对船舶进行精确的操控。

(1)港作拖轮

港作拖轮是最常见的港口靠离泊装备，用于协助大型船舶在狭窄或繁忙的港口水域中进行操控。拖轮的配备标准因船舶的尺寸、吃水、天气条件以及港口的具体要求而异。例如，广东省沿海港口船舶靠离泊、引航或移泊的拖轮配备标准中，根据船舶的总长和吃水深度，对拖轮的数量和功率有不同的要求。智能港作拖轮是未来发展的趋势，2019 年，芬兰瓦锡兰公司和 PSA Marine 在新加坡港口联合开展研发智能拖轮(IntelliTug)项目，该项目中的拖轮智能感知系统主要由 GPS、热成像仪、相机、AIS、近场雷达等设备构成，如图 3-10 所示。

2024 年，CCS 牵头的“津港轮 36”自主伴航系统研发项目开展了自主伴航实船试验，实现了有人监控状态下、由系统自主锁定并自主操控船舶接近目标、伴随目标直至并靠目标的功能。

图 3-10　IntelliTug 项目拖轮智能感知系统

(2)靠泊辅助系统

随着技术的发展，越来越多的港口开始采用高科技的靠泊辅助系统，如激光靠泊辅助系统(LDS)、基于北斗/GPS 的船载靠泊系统，以及计算机视觉引导靠泊系统。未来的发展趋势是实现大型船舶的自动和无人靠泊。这需要集成多种传感器和控制系统，并与港口设施协同工作。自动靠泊技术的发展将进一步提高港口的作业效率和安全性。由上海迈润智能科技公司研发的辅助靠泊系统如图 3-11 所示。

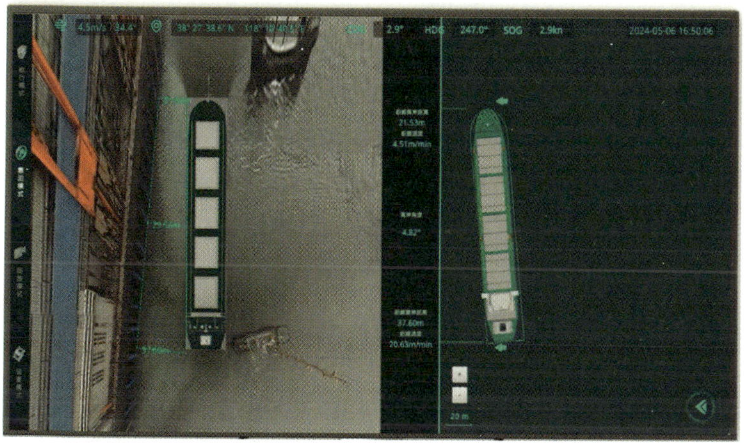

图 3-11　辅助靠泊系统

综上，港口靠离泊装备的技术发展正朝着自动化、智能化的方向发展，以提高港口作业的安全性和效率，进而满足日益增长的海运需求。

3.4.5　港口能源装备

近年来，海洋港口的新能源技术应用研究进展较快，涉及风能、太阳能、氢能、潮汐能、生物质能等新型能源技术，为优化港口能源配置、加速港口绿色转型提供了支撑。我国海洋新能源具有资源丰富且潜力大、政策支持明确、产业化进程快速等特点。随着风电、光伏发电、氢能源等的逐步接入，海洋港口正在由原先的依赖化石能源与电网供电转向以电网供电为主、可再生能源发电为辅的低碳化发展模式。

应用新能源技术不仅可以有效应对海洋港口能耗大、污染重的问题，而且能够从提升运营效率、降低运营成本、改善环境保护形象等方面增强海洋港口的综合竞争力，为构建现代化绿色港口提供关键支撑(见表 3-7)。

表 3-7 海洋港口不同新能源技术多维特征分析结果

技术类型	经济性	需求度	成熟度
风能	初始投资一般，运维成本低	政策和法规推动力度大，港口需求度一般	技术成熟度高，环境要求高；基础设施建设方便，安全性高；能量密度低，转化效果一般
太阳能	初期投资低，运维成本低	政策和法规推动力度大，港口需求度一般	技术成熟度高，环境要求低；基础设施布局便利，安全性高；能量密度低，转化效果差
氢能	初始投资高，运维成本高	政策和法规推动力度大，港口需求度高	技术成熟度低；安全性差，存储和运输成本高；实施效果好，热值高
潮汐能	初始投资高，运维成本一般	政策和法规推动力度一般，港口需求度低	技术成熟度一般；功能效果一般；转化效果一般，使用场景单一
生物质能	初始投资高，运维成本高	政策和法规推动力度一般，港口需求度低	技术成熟度一般；功能效果一般；转化效果一般，使用场景单一

未来需要加快建设能源自洽港口，充分利用港口区域风、光、波浪等资源禀赋优势，加大风能、太阳能、氢能等多态清洁能源的开发利用，提升风能、太阳能、氢能等清洁能源在港口中的使用比例，推动港口由能源消耗者单一角色向能源消耗者、能源供给者双重角色转变，在有条件的港口加快推动实现能源自洽。同时还需完善全过程用能管理，健全港口碳排放评价体系，提高港口在设计、建设、运营、管理等各阶段的碳足迹追踪能力，建立低碳能源智能管控系统，实现能源环境监测管理。

3.5 智能导助航设施

3.5.1 发展现状分析

智能导助航设施是指在航道中使用的一系列设备和系统，用以指导和协助船舶安全、高效地进行航行和停泊。这些设施包括但不限于航标、灯塔、无线电导航系统、船舶交通服务系统(Vessel Traffic Services,VTS)、导航定位服务系统等。随着智能航运技术的发展,导助航设施也在不断地进行技术升级和智能化改造。

3.5.2　航道要素感知装备

(1)多功能航标

近年来,随着科学技术发展日新月异,航标新技术、新材料、新能源不断开发和利用,航标维护质量、效能和效率持续不断提升,特别是智能航运和新一代航运系统等概念的提出,标志着航标发展已经进入了一个全新的数字化、信息化和智能化时代。在航海保障需求的不断增长和航标新技术迅猛发展的背景下,航标在多功能化、数字化和智能化方面的发展将成为必然趋势。

多功能航标是在目前航标遥测遥控系统基础上集成各种传感器,除了航标传统的助航功能外还可以采集气象、水文和航道等信息(图 3-12)。国内上海港、长江航道已试点使用,国外发达国家的港口已经使用。

图 3-12　海上多功能航标

多功能航标一般具有以下功能:

①定位与导航:为船舶提供位置参考和导航服务。

②环境监测:搭载的传感器能够实时捕捉气象要素(如风速、风向、温度、湿度、气压)、能见度、水文信息(如流速、流向、波浪)、水质参数等数据。

③数据通信:通过北斗定位终端、5G 网络等通信技术,将收集到的数据实时传输至岸基终端平台,供相关部门使用。

④船舶交通管理:部分多功能航标搭载 AIS 基站,能够采集周边船舶的 AIS 数据,辅助船舶交通管理和海上安全监管。

⑤应急响应:在紧急情况下,多功能航标提供的数据可以支持海上搜救、应急处置等

行动。

⑥信息共享：航标收集的数据可以与海事局、港口管理部门、海洋研究所等涉海单位共享，支持更广泛的海洋管理和研究工作。

⑦绿色能源系统：部分航标采用太阳能等绿色能源供电，能减少环境污染，提高系统的可持续性。

此外，虚拟航标在智能航道建设中也发挥着重要作用，它的使用提高了航道运输的能力和安全性。虚拟航标是一种现代化的船舶助航服务技术，在物理上并不存在，而是由经授权的助航服务提供部门发布，能在导航系统中显示的数字信息物标。

(2)航道要素立体感知系统

航道要素立体感知系统利用高精度北斗位置服务、星载/机载/船载/车载摄影测量与高清遥感、激光扫描、无人机、无人船等现代化测绘技术和装备，提升内河航道基础设施的信息感知、远程监控、远程诊断、外场服务能力，推广在航船舶感知等众筹众包技术，建设以在线监测为主的内河航道全要素立体感知网，兼具航道基础设施长期性能科学观测能力。航道立体感知网概念设计如图3-13所示。

近年来，长江航道已建立包括航标、水位、船舶、视频、航道地形等水上、水下重要航道要素的立体感知体系，通过水位遥测遥报系统、航标遥测遥报系统、航道尺度监测系统等，形成水文和气象条件的通航要素感知系统。

图 3-13　航道立体感知概念设计

3.5.3　船舶智能导航系统

(1)气象导航服务系统

船舶导航服务是船舶安全、经济航行的重要保障。随着国家海洋战略的实施，我国初步形成了具有自主知识产权的气象导航业务系统，目前服务涵盖全球四大主要远洋航线。然而，现有气象导航业务水平与我国世界第一大货物贸易国和航运大国的地位和发展仍不匹配，突出表现为我国气象导航市场几乎被国外大型气象导航公司垄断，对商业、技术机密甚至国家安全造成潜在威胁。

在核心技术方面，我国远洋气象导航业务基础支撑能力存在不足。一是远洋气象观测能力不足。远洋航线及全球海洋观测站点稀少、要素单一，远洋气象导航缺乏观测数据的有效支撑，要素种类和时空获取能力难以满足应用需求，并且尚未形成覆盖全球重点航线的卫星遥感海洋自主气象观测监测能力。二是灾害性天气数值预报模式无法实现自主可控。我国自主研发的全球气象数值预报模式与国际先进水平存在较大差距，现有热带和温带气旋、强对流、大雾、极端低温等灾害性天气监测预报产品主要使用国外数值模式，恶劣海况条件下船舶失速控制、航线智能规划、航行风险评估等保障远洋船舶运输安全的核心产品有待进一步完善。未来需要构建国产气象导航船端应用系统和岸基服务平台，形成自主可控的“国船国导”业务技术体系，提升我国远洋气象导航能力，保障国家战略安全。

(2)北斗定位终端

北斗卫星导航系统 2014 年被国际海事组织认可成为第三个全球海上无线电导航系统，此后随着北斗三号系统的完善建设，逐步形成了北斗短报文通信、中轨搜救、星基增强、地基增强及精密单点定位等特色能力。特别是在交通领域，北斗系统的高精度定位、导航和通信能力为船舶的航行安全、通信和监控提供了强有力的技术支撑。我国对北斗系统的应用推广给予了高度重视，大力支持北斗系统在各领域的应用，旨在杜绝出现类似“银河”号一类的事件，不再因为卫星导航定位受制于人。

目前已在内河船舶安装的北斗终端集成了先进的北斗单模双频定位技术，具有定位精度高、启动速度快的特点，船舶位置信息获取更及时、更准确，实现了三峡通航船舶过闸远程申报、船上人员身份信息远程采集及在线核查、电子航道图、靠泊离泊、船岸交互、船务管理等功能，能够为船舶提供更加便捷、高效的通航服务。

3.5.4　水上交通一体化保障系统

交通运输部《海事系统“十四五”发展规划》中提出，要建设“陆海空天”一体化水上交通运输安全保障体系，实现“到得了、看得见、传得回、管得住”，全面保障国家海洋权益和战略利益。

(1)岸基监管系统

船舶交通管理系统(Vessel Traffic Services，VTS)是一种由雷达、AIS、CCTV、无线

通信等子系统组成的岸基监管系统，用于监控、协调在港湾或进出港口的船舶，并为这些船舶提供航行中所需的安全信息。VTS 的主要功能包括信息服务、助航服务、交通组织及支持联合行动。VTS 系统在海事管理中发挥着重要作用，包括维护水上交通秩序、保障船舶航行安全、打击交通肇事逃逸和指导海上应急事件处理等。自 20 世纪 80 年代开始，我国 VTS 建设迅猛发展，截至目前我国共建成 60 多个不同类型和规模的 VTS，VTS 覆盖范围位居世界第一。全要素水上"大交管"建设对现代化 VTS 提出了智能、高效的需求，VTS 面临着业务面广、业务流程复杂、应急处置时限要求高、信息化系统多、信息量大等难题。

(2)天基监管系统

天基监管系统是指利用在轨卫星等天基平台，对水上交通活动进行持续监测和管理的系统，主要包括北斗、卫星遥感、卫星 AIS 和船舶远程识别和跟踪(Long Range Identification and Tracking of ships，LRIT)系统等。天基监管系统在广域海上搜救方面发挥着重要作用，基于 IMO 建立的全球海上遇险与安全系统(Global Maritime Distress and Safety System，GMDSS)[涵盖海事卫星通信系统(INMARSAT)、极地轨道卫星搜救系统(COSPAS/SARSAT)、地面无线电通信系统和海上安全信息播发系统(NAVTEX)，北斗中轨搜救卫星系统正在履行加入国际搜救卫星组织程序]，实现遇险报警、搜救协调通信、救助现场通信、海上安全信息播发、寻位、日常通信以及驾驶台对驾驶台安全避让通信等功能。在卫星遥感方面，在目前优于 5 m 分辨率的遥感载荷中，已有 GF-1 和 GF-6 多光谱相机、GF-5 全谱段多光谱成像仪、5 m 光学 01 星等在内的共 10 个虚拟星座，理论上可以达到优于 1 d 的重访能力。

(3)"陆海空天"一体化水上交通运输安全保障体系

"陆海空天"一体化水上交通运输安全保障体系是中国为提升水上交通安全监管能力、保护水域环境清洁、维护国家海洋权益和战略利益而提出的重要战略。该体系旨在通过整合陆地、海上、空中和太空的资源和技术，实现对水上交通的全面监控和管理。该体系的主要任务包括建设高效的陆地基础设施和平台、技术领先的海上装备、灵活调配的空中处置平台以及多维感知的天基资源体系。这将涉及多维感知技术和装备、海上专用通信网络技术与核心设备、水上交通大数据与智能管控一体化平台等方面的科技创新。此外，该体系还将推动智能航运和涉水新兴产业的创新发展，支持高端航运服务业的发展，并推动形成与自然生态和谐共生的绿色发展模式。通过这些措施，海事系统将更好地履行其在保障水上交通安全、保护水域环境清洁、维护国家海上主权等方面的职责。

"课程思政"延伸阅读案例三：

砥砺前行——我国船舶制造业的跨越式发展之路

从最早的独木舟到现代的巨型轮船，船舶的发展历程见证了人类技术的进步和社会的变迁。如今，造船已成为一个国家科技水平和综合国力的重要体现。

新中国成立前，中国仅有江南造船厂和大连造船厂等少数船厂，在生产规模和技术水平上与发达国家相去甚远。船舶工业内外交困，始终无法获得稳定的发展环境，无法为国防和航运提供足够的船舶支撑。

新中国成立后，船舶工业才迎来真正的发展。在苏联的援助下一边扩大生产规模，一边逐步掌握各种军舰和民用船只的建造技术。但是，新中国成立到改革开放的近三十年，中国船舶工业的重心是军用船舶的生产，民用船舶的产量少，每年的新造民船总载重不过一二十万吨，基本没有出口船舶。不过，经过这近三十年的艰苦创业，中国基本建成了完整的船舶工业体系和科研设计体系，具备了进行技术追赶的条件。

改革开放之初，经过艰苦的谈判，我国陆续从丹麦、德国、法国、日本等国引进了一系列柴油机和其他相关设备的制造技术，形成了较为完整的船舶生产制造体系。此时，虽然中国船舶工业与日本和韩国造船工业还存在较大差距，但中国船舶从业者克服了重重困难，于1981年建成了"长城"号轮船并在大连下水，这是中国船舶工业自主设计，按国际标准建造，成功实现出口的第一艘散货船。1995年，我国造船规模首次超过德国，成为继日本、韩国之后的世界第三造船大国。2002年至2005年，造船完工量由400万载重吨增长至1212万载重吨。2006年，造船完工量达到1452万载重吨，超过欧洲国家的总和。2008年，造船完工量突破3000万载重吨，造船完工量、新接订单量和手持订单量三大指标全面超过日本，位居世界第二。2010年，造船完工量达到6560万载重吨，三大指标全面超过韩国，跃居世界第一。2023年，造船完工量4232万载重吨，稳居全球第一。中国造船业三大指标（造船完工量、新承接订单量和手持订单量）的国际市场份额分别是50.2%、66.6%和55.0%，首次全部超过50%。从2010年至今，中国造船业三大指标已经连续14年位居世界第一，并且在2023年是全球主要造船国中唯一一个三大指标实现全面增长的国家。在全球18种主要船型中，我国有14种船型新接订单量位居全球首位。

党的十八大召开，标志着中国特色社会主义进入新时代，中国也开始向世界造船强国迈进。新时代，经过中国造船人的不懈努力，诞生了大量高科技高附加值船舶。世界首艘智能化船舶"大智"号航行全球；我国第一艘自主建造的极地科学考察破冰船“雪龙 2”号完工交付；国内首艘大型邮轮“爱达·魔都号”开启商业首航；我国三艘航母成功入列，助推人民海军走向深蓝。

（“课程思政”延伸阅读案例部分内容参考大语言模型“豆包”相关检索结果）

本章思考题

1. 水路交通绿色智能装备的具体内涵是什么？
2. 绿色智能船舶相比传统船舶的优势在哪里？
3. 面向新一代航运系统发展，现有港口装备存在的主要问题是什么？还需进行哪些技术升级？
4. 智能导助航设施的具体组成是什么？

参考文献

[1] 严新平，韩亚，吴兵，等. 水路交通系统的发展现状与未来展望[J]. 中国航海，2024，47(2)：145-152.

[2] 严新平，褚端峰，刘佳仑，等. 智能交通发展的现状、挑战与展望[J]. 交通运输研究，2021，7(06)：2-10+22.

[3] LIU J L，YAN X P，LIU C G，et al. Developments and applications of green and intelligent inland vessels in China[J]. Journal of Marine Science and Engineering，2023，11(2)：318.

[4] TADROS M，VENTURA M，SOARES C G. Review of current regulations，available technologies，and future trends in the green shipping industry[J]. Ocean Engineering，2023，280：114670.

[5] 郑洁，柳存根，林忠钦. 绿色船舶低碳发展趋势与应对策略[J]. 中国工程科学，2020，22(6)：94-102.

[6] 李路. 论智能船舶内涵及分级[J]. 船舶，2024，35(1)：19-25.

[7] 上海船舶研究设计院. 智能船舶发展白皮书. 远洋船舶篇[R]. 上海：2023 年度中国智能船舶创新联盟高端学术论坛，2023.

[8] 贺亚鹏，严新平，范爱龙，等. 船舶智能能效管理技术发展现状及展望[J]. 哈尔滨工程大学学报，2021，42(3)：317-324.

[9] 王娜娜，孙永超，王体涛. 绿色船舶技术应用与发展[J]. 船舶工程，2022，44(04)：54-57+63.

[10] 马勇，胡祖硕，王雯琦，等. 船用智能设备与系统的发展现状与展望[J]. 机械工程学报，2024，60(20)：181-192.

[11] 吴文豪，陈国兵，杨自春. 数字孪生技术在船舶装备运维中的应用及挑战[J]. 舰船科学技术，2022，44(08)：139-144.

[12] 张雨婷，徐立新，曹林，等. 智能船舶的技术发展现状与展望[J]. 船舶工程，2023，45(S1)：185-187+192.

[13] 刘晋川，张玉波. 绿色港口建设中的港口装备技术发展[J]. 起重运输机械，2016(2)：8-11.

[14] 张诚龙.集装箱自动化码头工艺与装备技术现状及展望[J].中国新技术新产品,2020(3):58-59.

[15] 罗建平,丁敏.集装箱自动化码头工艺与装备技术现状及展望[J].中国水运(下半月),2019,19(16):133-134.

[16] 罗勋杰.全自动化集装箱码头关键装备技术与发展[J].港口装卸,2019(1):1-5.

[17] 王媛,席芳,汤伊琼.新形势下我国智慧港口建设现状与发展趋势[J].水运工程,2024(8):224-228+287.

[18] 牛瑞飞,刘慧,管克江.数字化赋能 港口更智能[N].人民日报,2024-08-14(015).

[19] 伍婧,涂敏,严新平,等.我国海洋港口新能源技术应用发展探析[J].中国工程科学,2024,26(4):234-244.

[20] 詹新望,刘长俭,黄川,等.我国港口行业绿色智慧发展成就[J].中国港口,2024(7):14-18.

[21] 程洪,袁靖周.粤港澳大湾区多功能航标研究与应用[J].珠江水运,2020(22):32-33.

[22] 郑宝东,刘鹏,吕新立,等.推进 VTS 国产化的应用实践及分析研究[J].中国海事,2024(5):35-37.

[23] 张由余,韩晓宁.陆海空天一体化海事监管指挥系统发展设想[J].指挥信息系统与技术,2022,13(6):42-49.

[24] 浦敏峰.岸桥远程控制技术发展与电气系统优势分析[J].中国机械,2024(8):73-76.

[25] CHOI J-H,JANG J-Y,WOO J. A review of autonomous tugboat operations for efficient and safe ship berthing[J]. Journal of Marine Science and Engineering,2023,11(6):1155.

[26] 胡钊政,万金杰,孟杰,等.船载运维机器人关键技术与展望[J].中国航海,2024,47(2):134-144.

[27] 吕永祥,何乐,陈琳,等.长江数字航道和智能航道的分析与思考[J].交通科技,2013(2):161-164.

[28] 严新平,柳晨光.智能航运系统的发展现状与趋势[J].智能系统学报,2016,11(6):807-817.

[29] 周翔宇,杨雪,费珊珊.船舶自主化与自主水平划分标准评述[J].世界海运, 2022,45(09):1-10.

第4章

水路交通数字生态设施

4.1 概述

数字生态设施是新一代航运系统的重要组成部分，是船舶时空位移的通道链路与重要节点，主要包括数字生态航道、绿色智慧港口、枢纽通航运行系统、全息航行场景图系统等要素。

本章以航道、港口、通航枢纽、航行场景图为切入点，结合水运工程实践，系统阐述新一代航运系统数字生态设施的关键技术发展现状及应用，并展望相关技术的发展趋势与特征。

4.2 数字生态航道总体发展

2016年10月，联合国秘书长可持续交通问题高级别咨询小组发布的报告"Mobilizing Sustainable Transport for Development"中，将可持续交通定义为"以安全、负担得起、方便、高效和有弹性的方式，为人员和货物的流动提供服务和基础设施，从而促进经济和社会发展，造福今世和后代；与此同时，确保将碳排放和其他排放的影响，以及对生态环境，尤其是生物多样性的影响降至最低"。2023年11月，我国交通运输部印发《关于加快智慧港口和智慧航道建设的意见》，明确了到2027年的发展目标，提出了夯实数字底座、推进生产运营管理智慧化、推进对外服务智慧化、强化科技创新与国际交流合作等主要意见；2024年4月，我国财政部和交通运输部联合印发《关于支持引导公路水路交通基础设施数字化转型升级的通知》，贯彻落实加快建设交通强国、数字中国等决策部署。面向绿色化、智能化、韧性化的新一代航运系统建设目标，国内外学者围绕数字生态航道、绿色智慧港口、枢纽通航运行系统、全息航行场景图开展了一系列关键技术研究与工程应用实践，极大地推进了水路交通系统基础设施转型升级，并为新一代航运系统实践奠定了扎实基础。

4.2.1　基本概况

内河航道是我国综合立体交通运输系统的重要组成部分，在内河水运发展中具有基础性、先导性、服务性等作用。截至 2023 年底，全国内河航道通航里程 1.282×10^5 km，其中三级以上航道通航里程 1.54×10^4 km、占内河航道通航里程比重为 12.0%。2019—2023 年，我国内河航道通航里程、三级以上航道通航里程呈现增长趋势(如图 4-1 所示)，在“四纵四横两网”国家高等级航道建设、促进流域经济发展、优化产业布局中发挥了重要作用。

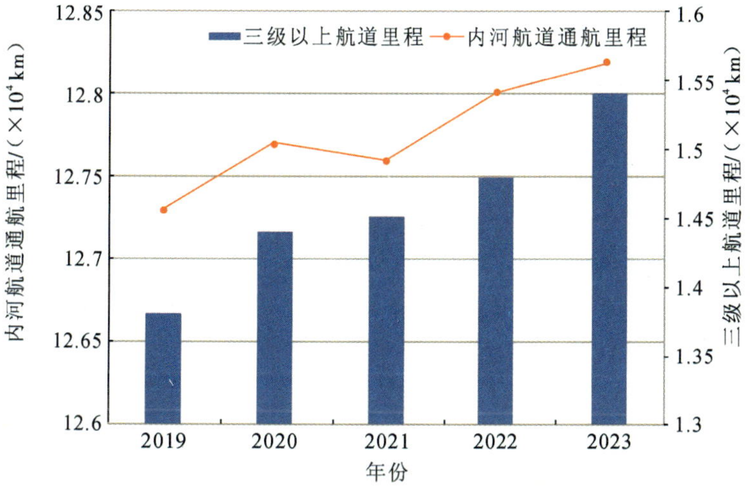

图 4-1　内河航道通航里程及三级以上航道里程统计

在当前我国深入实施“双碳”目标，加快建设交通强国、数字中国的背景下，加强内河航道基础设施数字化转型、推进绿色生态化技术应用迫在眉睫。以长江航道、京杭运河等内河高等级航道为代表，开展了一系列关键技术研发与工程实践，开创了数字化航道基础设施建设、运行和养护新业态，为新一代航运系统构建奠定了坚实基础。

4.2.2　数字航道的概念与特征

数字航道是智慧地球在水路交通基础设施领域的延伸和拓展。以航道基础设施数字化、航道运行高效化、航道养护精细化、航道管理便捷化、航道服务优质化为目标，数字航道充分利用了物联网、云计算、大数据、智能感知等新一代信息技术，以数据链为关键要素和核心驱动，对航道要素信息进行全息感知、广泛互联及深度挖掘，实现船舶-航道-港口等各类资源要素和功能模块高效协同互联，助力打造安全、便捷、高效、绿色、经济、包容、韧性的现代化航运新业态。

数字航道是以需求为导向，以安全、效益为本质驱动，旨在通过智慧化、信息化的技术手段，进一步提升航道多元化属性价值的新形态，其特征主要包括：

(1)全面感知能力：航道对象和要素众多，包括航道水文气象要素、航道整治建筑物和通航建筑物、助航标志等。受复杂动力作用过程的影响，航道要素演化呈现非线性、非恒定等特征；综合运用新一代信息技术、先进传感技术和精准定位技术，实现航道全要素、全方位、全天候、全周期的信息精细感知是建设现代化数字航道、智慧航道的基础和前提。

(2)可靠计算技术：综合运用地理要素建模、水沙动力学模拟、异构通信网络、数字孪生等技术，在信息空间打造自然物理空间航道的平行系统，实现多源异构海量航道要素数据的即时处理、高效融合、动态集成和可视化呈现，建立开放共享、创新协作的数据中台。

(3)智能决策能力：借助水沙动力学理论和数据挖掘、模式识别等技术，实现航道运行态势的精准研判和预测预警，具备航道运行动态过程可展示、可预测、可推演、可调控，航道养护调度、应急处置方案自动生成等属性。

(4)便捷业务应用：综合运用先进通信网络、移动终端、人工智能等技术，打造一体化、集成化航道综合业务应用平台系统，实现全面覆盖和泛在协同的航道规划决策、建设管理、运行监测、分析研判、养护调度、综合管理、水上应急救助、控制河段船舶通行指挥等业务应用。

(5)智慧信息服务：综合运用地理信息系统、人工智能、机器学习等技术，实现多端兼容、个性定制、自动匹配、精准高效的航道公共服务智慧化，全面对标航道建设、运行、管理和养护的各类应用场景。

(6)稳定运行机制：具备全面覆盖内河智慧航道建设、运行、维护的标准规范、业务流程、规章制度和管理组织的健全体系，实现数字航道系统的稳定可靠运行和跨水系、跨区域、跨单位的互联互通和动态集成。

4.2.3 数字航道关键技术及应用

数字航道关键技术主要包括：数字航道顶层设计方法、航道要素智能感知技术、航道数据综合治理技术、信息应用与服务技术。

(1)数字航道顶层设计方法：其重点在于明确数字航道总体架构、提出总体技术框架，完成数据资源和通信网络的总体规划，形成数字航道应用成效评估关键指标和方法。

(2)航道要素智能感知技术：其定位在于动态精准获取航道要素信息，以满足航道科学养护、综合智能信息服务的需求。针对航道要素种类多、演化机理复杂等特点，当前航道要素智能感知聚焦于构建空天地水一体化快速测绘技术体系，以解决大范围立体航道要素信息采集难题；聚焦于在航船舶动态感知数据综合利用技术，以弥补传统人工定期测绘模式周期长、范围受限等不足；聚焦于多元物联网传感器的实时监测技术，实现航道要素运行状态在线感知。

(3)航道数据综合治理技术：主要包括多时态、多尺度、异构航道数据有效融合技术，端网云交互的航道数据资源构建技术，基于地理信息模型的航道要素动态更新技术，基于公共服务平台和标准接口的航道数据交互共享方法。

(4)信息应用与服务技术：其重点在于航道养护管理业务模型构建，基于数据库的电子航道图成套技术研发(包括生产编辑系统、数据处理辅助工具和应用终端)，航道综合信息服务系统研发。

面向建设畅通、高效、平安、绿色长江水运体系的新要求，长江航道局针对动态信息采集不充分、航道监测能力较弱、业务应用覆盖不全、区域间发展不平衡、航道信息服务水平不高、航道信息化支撑保障体系还不完善等问题，围绕航道业务模式升级和航道服务转型，系统提出了“长江数字航道”的发展理念，组织完成了长江数字航道顶层设计，相继制定出台了《长江航道“十二五”建设规划数字航道建设实施方案》《长江航道局“十三五”数字航道建设及信息化发展规划》，以指导和推动长江数字航道的工程建设。长江数字航道的总体框架主要由两级数字航道中心(一个主中心和六个分中心)、统一的电子航道图、航道动态监测平台、航道维护管理平台、航道综合业务平台、航道综合信息平台组成(如图 4-2)。

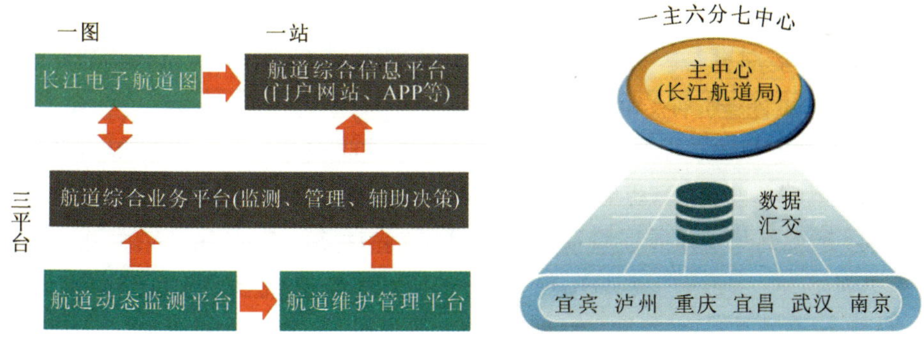

图 4-2　长江数字航道的总体框架

2019 年 6 月 30 日，长江数字航道基本实现了全线贯通和联通运行，全线推广应用了水位遥测遥报技术，航标遥测遥控技术及无人机、无人船测量技术，构建了数字化航道测绘体系，长江电子航道图系统(及 APP)和长江干线数字航道综合服务平台全面应用(如图 4-3 所示)，航道维护管理和综合服务信息服务能力迈上了新台阶。

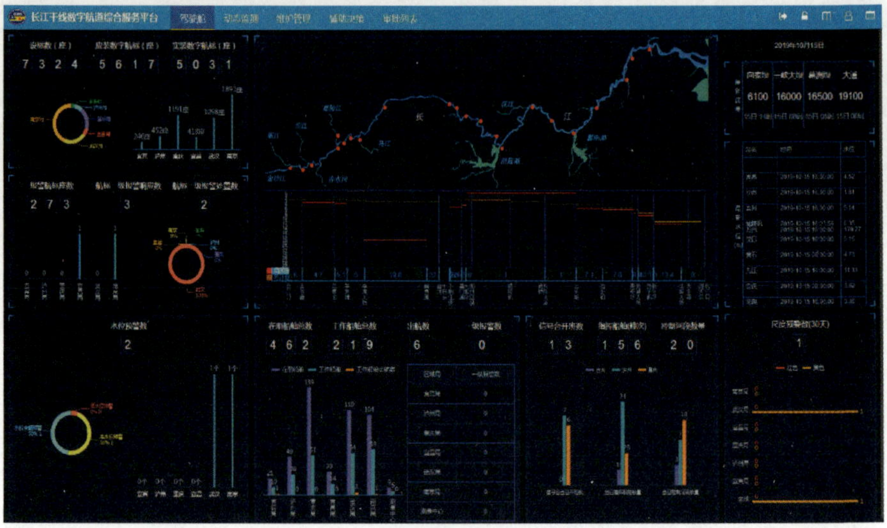

图 4-3 长江干线数字航道综合服务平台

我国其他流域管理机构也积极开展了航道数字化建设与工程实践。2011 年，江苏省在苏南运河无锡段实施了“感知航道”信息化项目；2017 年，“长三角及京杭运河水系的智能航运信息服务(船联网)关键技术研究及应用示范”(简称“内河船联网”)重大科技项目验收通过；2021 年 3 月，广东省提出了“一中心、两网络、三平台、*N* 可扩展的运调管养服场景”(以下简称“123*N*”)的智慧航道发展架构；2022 年，江西省提出了智慧航道“112”(即 1 套电子航道图，1 个数据中心，公共信息服务和航道运行管理 2 个平台)工程；2024 年 8 月，京杭运河江苏段绿色现代航运综合整治工程常州段完成全部建设任务。

从流域分布来看，长江干线智慧航道建设是我国内河航道智慧化、信息化发展的标杆，长江电子航道图覆盖长江干线航道 2688 km，覆盖赣江、信江、汉江等支流高等级航道 2051 km，覆盖京杭运河济宁段、苏北段航道 650 km，还覆盖了京杭运河江苏段、浙江段等航段，其发展势头较为迅速，江苏省交通运输厅港航中心完成了京杭运河苏南段以及省内其他内河共计约 2500 km 电子航道图；其他流域，如西江、黑龙江、澜沧江等流域也先后开展了智慧航道建设与应用，有力提升了我国内河航道智慧化发展水平。

莱茵河作为世界上航运繁忙的流域之一，流经欧洲六国，是西欧航道网的重要组成部分，由保护莱茵河国际委员会(International Commission for the Protection of the Rhine，ICPR)、莱茵河航运中央委员会(Central Commission for the Navigation of the Rhine，CCNR)协调管理，建立有莱茵河公约来确定欧洲六国合作的远期规划和资金分配制度。每年莱茵河治理的预算由公约参与国共同承担。20 世纪中后期，莱茵河公约参与国相继开展了雷达导航系统、水运管理信息系统等建设，其信息化、智慧化发展水平显著提升；近年来，莱茵河流域智慧化建设侧重内河航行电子海图信息系统、电子船舶报告系统、船长通告平台等。其中，EuRIS 信息服务平台作为典型代表，能够统一和协调莱茵河流域信息服务，实现跨国界的航道基础设施信息和交通物流信息互联共享和数据交互，提高流域内物流运输效率。

多瑙河作为欧洲第二大河，航道基础设施建设条件良好，是世界上流经国家最多的河流，由多瑙河委员会（Danube Commission，DC）、多瑙河保护国际委员会（International Commission for the Protection of thc Danube River，ICPDR）管理开发。多瑙河沿岸国家共同制定了《联合行动计划》，并通过投资 44.04 亿欧元来保障该计划顺利执行。多瑙河流域建设有 Danube GIS 平台、河流信息服务系统（River Information Services，RIS）等，为多瑙河流域航运数据获取、实时信息交互、船岸之间电子数据服务等提供技术支撑。

密西西比河是美国内河航道网的主干，由美国陆军工程兵团（U. S. Army Corps of Engineers，USACE）统一管理与规划。美国环保局、农业部、内政部等部门通过建立跨部门协调机制，累计投入 70 多亿美元用于密西西比河流域非点源污染控制和营养物质监测。此外，明尼苏达州建立了长达 25 年的资金保障机制。密西西比河的规划发展始于 1879 年密西西比河委员会的设立，逐步形成了江河湖海贯通、水深标准统一的内河航道网络体系。目前，密西西比河流域建设有水资源遥感/GIS 技术中心、监测控制系统、交通系统中心、船舶设计中心等，在流域内信息共享、航运服务等方面发挥了重要作用。美国陆军工程兵团构建了 NavPortal 系统用于维护流域的通航港口和航道，该系统聚合了各类数据源，集成了多种地理空间工具，提供了整个运营范围的数字孪生和导航服务，涵盖了 25000 英里（40233.6 km）航道和 400 个港口。

4.2.4 生态航道的概念与特征

生态航道将传统航道功能与河流自然生态功能协调统一，使河流在发挥航运基本功能的同时兼具合理的生态系统结构、良好的整体景观效果和稳定的自我恢复能力。生态航道的研究对象不能局限于狭义的航道本身，而应关注具有航运功能属性的河流系统，并理清航道-河道-河流-流域的关系。因此，生态航道旨在协调河流航运、防洪、生态以及其他社会服务功能属性，以实现安全、高效航运发展目标，并保障河流生态系统的健康和可持续发展。

生态航道是构建可持续交通系统的重要内容，也是贯彻落实新发展理念的重要举措，其特征主要包括：

（1）综合的功能定位：生态航道包含了物质通量-生态环境-生物-生态的复杂关系，具备航运和防洪、生态、发电等功能属性，而不局限于传统的航道整治工程，具有显著的综合特征。

(2)多重功能属性的协调：确保河流主要功能协调是生态航道设计与建设的基本思路。依据生态航道的概念，其功能层评价指标应涵盖航运、输水泄洪、输沙、发电、供水、自净、生态和景观娱乐 8 个方面。

(3)绿色材料与技术的应用：区别于传统航道工程使用的硬质化材料，生态航道建设广泛应用新材料(如聚氨酯和石墨烯材料等)、新结构(如生态空间软体排护底结构、透空格栅鱼巢排等)，增强生态环保效果的同时，满足水、岸、滩的协同保护。

4.2.5 生态航道关键技术及应用

随着“生态优先、绿色发展”理念的深入人心，生态航道关键技术得到了快速发展，重点体现在以下三方面：

(1)生态航道基础理论与评价方法：探明了守护、筑坝、疏浚等航道治理工程对河流生态系统(包括生物群落、生态环境等)的影响机理，构建了生态航道“健康-功能-指标”三级评价指标体系。

(2)航道生态治理技术：研发了复杂条件下长河段精细化滩槽演变联动模拟技术，发展了“守、调、疏”相结合的航道整治方法，形成了“双绞格网网垫和网箱”等适应河床演变、结构强度高、促淤积的航道整治建筑物新结构；研发了适用于径潮流河段的透水消能固滩结构和促进水生生态修复的整治结构，形成了径潮流共同作用下复杂多分汊河段滩槽调控技术；拓展了大型河口深水航道减淤理论，形成了巨型河口深水航道协调治理技术。

(3)航道生态修复技术：提出了事前、事中、事后的河流生态保护和修复技术措施，研发了生态排体等改善栖息地多样性的整治工程新结构，开展了生态涵养区建设、生态环境再造等水生生物保护措施。

当前，我国生态航道关键技术在长江干线航道整治工程、南京以下 12.5 m 深水航道工程中得到了广泛实践和工程应用，取得了较好的生态效果。

长江上游朝天门至涪陵河段航道整治工程于 2020 年 12 月正式开工，工程内容包括洛碛、王家滩、码头碛等 11 处碍航滩段的综合整治，全长 123 km；工程将有效改善朝天门至涪陵河段航道条件，尤其是寸滩至涪陵河段航道水深将从 3.5 m 提升至 4.5 m，5000 吨级货船将不再受限于长江枯水季，可常年抵达重庆。工程开展了“传统硬性结构＋特拉锚垫生态系统”的复合式生态结构型式护坡工程实践应用；通过炸礁弃渣生态化改造与利用，构建了山区河流浅滩-深潭型鱼类生态环境(如图 4-4)，营造了条件丰富、环境适宜的鱼类栖息地，有效解决了礁石弃渣对鱼类生态环境的不利影响，并实现了库尾鱼类栖息地面积新增 1.3×10^6 m^2。

图 4-4　长江上游朝天门至涪陵河段浅滩-深潭鱼类生态环境构造

长江中游荆江河段航道整治工程于 2013 年 9 月 14 日正式启动，2015 年 12 月投入试运行，工程范围起于宜昌昌门溪、止于岳阳熊家洲，全长 280.5 km，工程总投资约 43.3 亿元。针对工程范围内不同水道、不同生态目标，在岸坡守护中生态护岸结构占比 100%，在水下设计中广泛采用了透水框架、鱼槽砖等生态环境再造结构，滩面设计采用植入型生态固滩结构实现大面积生态固滩，修复水、陆生态环境 2.18×10^6 m^2。同时，工程实施期间开展了增殖放流、生态专题研究、生态航道建设教育培训等活动，工程被交通运输部评为“全国内河航道生态环保示范工程”，见图 4-5。

图 4-5　长江中游荆江河段航道整治工程成效

长江武汉至安庆段 6 m 水深航道工程于 2018 年 10 月开工建设，系统整治了罗湖洲、戴家洲、张家洲等 7 个碍航滩段，工程横跨湖北、江西、安徽三省，全长 386.5 km；2024 年 4 月工程通过竣工验收，6 m 水深航道正式全线贯通，万吨级船舶常年通达武汉。工程建设过程中，通过将微观生态环境营造与宏观生态涵养相结合，实现了生态航道建设由点到面的转变；设计实施生态护岸 1.54×10^4 m，护岸工程绿化率达到 100%，在戴家洲洲头设计建设湿地营造工程 1.46×10^6 m^2，在张家洲水道北港、东流水道莲花洲港、戴家洲圆港设计建设生态涵养试验区 6000 hm^2，增殖放流 600 余万尾鱼类，并实施了一系列的生态涵养措施，见图 4-6。依托水生生态监测系统，对保护区、生态环境修复工程实施江段和生态涵养区江段开展了重点监测，推进了内河航道生态工程建设。

图 4-6　长江武汉至安庆段工程生态护岸

长江南京以下 12.5 m 深水航道工程是长江经济带发展规划纲要、国民经济和社会发展“十二五”规划及“十三五”规划明确的重大工程，是全国内河水运投资规模最大、技术和建设环境最复杂的重点工程，如图 4-7 所示。工程建设范围为长江干线南京至太仓河段，河段全长约 283 km。其中，一期工程在太仓至南通约 56 km 河段建设深水航道，工程总投资 39.2 亿元，2012 年 8 月开工，2014 年 7 月通过交工验收并投入试运行，2015 年 12 月通过竣工验收并移交长江航道部门管理；二期工程在南通至南京约 227 km 河段建设深水航道，工程概算总投资 71 亿元，2015 年 6 月开工，2018 年 4 月通过交工验收，2018 年 5 月正式投入试运行，2019 年 5 月通过竣工验收并移交长江航道部门管理。

南京以下 12.5 m 深水航道工程采用了多种工程新结构和新技术，包括生态软体排与压护结构、生态排＋植物栽种的生态修复技术、生态软体排施工技术、消能护滩结构、生态护坡技术、生态梯形构件等；在工程建设与运行阶段，实施了一系列的生态环境保护措施和修复技术，如设置防污帘以减少水中施工过程的污染物扩散、利用声学驱赶及声诱导技术开展施工期江豚及其他鱼类资源的保护，实施底栖动物增殖放流、弥补水下施工作业导致的生物量损失。

图 4-7　长江南京以下 12.5 m 深水航道工程生态航道实践

4.2.6　发展趋势

2021 年 2 月,《国家综合立体交通网规划纲要》正式印发,提出到 2035 年形成“四纵四横两网”的国家高等级航道 2.5×10^4 km。随着交通强国、数字中国、长江经济带等国家重大战略的实施与推进,航道数字化、生态化发展已成为构建安全、便捷、高效、绿色、经济、包容、韧性的可持续交通体系的重要组成。总体上,数字生态航道发展呈现“要素数字化、信息平台化、服务智能化、生态绿色化”四大趋势。

(1)要素信息数字化夯实数字生态航道数据底座

内河航道全要素信息动态精准感知是构建航道运行系统的重要前提。因此,覆盖全对象、全事件、全场景的综合立体监测体系建设成为数字生态航道数据底座的重要构成。先进监测传感器、网络通信、高精度定位等技术的应用,提升了要素信息精度与可用性;借助数字孪生、水沙数值模拟、大数据分析等技术,可在信息空间打造自然物理空间航道的平行系统,为不同场景提供智慧服务应用和决策支持。

(2)信息交互共享构建数字生态航道网络化平台

通过打造“可达”“可知”“智联”“增值”的一体化信息平台,实现航道与枢纽港口信息联通和数据共享,促进内河水运货物流、信息流、资金流的高效运转。同时,交通、水利、自然资源等部门之间的信息交互共享,将大幅减少数据重复采集处理的成本,既保证基础数据的可靠性和权威性,又将推动形成数据赋能的内河航道新质生产力。

(3)需求驱动激发数字生态航道服务模式创新

以港口、企业、船舶、船员等公众用户需要的便捷服务信息,和协助航道管理部门科学合理决策为实际需求,创新运行管理新模式、构建智慧化辅助决策新业态,已成为当前数字生态航道的发展趋势。能源与交通作为社会经济体系最重要的基础产业和具有集大成者特征的科技领域,通过“身边取与远方来相结合”的方式,建立了交通能源融合新业态,为“双碳”战略目标的实现作出了重要贡献。

(4)“生态优先、绿色发展”引领数字生态航道

随着“生态优先、绿色发展”理念的深入人心,水路交通可持续发展受到了更广泛的关注与积极的认可。数字生态航道的发展,提供了全对象、全事件、全场景的数字化基础数据,有力地支撑了现代化内河航道建设方案设计、工程实施与效果评估,推进了交通基础设施与生态系统保护相协调、与资源环境承载力相适应。数字化技术与生态技术的深度融合,已成为当前内河航道发展的重要特征。

4.3 绿色智慧港口

4.3.1 基本概况

2019 年 9 月,中共中央、国务院印发《交通强国建设纲要》,提出打造绿色高效的现代物流系统,加快推进港口集疏运铁路等重点项目建设;强调绿色发展节约集约、低碳环保,推进船舶、港口污染防治。2019 年 11 月,交通运输部等九部门联合印发《关于建设世界一流港口的指导意见》,提出加快绿色港口建设,着力强化污染防治、构建清洁低碳的港口用能体系、加强资源节约循环利用和生态保护;加快智慧港口建设,建设智能化港口系统、加快智慧物流建设。

港口是支撑我国对外开放的重要交通基础,也是综合国力的重要体现。当前,我国港口货物吞吐量呈现逐年增长趋势,万吨级及以上泊位数量逐年递增(如图 4-8 所示),构建了高效的港航供应链体系,有力地支撑了我国港航物流业的国际竞争力。绿色智慧港口建设是当前港口发展的必然趋势,基于互联网技术、绿色新能源技术和大数据模型实现港口的智能化、绿色化、韧性化,助推港口转型升级和企业提质增效,是建设世界一流港口的必由之路。

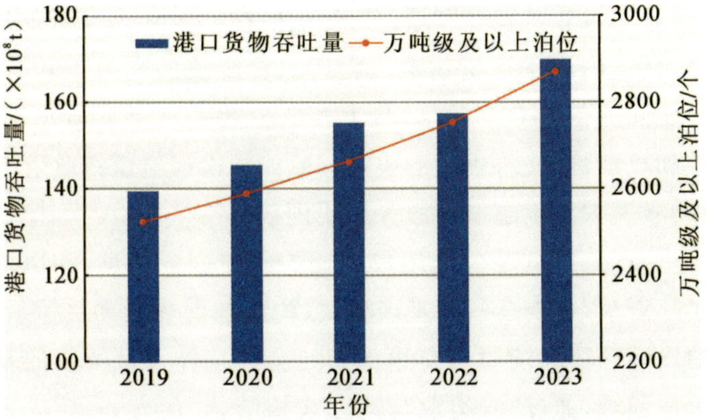

图 4-8 港口货物吞吐量及万吨级泊位数量统计

4.3.2　绿色港口的概念与特征

随着绿色可持续发展理念在港口建设运营中的深度融入，“绿色港口”的概念逐渐被提出并受到广泛的关注。绿色港口是指在生产运营和服务过程中，贯彻绿色发展理念，积极履行法律责任和社会责任，综合采取节约资源和能源、保护环境和生态、应对气候变化的技术和管理措施，达到了绿色港口等级评价要求的港口或码头。国际航运协会将绿色港口定义为：在推动经济绿色发展基础上尊重自然环境保护，以港口所在区域长期可持续发展为目标，采取负责任的积极态度建设和运营港口，保证港口发展满足未来几代人的利益需求及所在区域的繁荣。绿色港口建设是水路交通行业实现碳达峰碳中和战略目标的重要内容。

围绕绿色港口，国内外研究机构和团队提出了诸多不同的定义；总体上，绿色港口具有如下基本特征：

(1)环境友好：绿色港口注重减少港口建设与运营期对周围大气环境、水环境、生态系统的影响，通过广泛采用清洁能源、优化作业流程等技术措施，减少废气、废水、噪声等污染。

(2)资源节约：在港口建设、运营和管理的全生命周期中，绿色港口强调资源的合理利用和节约，包括土地、水资源、能源等的科学规划和高效利用。

(3)可持续发展：通过技术创新和管理措施优化，绿色港口追求经济效益与环境保护的平衡，以期实现港口的长期可持续发展。

(4)综合效益：绿色港口不仅关注经济效益，还注重社会效益和环境效益，通过提升港口的服务质量和环境保护能力，实现区域经济的协调发展。因此，绿色港口具有社会价值、经济价值和环境价值。

4.3.3　绿色港口关键技术及应用

技术创新和管理措施优化是建设绿色港口的重要路径。当前，绿色清洁能源技术、大数据和人工智能等新一代科学技术快速发展，逐渐在绿色港口建设中得到应用，为绿色港口发展注入了新的活力。

(1)绿色基础设施建设技术：采用低碳环保建筑材料兴建港口基础设施，创新性地采用港口基础设施建设中低排放、智能化的地基加固技术和固碳加固技术等；完善港口雨污水、压载水、煤污水等非常规水资源综合利用，规划建设生态驳岸，推动港口岸线绿化和美化。典型工程应用有国能集团黄骅港“海绵港口”等。

(2)港口环境综合治理技术：借助先进物联网传感器，实现港口陆域、水域典型污染物的动态监测；结合堆场智能喷淋、悬臂喷洒抑尘，针对不同货种开展抑尘、防尘，实现港口污染物全过程精准综合治理。典型工程技术及产品包括：国能集团黄骅港本质长效抑尘技术和堆场智能补水技术、日照港自主研发的“山港润”抑尘剂。

(3)绿色港口清洁能源技术：利用太阳能、风能和潮汐能等可再生能源，实现港区作业机械、船舶能源形式替换(如连云港港的首艘纯电动拖轮“云港电拖一号”等)；推广电动化和氢燃料等清洁能源在港口水平运输系统中的应用(如无人电动集卡、氢能源集卡、氢燃料电池牵引车等)，加大港口岸电设施建设与工程应用。典型工程应用包括：天津港以新能源为主题的新型电力系统、宁波舟山港散式风电-光伏-储能-微网一体化示范项目、大连港 3 座兆瓦级“屋顶光伏电站”和连云港港 5 MW 储能电站等。

(4)港口环境智能管控系统与平台：借助新一代信息化技术、先进物联网传感器技术，构建港口环境智能管控系统及平台，整合港口区域范围内环境监测数据、生产作业数据、水资源数据等，实现港口生产作业智能化管理和可视化决策，提升港口环境智能管控能力。典型工程应用包括：国能集团黄骅港生态环境智能管控平台、山东港口日照港生态环境智能管控平台。

国家能源集团是全球最大的煤炭生产公司、火力发电公司、风力发电公司和煤制油煤化工公司，其运输产业链以打造路、港、航一体化发展的现代绿色物流链为目标。国家能源集团下属黄骅港务(图 4-9)、天津港务和珠海港务 3 家专业港口公司，全力推动码头岸电系统建设和推广应用，大幅降低了船舶靠岸后的大气污染，取得了良好的经济效益和社会效益。国家能源集团黄骅港务研发了全流程粉尘治理技术，构建了散货码头闭环绿色环保机制，研发了大数据驱动的生态环境智能管控平台，实现了智慧调水、智能洒水、水务智能管理和环保信息“一张图”，为绿色港口环境保护治理提供决策支持。黄骅港先后获得“亚太绿色港口”“中国五星级绿色港口”等称号。

图 4-9　国家能源集团黄骅港务生态环境智慧管控平台

天津港于 2021 年 10 月建成了全球首个零碳智慧集装箱码头——天津港北疆港区 C 段集装箱码头，通过在码头建设 9 MW 风电和 1.3 MW 光伏发电设施(年发电量约

2.3302×10^7^ kW·h),结合智能技术和绿色能源系统,实现了码头生产全过程绿色能源自给自足。宁波舟山港积极推进风光储一体化、水运港-船多能源融合技术及集成应用,风电和光伏的年发电量约 5.917×10^{7} kW·h,应用储能充放电策略及能源管理,每年可减少二氧化碳排放量约 2.26×10^{4} t,见图 4-10。

图 4-10　宁波舟山港风光储一体化建成现场

新加坡海事与港务管理局于 2022 年发布了《2050 年新加坡海事脱碳蓝图》(Maritime Singapore Decarbonisation Blueprint:Working Towards 2050),系统提出了海事领域碳达峰碳中和的路径,该版脱碳蓝图具有如下特征:一是体系完整,内容涵盖了港口、港区船舶、运输船舶、能源发展、国际合作、人才培养、科技研发、金融政策等内容;二是可实施性强,编制的各领域减碳目标充分考虑了产业链相关主体的认可度;三是开放性强,在能源多元化发展、低碳背景下人才培养与培训等方面都预留有弹性发展空间。在脱碳蓝图的指引下,部分港口企业已开始大规模应用非碳能源,如图 4-11 所示。

图 4-11　新加坡裕廊港(Jurong Port)大规模太阳能系统

4.3.4 智慧港口的概念与特征

智慧港口是指利用新一代信息技术，深度融合港口业务和管理创新，更加安全、便捷、坚韧、绿色，集移动互联网、物联网、大数据、云计算和码头自动化技术于一体的、多边界属性的一个系统化生态圈。

智慧港口不断推动新技术发展、新业态涌现和新治理模式产生并加以充分利用。智慧港口要成为能够提供信息服务、金融服务、物流服务、加工服务等多种功能的综合服务平台，需要物流园区、无水港体系、集疏运体系、港口作业区等相关业务主体实现信息集成与协同融合，其特征主要包括：

(1)设施设备智能化：港口设施设备的全面感知、自动化和信息化是智慧港口的基础。以持续提升作业效率为基本发展方向，立足安全、绿色基本原则，运用数字化技术使得港口装卸情况更易预测和控制，进而实现最精准的计划、最高效的装卸、最智能的运维、最安全的作业、最生态友好的能耗控制。

(2)运营管理智慧化：运营与管理智慧化决策是港口生产和服务的关键，是智慧港口的核心内容。通过完善大数据挖掘与管控，打通各个机械设备、信息系统及部门组织之间的连接，实现港口内外价值链信息资源的协同共享与统一管理。

(3)物流(集疏运)与增值服务的信息平台化：智慧港口不仅能够提供及时、高效、安全、专业的集疏港和货物流通服务，还应提供信息、金融、加工等相关增值服务，并实现基础物流服务与增值服务的平台化，实现公共信息、企业信息以及政府信息的互联互通。从点对点服务向平台式服务转变，港口及时有效对接多货种、多主体、多产业、多周期的综合物流活动，满足不同主体多元化、个性化的需求，满足国家战略发展需要，实现服务的持续增值。

(4)能源系统低碳化：港口绿色能源系统主要是引导港口运营的各个环节实现零排放、零污染以及新能源的开发与高效、综合利用。智慧港口全面提升港口污染防治、节能低碳、生态保护、资源节约循环利用及绿色运输组织水平，以确保港口城市高质量发展，满足国家“双碳”战略。加快降低碳排放步伐，有利于引导绿色技术创新，提高产业和经济的全球竞争力。

(5)港口可持续创新：港口可持续创新是指通过港口相关方的广泛参与和深入交互，通过港口管理者与智能信息系统的人机交互，智能信息系统的自主学习，使得港口具备持续创新和自我完善的功能，是智慧港口最主要特征之一。港口可持续创新，是智慧港口的建设目标，要求具备长远的战略和决策方向。

4.3.5　智慧港口关键技术及应用

智慧港口关键技术主要包括：港口设备全生命周期管控技术、港口智能生产管理系统、港口级多码头全过程运营数据治理技术、港口全流程安全防控管理服务体系、多维度全流程数字孪生系统研发等。

(1)港口设备全生命周期管控技术：港口企业属于重资产企业，其机器设备价值高、使用期限长、维护难度大，伴随港口竞争的不断加剧，机械设备的使用朝着高速、高精、高效方向发展，如图 4-12 所示为港口设备服役性能检测系统。与此同时，设备使用效率、设备维护、设备更新直接影响作业碳排放量；目前，对于设备耗能数据的精准管理方法和预警分析技术有待深入研究。

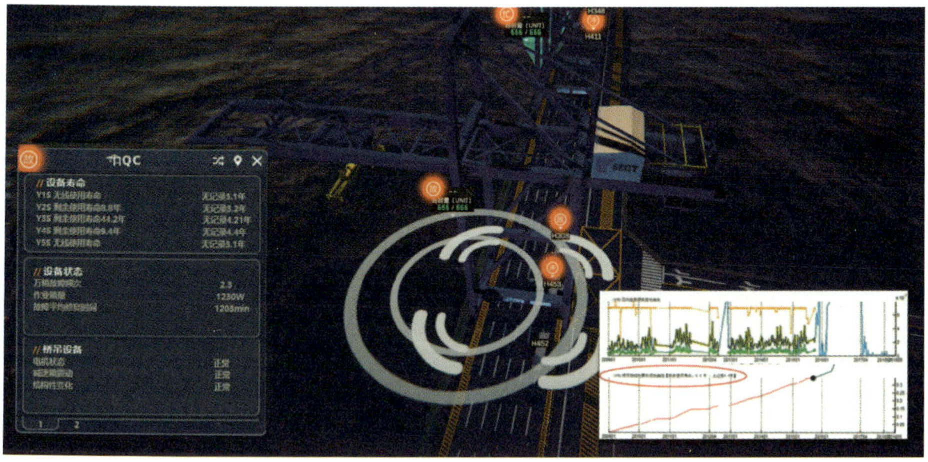

图 4-12　港口设备服役性能检测示例

(2)港口智能生产管理系统：覆盖港口运输全工艺，实现港口运营智能化、自动化和数字化的系统。该系统通过物联网、大数据和人工智能等新技术，贯通港口群协同、港内计划、调度、设备运行等全环节，实现原有生产计划、设备管理、来港车船信息等内容全部在线分析。根据港口运行全要素数据信息，制定更加科学合理的作业流程计划、设备调度及维修计划等工作，促进港口运营信息更全面，计划更精准。

近年来，国内相关港口企业与机构开展了国产化智能生产管理系统研发，取得了长足的进步。上港集团旗下哪吒港航智慧科技（上海）有限公司自主研发的全自动化集装箱码头智能操作系统 I-TOS(图 4-13)，应用于全球单体规模最大、综合自动化程度最高的洋山四期，成为我国首颗自动化码头领域的“中国芯”；宁波舟山港集团自主研发了 n-TOS 系统，于 2020 年上线，并在宁波舟山港主要集装箱码头全面覆盖；山东港口集团自主研发了基于云原生架构的自动化码头智能管控系统 A-TOS 方案，攻克了系统架构、模型算法、测试运维等关键技术，支撑了大型全自动化集装箱码头全域多场景运行管控，提升了作业效率。

图 4-13 上港集团 I-TOS 系统架构

(3)港口级多码头全过程运营数据治理技术：以大数据为中心，融合深度学习、数字孪生等技术，构建多维度阶梯式数据服务系统研发，形成阶梯式运营价值分析框架，进而构建港口级多码头全过程运营指标服务大数据治理和系统研发。

在以应用为导向的建设过程中，构建一套港口级多码头全过程运营指标体系，将航道和船舶 AIS 数据、码头实时运营数据、码头视频监控数据、外集卡预约和服务数据等融合(数据收集目标应体现“全、易、准”)，从而能够多维度、多层次地获得全港吞吐量、码头能力、干线船舶停靠、航线等分析指标。

(4)港口全流程安全防控管理服务体系：结合大数据、物联网、AI 等技术的应用，构建港口安全防控管理服务体系，改进安全监管监察方式。对隐患全流程整改、跟踪、闭环，严格监控重大风险源落实情况、危险品的堆存风险等相关方面，全面实现信息技术与安全生产业务深度融合，提高安全生产防控能力。

(5)多维度全流程数字孪生系统研发：从港口全港管控的需求出发，整合与港口生产业务相关的所有作业实体和数据，研究数字孪生高保真技术与实时虚实融合机制，集成码头机械设备的合理配置技术、智能作业决策的验证与故障预判技术，研发集事前决策、事中监控、事后分析的多维度全流程数字孪生系统。

国内外港口开展了一系列智慧港口工程实践，围绕设备智能化、信息平台化、可持续创新，系统性总结如表 4-1 所示。

表 4-1　国内外主要港口智慧化工程实践与发展目标

港口名称	智慧运营	信息服务	发展目标
宁波舟山港	坚持以“4S”（Smart、Satisfy、Share、Sustainable，即港口运营智能卓越、港口服务满意便捷、港口生态圈共享开放、港口发展可持续）为愿景的智慧港口建设方向； 开展无人驾驶、港机远控、在线监控、集群通信、智能理货等“智慧＋”项目研究和应用； 加快形成赋能数字化转型、助力数字经济发展的数字化新型基础设施体系	打造宁波舟山港一体化2.0版，持续推进一体化治理升级优化；打造港口数据和资源交易共享平台，开发智慧港航信息决策平台系统，完善“智慧港口云数据中心”“生产业务指挥中心”“客户服务中心”，建成覆盖全省、连通世界、引领全球的智慧港口生态系统。 打造以“一城两厅”（网上物流商城、网上营业厅、物流交易厅）为核心的港口物流电商平台，推进单一窗口、单证无纸化项目，积极推进海港、陆港、空港、信息港联动发展	以“四个一流”为核心，努力建设安全便捷、智慧绿色、经济高效、支撑有力、世界先进的一流强港； 全面打造梅山港区全域智能化集装箱码头、鼠浪湖全程智能化散货码头、甬舟智慧码头，以“2＋1”示范工程的群体性突破来支撑和引领全面智慧化集群的发展
上海港	自主研发智能营运管控（NEO-TOS）系统，系统基于国产数据库、国产操作系统和服务器等基础设施，利用自动控制、大数据、人工智能等，全面实现岸桥、轨道吊及 AIV 的智能化运转； 自主研发码头现场作业机械与水运运输系统，包括：自动化单小车集装箱装卸桥、自动化轨道式集装箱龙门起重机（ARMG）、智能水平运输车（AIV）	率先在全国启动“单一窗口”建设，运用大数据、云计算、AI 等新技术，口岸通关效率和透明度大幅提升，压缩了跨境贸易的时间和成本； 推出“港航纵横”网站，依托电子数据交换网络整合码头数据，实现全程跟踪与一站式查询； 与振华重工合作研制了设备控制系统和码头智能管控系统	打造以洋山港为核心的国际领先智慧生态大港，推动航运数字化、智能化、绿色化转型（即“三化转型”），全面提升航运资源的全球配置能力； 到 2025 年，基本构建起上海国际航运中心绿色化智慧化发展框架、集约低碳集疏运体系，并初步建成智慧港口； 到 2030 年，基本建成智能化码头集群

续表 4-1

港口名称	智慧运营	信息服务	发展目标
天津港	采用全新的“单小车自动化岸桥＋无人驾驶电动集卡＋双悬臂自动化轨道吊”的自动化工艺方案，建设第二代智能化集装箱码头； 老旧码头装备智能化改造，包括：岸桥自动化升级、轮胎式场桥自动化升级、无人集卡规模化应用； 智能管控系统升级，打造港口智慧大脑，加强数据开发应用	研发港区地理信息系统与港区精准气象服务系统； 建立天津关港集疏运智慧平台，打造国内领先的关港业务协同创新模式； 建立企业综合管控系统 ERP System	聚焦“打造数字孪生天津港，引领港口经济发展”发展愿景，谋划“数字化交易、数字化生产、数字化管理、数字化运营、数字化底座、数字化产业”等港口数字化提升； 努力打造世界一流的智慧港口、绿色港口，更好地服务京津冀协同发展和共建“一带一路”
青岛港	首创氢能自动化轨道吊，建成全国首座港口加氢站； 打造首个风电一体化示范项目，实现国内首创桥吊机房光伏改造，建设 2 座 120 kW 小型风机，年发电量约 9×10^5 kW·h，投产全球首艘电拖轮； 开发全自动集装箱码头智能管控系统(A-TOS)，实现底层软硬件到上层应用关键核心技术的完全自主可控，集装箱设备自动化率达 41%	开发集装箱中转业务全流程分析系统，打通集装箱中转作业全过程，提高数据分析效率； 打造“云港通”口岸智能化生态服务平台，实现口岸单证电子化，通关物流服务线上化； 构建全球首创智能空轨集疏运系统，全程电力驱动，成为全国首个全系统干散货智慧绿色码头	围绕以云港通为核心的服务平台、以玉衡为核心的管控平台“2 个赋能平台”和数字化集装箱码头、数字化干散货码头、数字化件杂货码头、数字化液体散货码头“4 个智能场景”，从业务、技术、保障三个层面，统筹推进数字化转型工程； 到 2025 年，青岛港世界一流海洋港口建设位居前列、晋位升级
新加坡港	先进的计划和调度系统； 物联网技术； CITOS 系统	先进的信息服务系统； 建有海事单一窗口； 3 个“Net”系统	实现“表现力、生产力、可持续发展”等三大目标； 2050 年实现净零排放，从 2030 年起，新港口船舶须完全电动化，或采用净零排放的燃料驱动； 稳固关键物流枢纽地位

续表 4-1

港口名称	智慧运营	信息服务	发展目标
鹿特丹港	推进 5G 技术应用； 促进各种智能技术设备的应用； 系列化物联网部署； 数据信息化并引入仿真系统； 建立港口运营管理 CITOS 系统	建立港口社区系统； 建立互联互通的信息平台 Portbase System	打造全球性枢纽港和欧洲临港产业集聚区的战略目标； 目前正在进行的所有项目到 2030 年可减少近 3×10^7 t 的碳排放，占国家减排目标的 40%
釜山港	升级通信和网络基础设施； 引入视觉识别技术； 构建无人自动化智慧物流系统	建设数字化平台和信息系统； 推进信息交互共享	建设巨型智慧港口，货物处理速度提高 35%； 到 2030 年把釜山港打造成为物流、海洋旅游及商务、港口相关服务这三大领域的枢纽港
黑德兰港	实施计划和调度系统	加强高速互联网连接和通信网络	最大限度地提高矿业出口，运力增加近 7%； 2030 年在 2020 财年的基础上减少 30% 的运营排放量，到 2051 年实现零运营净排放

4.3.6　发展趋势

随着新一代信息技术、人工智能技术与港口业务的深度融合，绿色智慧港口关键技术不断更新，工程应用场景日新月异，港口智慧化运营和可持续发展水平得到了大幅提升。结合当前政策环境与技术发展特征，绿色智慧港口的发展趋势主要体现在以下五方面：

(1)以全流程自动化为导向建设自动化港口

将先进的自动定位、远程控制等技术应用于港口大型装卸设备使装卸设备自动化和无人化。通过将设备与系统进行连接，实现装卸系统自动化、输送系统自动化等，提升码头效率，降低运营成本。

(2)以打造一站式线上服务为导向建设服务型港口

依托自身或联合互联网企业加快港口信息化建设步伐,促进服务模式从链条式变为平台式,实现包括港口、物流节点、资源与服务提供商以及客户等全程供应链的信息整合与贯通。

(3)以共享全供应链信息为导向打造协同化港口

为加强港口供应链企业间的合作,港口企业抓住契机,强化与上下游产业的协同共享关系,集成上下游的物流、资金流、信息流等资源,降低整个供应链运营成本,打造协同化港口。

(4)以数据资源创新应用为导向建设智慧港口

以数据中心海量数据资源为基础,进行大数据信息分析处理,为各层经营管理提供统计分析与智能化决策支持;借助大数据分析技术,全面统计港口作业的状态信息,支撑智慧港口建设。

(5)以可持续发展理念为引领建设绿色港口

遵循资源消耗低、环境污染少、规模效应强的原则,重视相关资源的节约利用,并通过节能减排措施,有效降低环境污染,实现港口与生态环境均衡发展,助力水路交通系统双碳战略目标的实现与可持续交通系统建设。

4.4 枢纽通航运行系统

4.4.1 发展现状与特征

枢纽高质量运行能够实现船舶安全、有序、便捷地通过船闸或者升船机,同时发挥枢纽防洪、灌溉、发电等功能。在枢纽运行过程中,需要根据船舶动态、通航设施状况、通航环境及气象条件等,合理调度船舶进闸,确定船舶在闸室的位置,实现相邻梯级枢纽的协同运作。

通航建筑物是指克服集中水位落差供船舶通行的航道设施,主要有船闸和升船机两种形式。因此,通航建筑物对于改善航道条件、推动航运快速发展发挥着重要作用。以长江三峡工程为例,三峡船闸累计过闸货运量近 2.1×10^9 t(截至 2023 年 12 月),实质性改善了长江中上游航道条件,支撑了长江经济带高质量发展;长洲枢纽位于西江航运干线梯级开发的最下游,是西江黄金水道通往粤港澳大湾区的“咽喉”,2023 年长洲枢纽船闸货物通过量突破 1.8×10^8 t,较 2022 年增长 18.22%,有力地支撑了广西区域经济社会发展。三峡船闸与长洲枢纽船闸年货运量对比如图 4-14 所示。

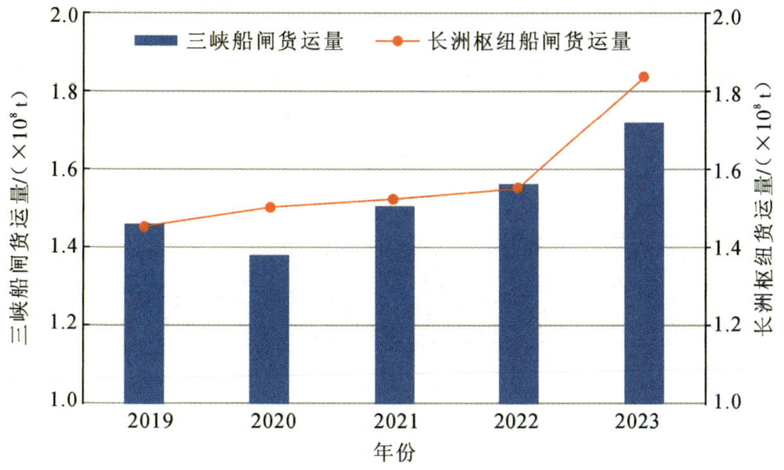

图 4-14　三峡船闸与长洲枢纽船闸货运量对比

4.4.2　通航系统运行控制技术

通航运行系统构成要素众多，涉及水工建筑物（如船闸、升船机等）、金属结构、机械设备、电气系统、液压系统、安全保护系统等多个分系统，每个分系统涉及一系列复杂的设备设施；其运行控制技术主要包括：通航装备联控技术、通航交通组织技术等。下面针对具体问题，介绍对应的关键技术。

受复杂运行工况因素影响，船闸输水系统易产生空化、振动等现象，基于输水系统水力学调控，可进一步构建闸阀门与启闭机联动控制技术；面向多梯级联合调度与运行场景，亟须借助工艺流程仿真模型，研发可靠、及时的联控运行系统，支撑多梯级枢纽船闸不间断高效运行。针对大型船闸（如人字闸门）启闭机高精度运行控制需求，可研制实时测距精度控制技术，支撑关键设施设备运行状态监测系统研发。升船机船厢富余水深和断面系数较小，船舶进出船厢阻塞效应显著，亟须研究船舶速度监测技术、禁停线监测技术、船舶吃水检测技术，保障升船机安全稳定运行，如图 4-15 所示。

枢纽通航效率与船舶交通组织方式紧密相关。当前，三峡船闸、长洲枢纽船闸等大型通航建筑物运行已近饱和状态。针对船舶快速过闸难题，研发有基于同步移泊过闸船舶航行自动控制技术；通过引入闸室有效面积利用率等参数，改进了船闸通过能力计算模型，结合实践经验，提出了单向运行与同步移泊的多级船闸交通组织方法。针对梯级枢纽通航系统船舶调度多目标不确定性问题，通过设计闸室分配、闸室编排、运行调度等耦合模块求解算法，基于船舶航速实现了空间资源优化配置、梯级枢纽船舶交通流仿真建模。

图 4-15　船舶通过三峡升船机场景

4.4.3　通航系统安全保障技术

梯级枢纽通航安全保障技术旨在保障检修期、运行期船闸和升船机安全稳定运行。以长江三峡梯级枢纽为例，研发的梯级枢纽通航安全一体化在线监管与保障技术及平台，实现了过闸船舶全过程、全方位服务；通过构建不利气象条件船舶过闸安全导航辅助系统，进一步拓展了船舶过闸安全助航服务范围。三峡升船机水域通航监管系统与三峡—葛洲坝河段船舶监管系统相融合，实现船舶即时定位、自动识别和可视化显示，保障三峡升船机与三峡船闸、葛洲坝船闸联合运行的船舶航行安全，如图 4-16 所示。

借助基于船舶大样本数据采集和试航的时间序列神经网络模型、船舶操纵性数值模型，能够实现复杂流态下船舶运动轨迹仿真与预测，明确非恒定流对不同载量、船型、功率船舶的碍航机制，保障船舶通航安全水平。

4.4.4　通航系统养护应急技术

河流具有防洪、灌溉、航运、生态、发电等多重功能属性。针对锚地待闸船舶排放及潜在危险源对河流生态系统的影响，亟须提出相应的枢纽通航系统绿色养护技术，降低航道疏浚、船舶溢油事故等对水生态系统的扰动影响。针对敏感区域船舶噪声振动干扰等，需研发适应不同场景的船舶智能化岸电供能系统。以长江三峡为例，建设有内河岸电供应规模最大、接入方式最多、辐射范围最广的三峡通航综合服务区（如图 4-17 所示），截至 2024 年 4 月，已帮助近 2 万艘次船舶接入岸电，岸电供应量达 3×10^7 kW·h，减排超过 2.2×10^4 t。

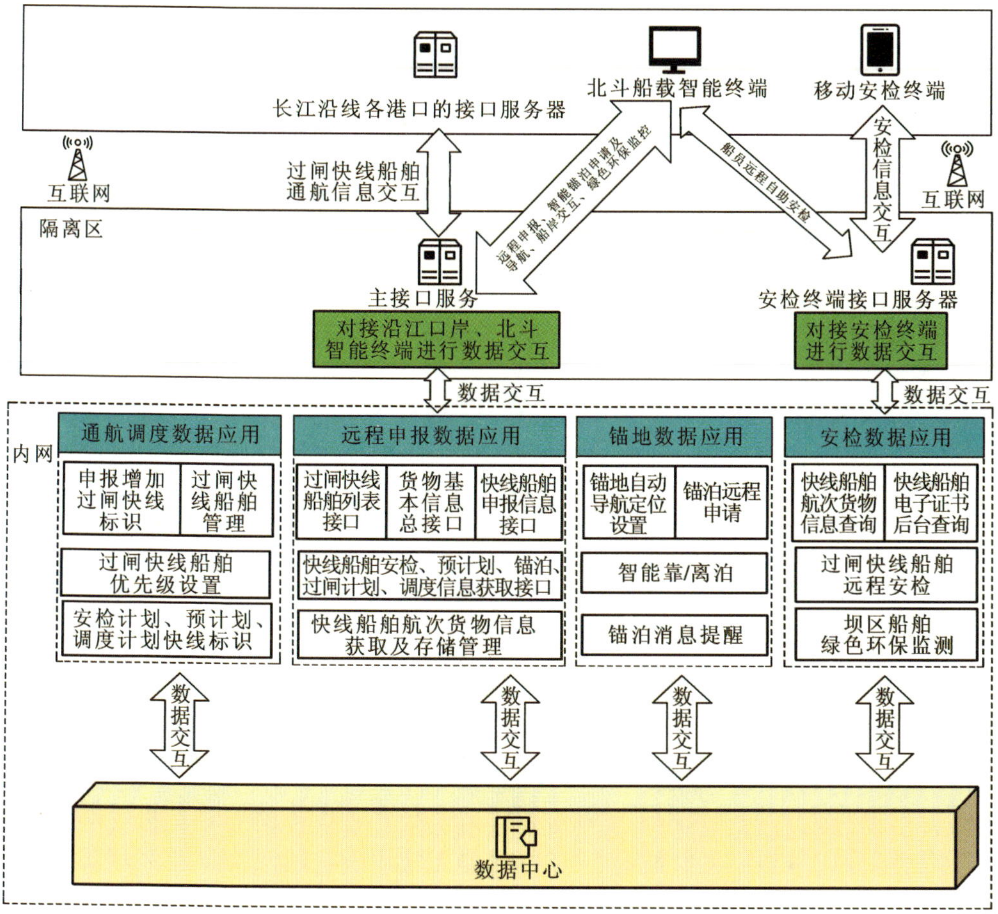

图 4-16　三峡—葛洲坝梯级枢纽智能综合管理系统架构

图 4-17　长江三峡通航综合服务区

针对危险品船舶通航安全风险和环境污染风险，需研发适合于枢纽通航水域的日常船舶污染和事故应急污染防治技术，建立兼顾溢油和化学品泄漏事故应急的辅助决策系统。

4.5 全息航行场景图系统

4.5.1 电子海图与电子航道图

电子海图是数字化的海图信息分类存储数据库及其应用系统统称的概念。电子海图系统已发展成为一种新型的船舶导航系统和辅助决策系统。电子航道图是利用计算机、地理信息等技术，将航道各要素信息按照技术规范进行处理，制作而成的标准化、数字化的专题地图。作为内河智慧航道建设的重要基础，电子航道图不仅为航道管理提供了实时、准确的数据支持，还极大地提升了航道的公共服务能力和水平。电子航道图系统通常由生产编辑系统、公共服务平台和应用系统组成，能够实时显示航道要素信息，为航行船舶提供导航、助航和通信等功能，对航运管理的转型升级有着重要意义。

《交通运输部关于推动交通运输领域新型基础设施建设的指导意见》《交通运输领域新型基础设施建设行动方案（2021—2025 年）》都将电子航道图应用作为智慧航道基础设施建设的重要任务，明确提出了完善高等级航道电子航道图，提高内河电子航道图覆盖率等任务。结合我国内河电子航道图工程实践与应用现状，电子航道图发展历程总体上可划分为三个阶段，即：探索期（2009—2016 年），交通运输部发布了行业标准《长江电子航道图制作规范》（JT/T 765-2009）；成长期（2016—2019 年），交通运输部修订了行业标准《长江电子航道图制作规范》（JT/T 765-2016），江苏、浙江、广东等地开展了内河电子航道图建设；推广期（2019 年—至今），交通运输部发布了强制性行业标准《内河电子航道图技术规范》（JTS 195-3-2019），旨在统一内河电子航道图技术标准，规范内河电子航道图制作、更新维护。截至 2023 年 6 月，我国已配置电子航道图的航道里程超过 17000 km；通过“长江航道在线”官方网站、长江航道 APP、微信小程序、船载终端等，为用户提供了多样化信息服务。2023 年 4 月 26 日，长江水系电子航道图服务联盟在江苏省南京市成立，汇聚国内电子航道图管理、服务领域有关企事业单位，为全国一张图推广应用奠定了基础。

2010 年，国际水道测量组织（International Hydrographic Organization，IHO）在 S-57 标准基础上扩展形成了新的地理空间框架标准 S-100（通用海道数据模型），支持包含五种类型的在线注册通道，提供了下一代电子航海图（Electronic Navigational Chart，ENC）数据产品及其他与航海相关数字产品的发展框架，具备数据更新追溯机制、改进的要素信息表达、增强的图文本功能、减少的航海图种类等特征，为建立规范性产品提供了必要机制。面向内河智能航运发展趋势，亟须深入研究基于 S-100 框架标准的内河电子航道图系统，助力内河智慧航道建设、航道基础设施数字化转型升级。

4.5.2　全息航行场景图的概念与特征

全息一词来源于希腊词汇"holo"（英文词汇：holography），意为"完全的信息"。全息技术，可细分为：光全息技术（全息投影）、数字全息技术、计算全息技术、微波全息技术、反射全息技术、声全息技术等，广泛应用于显示、测量、加密、识别等各个领域。

作为泛在信息的承载体，全息航行场景图以二维矢量、三维场景、全景图等数字地图信息为基础，实现在语义一致、空间拓扑一致和时空一致环境下的航行场景一体化，根据数据特征动态提供关于目标对象的全方位、多层次、多粒度智能位置感知与助航信息服务。相较于内河电子航道图，全息航行场景图具有如下特征：

(1)动态泛在的信息感知能力。借助基础设施感知网、信息网、服务网，全息航行场景图信息来源不仅仅是航道空间实体物标、虚拟物标的信息，还涵盖了可全面反映船舶、航道及与其相关的所有信息、事物和事件。

(2)语义位置关联的数据组织方式。将传统电子航道图中的底层要素进行拓扑关联，与属性进行封装形成具有特定语义的对象，基于语义位置建立一定时空范围内对象的相互关系，形成位置关联的语义网络，为基于对象位置的智能化服务奠定基础。

(3)基于对象位置的自适应智能服务模式。结合船舶自身参数与航行状态，以位置为纽带关联动态泛在信息，自适应推送桥梁限高、水上服务区、附近航行船舶等航行相关信息，实现人和人、人和船、船和船之间 5A(Anytime，Anywhere，Anything，Anyone，Any device)信息交互。

全息航行场景图是全息位置地图在内河智能航运领域的应用示例，应用于辅助驾驶、远程控制、自主驾驶船舶以及内河航道管理部门。

4.5.3　全息航行场景图应用实例

依托浙江省重点研发计划项目"船岸协同环境下内河集装箱船舶增强驾驶关键技术研究及示范应用"(编号：2020C01010)，选定杭申线杨树浜桥—石井塘桥—七星码头（约 10 km）河段，武汉理工大学联合浙江省交通运输科学研究院开展了内河全息航行场景图关键技术研究与工程实践。

(1)基于倾斜摄影的航行场景数据采集

针对杭申线示范河段(图 4-18)，开展了无人机倾斜摄影测量及激光雷达航测，以航道中心线两侧各覆盖 150 m 宽度设定条带区域(倾斜摄影实测范围边线按照设计区域边线外扩一个航高,如图 4-19 所示),并按照 800 m 间隔布摄像控点。示范河段包含完整通航要素(桥梁、弯道、码头等),船舶交通流量适中,外场感知设施布设条件良好。

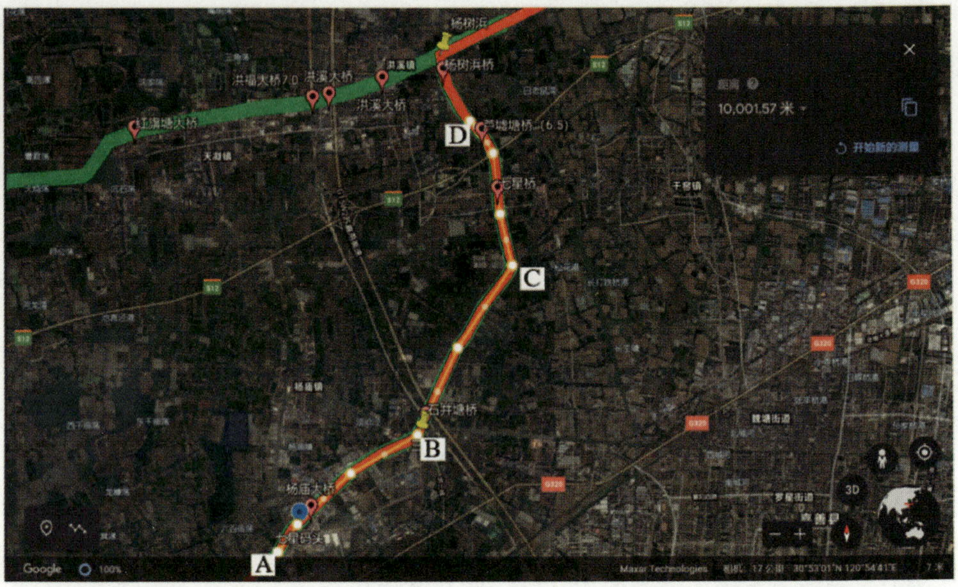

图 4-18　杭申线示范河段

图 4-19　倾斜摄影数据处理结果

按照杭申线 2019 年调测资料,在测区范围内布设有效的像控点。采用 CGCS2000(国家)坐标系,高斯 3°带,中央子午线 120°,高程采用 1985 国家高程基准。飞行架次为 4 次;地面分辨率为 0.03 m;影像重叠率为航向 80%、旁向 70%;飞行高度为 180 m。

(2)多粒度时空对象建模方法

针对当前内河航道要素表达和内容综合性的不足,项目团队提出了一种内河航行场景图多粒度时空对象建模方法,如图 4-20 所示。针对基于多源异构数据提取场景图对象要素数据困难的问题,提出了基于图层和基于对象的要素数据提取方法,完整精确地提取对象属性数据,如图 4-21 所示。

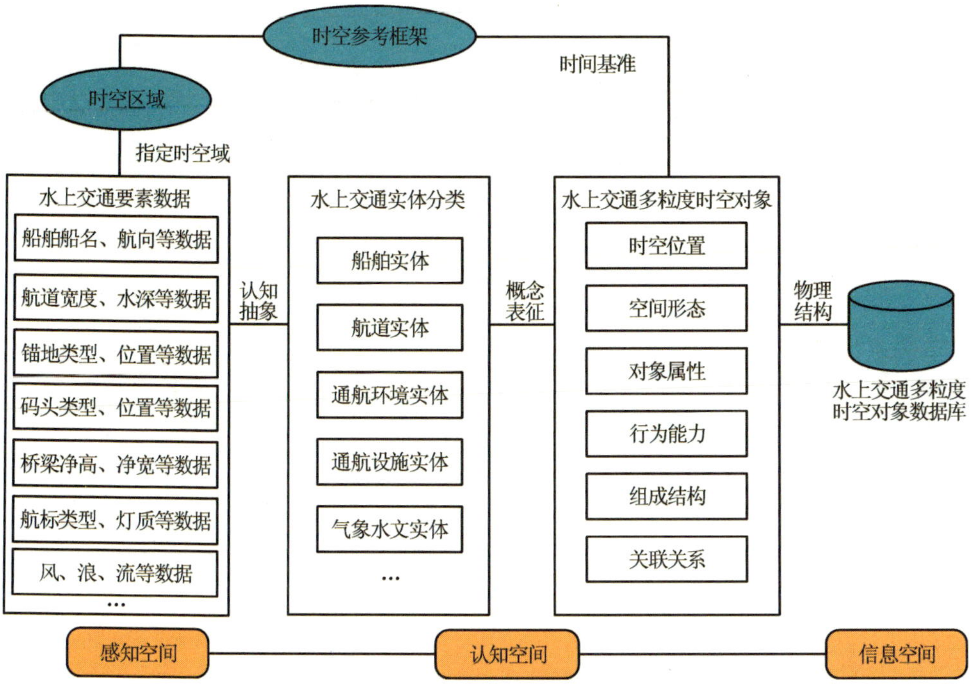

图 4-20　多粒度时空对象建模方法架构

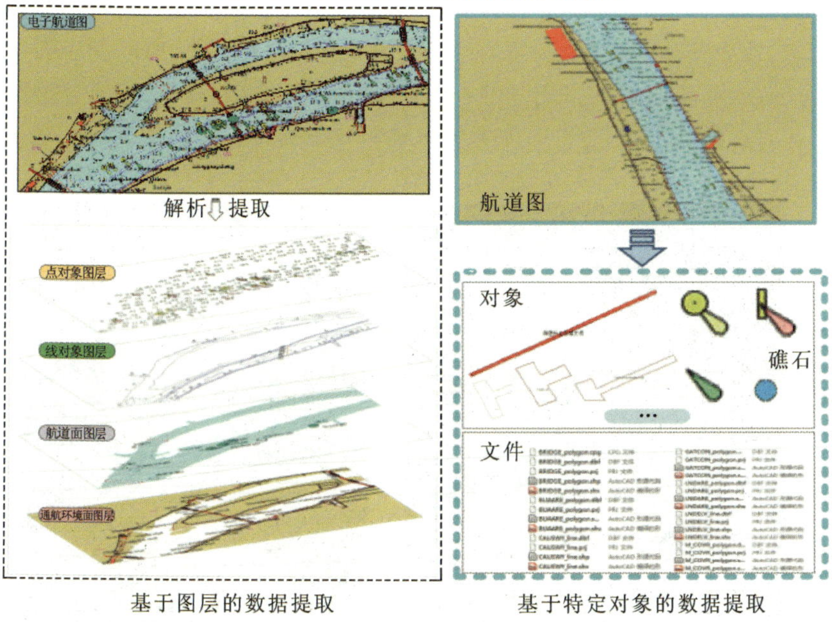

图 4-21　要素数据提取方法

(3)全息航行场景图可视化方法

通过分析场景图水上交通要素对象化表达与传统内河电子航道图要素可视化表达的差异性，可以优化水上交通对象的可视化表达流程，提出了面向场景图可视化需求的对象模型建模方法，总体技术路线如图 4-22 所示。

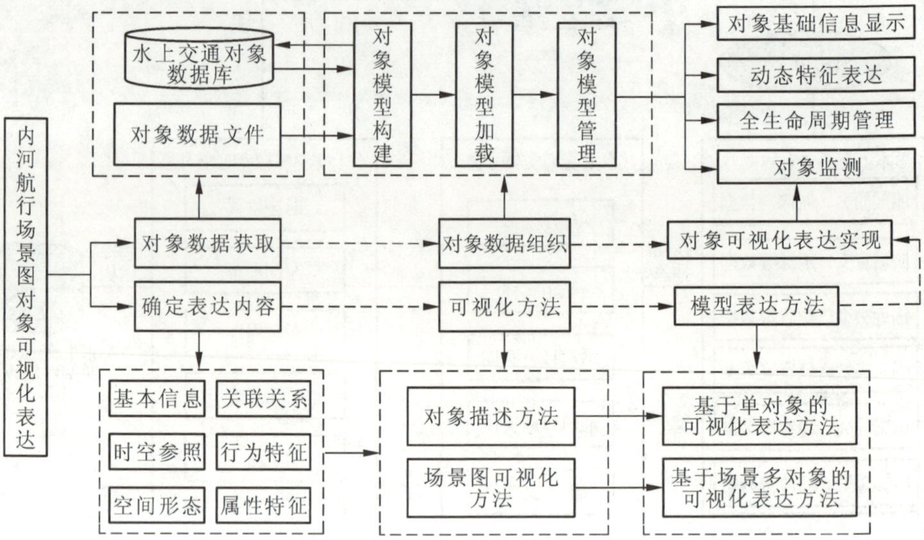

图 4-22 全息航行场景图可视化表达技术路线

(4)全息航行场景图系统研发

杭申线内河全息航行场景图系统，由二/三维全息场景图、船舶导航、数据管理、动态监测和信息发布五大模块构成。其中二/三维全息场景图模块融合了水文气象数据、船舶 AIS 数据、激光雷达、倾斜摄影等多源异构信息，实现了航道、船舶动态目标、码头、航标等通航要素一体化展示，并支持二维/三维场景、GIS 地图、影像图等的快速切换，如图 4-23 所示。通过图层管理器，可勾选系统信息实时显示，包括：船舶、航道、设施、水深、通航建筑物、临河建筑物、航道区界等。

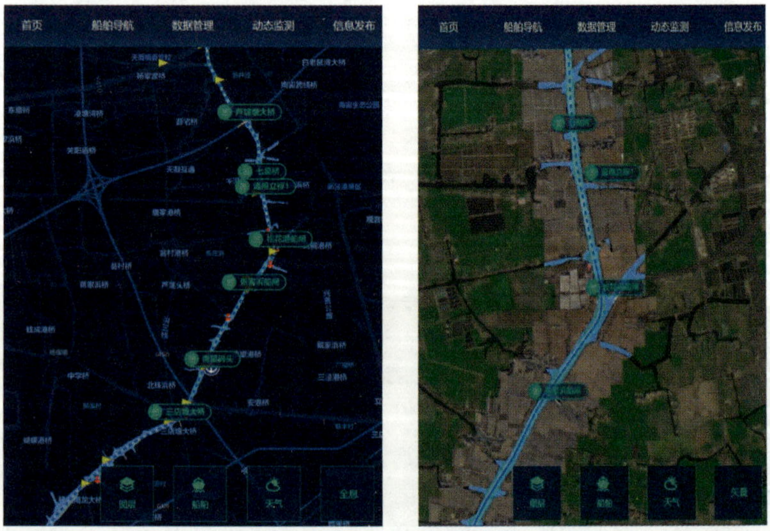

图 4-23 二/三维全息场景图界面

船舶导航模块提供了路线查询、地址关键词搜索、通用搜索、周边搜索、船舶路径规划等支持。选择船舶后，通过在地图上点选起始位置和终点位置，全息航行场景图将显示生成推荐航线、通行时间及通行里程。点击【导航】按钮，进入船舶导航页面，页面同时展示船舶航行途中的天气信息、航行信息和船舶信息，如图 4-24 所示。

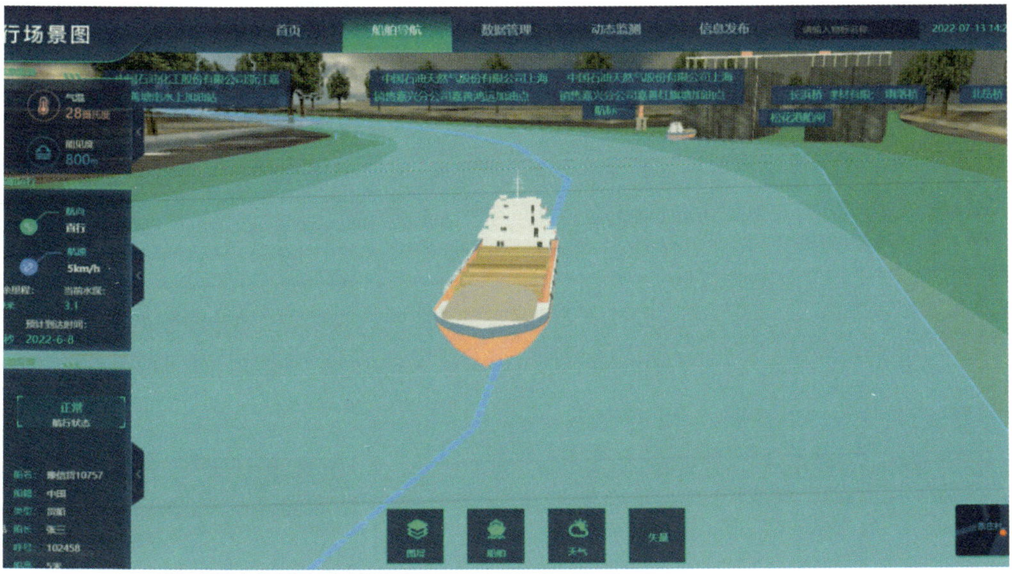

图 4-24　船舶导航功能示意图

针对内河船舶通航的典型场景，包括过桥场景、会遇场景、停泊场景，系统提供了个性化助航服务，其基本功能定义如表 4-2 所示。

表 4-2　内河典型航行场景助航功能设计

场景分类	功能设计	页面示例
过桥场景	①当船舶前方 1 km 出现桥梁时，弹出进入桥区水域提示、船舶过桥预警信息。 ②当船舶距离桥梁 500 m 时，在桥梁三维模型中标注本船水面上高度、桥梁净高、限速要求等信息，进行航速航向控制诱导。 ③当船舶经过通航孔时，除了航速航向控制诱导，还不断计算显示船舶与通航孔两侧的距离进行碰撞预警，显示船舶预计通过时间。 ④当船舶离开通航孔后，继续执行船舶航行的功能	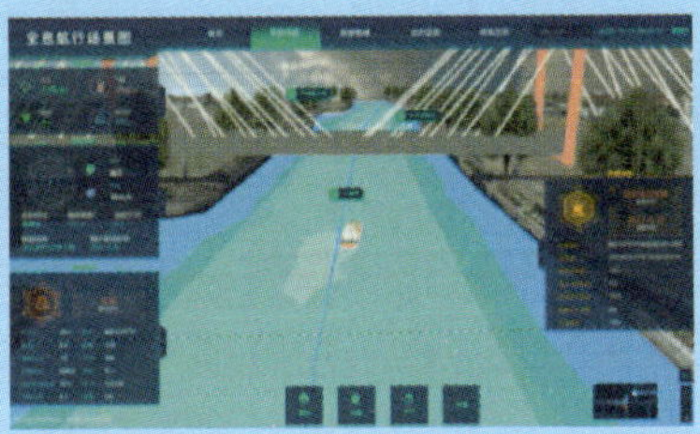

续表 4-2

场景分类	功能设计	页面示例
会遇场景	①会遇过程中自动识别他船身份(MMSI、名称、类型)、动态信息(与本船距离、相对方位等),展示本船身份。 ②判别船舶会遇类型是否为对遇局面,判定本船的避碰角色是否为让路船,为船舶提供辅助决策信息,安全领域绿色变为红色。 ③本船采取会遇预警,提示两船相对距离、相对方向、碰撞预计时间、碰撞预计距离等。如周边有摄像头等监控设备,将提供最近设备视频,提示船舶周边信息。 ④会遇完成后,调整船舶回至原有航道,继续航行,安全领域提示消失	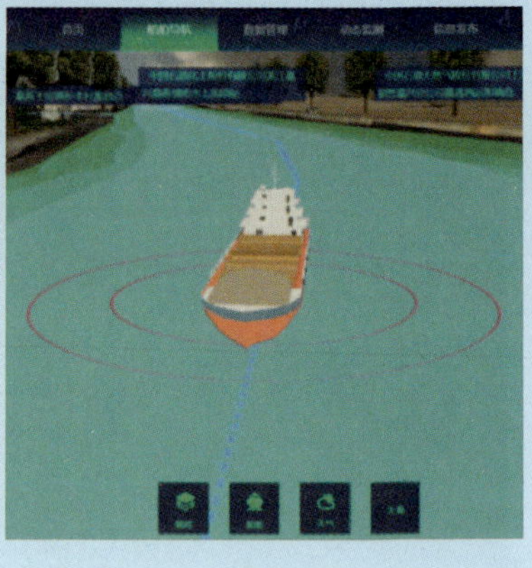
停泊场景	①在智能航行的过程中,如船舶即将到达目的地码头,提供目的港泊位数量、空闲状态等信息,并引导船舶至空闲泊位/锚地。 ②距离码头 1 km 时,高亮提示码头方位。 ③判别船舶目前是否为到达状态,提供辅助决策信息,弹出码头最近摄像头视频,展示码头实况	

航道信息数据管理模块是全息电子航道图及三维动态监测模块最重要的数据支撑,提供了基础的空间数据和动态数据,从而保证了整个系统中数据来源的唯一性、共享性和安全性。航道信息数据管理模块使不同来源、不同类型、不同尺度的空间数据得到了无缝管理,如图 4-25 所示。

全息航行场景图系统支持岸基场景与航道地形数据本地存储、阶段性维护,动态目标(船舶)数据实时传输。全息航行场景图要素分类与编码可参照《内河电子航道图技术规范》(JTS 195-3-2019)创建专题资源库,以实现对航道信息数据管理。

全息航行场景图系统的动态监测模块包括设施设备监测、水位监测、船舶定位与监测、航标监测、布控管理等内容,如图 4-26 所示。其中,系统支持不同设备类型(高清视频、卡口数据等)聚合展示,同时提供视频同步回放功能;系统支持不同颜色标识航道水深,为船舶智能航行提供支撑;系统支持手动绘制布控区域,实现内河航道精准布控管理。

图 4-25　全息航行场景图数据管理模块功能设计

图 4-26　全息航行场景图动态监测模块功能设计

信息发布模块能够实现全息航行场景图系统信息的总览，展示内容包括自然环境（气象数据、水文数据）、交通环境（船舶平均速度、船舶密度、船闸出入口流量、断面/桥梁日交通流量）、基础设施（船闸运行状态监测、航标运行状态监测、锚地运行状态监测、泊位运行状态监测、桥梁运行状态监测）、交通安全预警（历史交通事故多发地、实时交通事故/险情、预警信息）、航运管理（港口吞吐量、货运量、货物周转量、旅客周转量）、视频监控和港航信息（航道里程数、船舶数、船闸数），并以可视化方式展示数据演化趋势，为行业主管部门开展通航态势研判、航道运维管理提供支撑（如图 4-27 所示）。

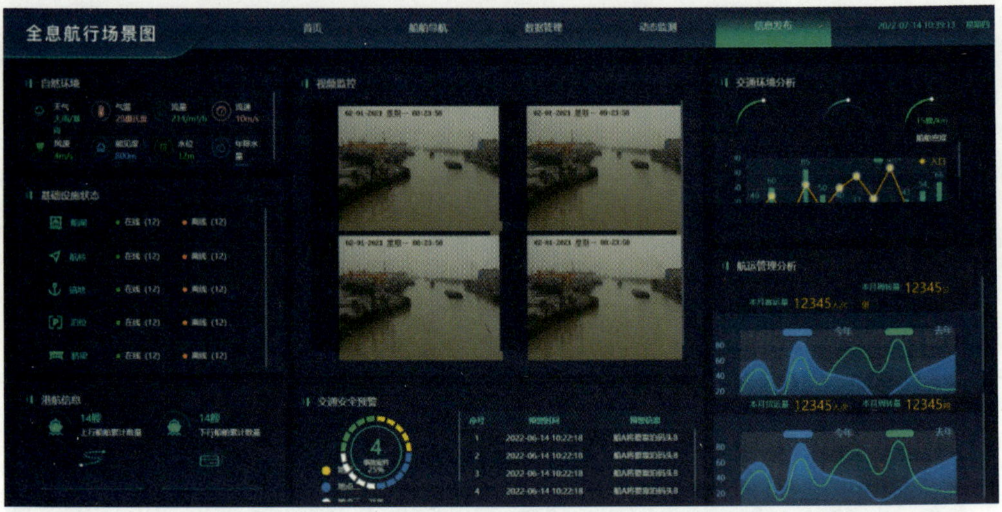

图 4-27 全息航行场景图信息发布模块功能设计

“课程思政”延伸阅读案例四：

潮涌东方——中国自主港航产业的崛起与辉煌

港口与航道，系国家经济发展的蓝色动脉，见证中华民族于海洋舞台之崛起历程。港航发展之路，波澜壮阔。

中国港口历史悠久，秦汉时已现雏形，至唐宋时，广州、泉州等港凭借航海与贸易优势，成为海上丝绸之路要冲，传播中华瑰宝，尽显华夏辉煌，于世界贸易格局举足轻重。然近代，因闭关锁国，列强入侵，港口主权沦丧，航道荒废，产业衰败，国家海洋地位一落千丈。

新中国成立后，港口与航道产业迎来转机。建国伊始，虽困难重重，建设者们仍满怀热忱修复旧港、整治航道，恢复港航基本功能。计划经济时期，围绕国家战略，产业虽发展缓慢且面临诸多问题，但也为后续发展奠定了根基。

改革开放后，如春风化雨，产业焕发蓬勃生机。深圳港由小渔村崛起，凭借地缘与政策优势，吸引投资，引入技术，迅速成为全球重要集装箱大港，彰显改革成效。上海港积极建设洋山深水港，攻克重重难关，提升国际竞争力，为区域经济发展提供有力支撑。同时，长江等内河航道借改革东风，通过整治工程提升通航能力，释放航运潜力，促进流域协同发展。加入世贸组织后，中国港口积极融入全球，拓展航线，加强合作，在世界排名中稳步上升。

迈入新时代，港航产业在新发展理念引领下蓬勃发展。智慧港口建设成效显著，上海洋山深水港四期自动化码头以先进技术实现无人化、智能化作业，引领行业潮流。绿色发展理念贯穿始终，港口推广清洁能源，航道注重生态保护，打造绿色名片。服务国家战略方面，“一带一路”倡议下，沿海港口加强国际合作，中欧班列与港口联动，推动贸易增长与区域合作。长江经济带战略推动沿江港口整合优化，智慧航道提升服务水平，成为高质量发展重要支撑。

如今，我国港口与航道产业全球地位举足轻重，多港获国际赞誉，集装箱吞吐量领先。展望未来，将继续创新驱动、绿色发展，提升智能化水平与服务质量，深度融入全球发展，服务国家战略，推动区域经济一体化发展，迈向世界一流，为民族复兴贡献力量，续写辉煌篇章。

（“课程思政”延伸阅读案例部分内容参考大语言模型“豆包”相关检索结果）

本章思考题

1. 数字生态设施的内涵与基本构成要素有哪些？技术特征及发展趋势是什么？
2. 绿色智慧港口建设的关键技术包括哪些？
3. 现有的枢纽通航运行系统发展面临的主要挑战体现在哪些方面？
4. 全息航行场景图与内河电子航道图的差异是什么？

参考文献

[1] 严新平，李晨，刘佳仑，等. 新一代航运系统体系架构与关键技术研究[J]. 交通运输系统工程与信息，2021，21(5)：22-29+76.

[2] High-level Advisory Group on Sustainable Transport. Mobilizing Sustainable Transport for Development [R]，October 2016.

[3] 中华人民共和国交通运输部. 关于加快智慧港口和智慧航道建设的意见[Z]. 北京：中华人民共和国交通运输部，2023.

[4] 李学祥. 内河智慧航道发展研究[J]. 中国水运，2023(7)：15-19.

[5] 李学祥，刘怀汉. 长江航道关键技术研发进展综述[J]. 中国水运，2023(1)：93-95.

[6] 刘欣怡. 我国内河生态航道建设发展研究[J]. 工程技术研究，2017(1)：249-250.

[7] 倪晋仁，刘怀汉，谷祖鹏. 长江“黄金航道”整治技术研究与示范[J]. 中国环境管理，2017，9(6)：112-113.

[8] 李明，刘怀汉，刘奇. 长江生态航道理论与技术进展及展望[J]. 水道港口，2023，44(6)：917-923.

[9] 李天宏，丁瑶，倪晋仁，等. 长江中游荆江河段生态航道评价研究[J]. 应用基础与工程科学学报，

2017,25(2):221-234.

[10] 刘庆,王成成.超级电容器对航标能源发展的影响[J].交通节能与环保,2016,12(3):38-40+48.

[11] 徐雪鸿.透空格栅鱼巢结构制作工艺及其在武安段航道整治中的应用[J].中国水运,2020(11):85-87.

[12] 毛战坡,王雨春,彭文启,等.筑坝对河流生态系统影响研究进展[J].水科学进展,2005(1):134-140.

[13] 卢林,李文杰,万宇,等.气泡帷幕对爆破冲击波的削减效果及鱼类安全防护研究[J].水运工程,2024(1):8-14.

[14] 李天宏,薛晶,夏炜,等.组合赋权法-木桶综合指数法在长江生态航道评价中的应用[J].应用基础与工程科学学报,2019,27(1):36-49.

[15] 伊青,方佳敏.长江航道整治工程通航安全及防污染措施——以武安段戴家洲右缘护岸加固工程为例[J].中国水运(下半月),2021,21(8):74-76.

[16] 王云飞,郑俊杰,李世健,等.航道整治工程江豚临时庇护所建设效果分析[J].水道港口,2022,43(3):390-395.

[17] Maritime and Port Authority(MPA),Singapore. Maritime Singapore Decarbonisation Blueprint: Working Towards 2050[R]. Singapore,2022.

[18] 陈洁敏,李文斌.新加坡绿色港口建设经验及对深圳港的启示[J].交通与港航,2022,9(6):86-91.

[19] 杜伟,王艳明,田腾,等.我国已建集装箱码头零碳转型路径研究与实践[J].水道港口,2024,45(2):264-270.

[20] 中华人民共和国交通运输部.绿色港口等级评价指南:JTS/T 105-4-2020[S].北京:中华人民共和国交通运输部,2020.

[21] 齐俊麟,陈冬元,李然.三峡—葛洲坝梯级枢纽通航二十年创新发展与实践[J].中国工程科学,2023,25(1):155-166.

[22] 吴澎,刘春泽,李明泽,等.长洲枢纽既有船闸和扩建船闸的通过能力分析[J].水运工程,2023(8):56-62.

[23] 郑雄韬,吴雅萍,周慧.五级运行闸次排序对三峡船闸上行过闸效率的影响[J].水运工程,2020(2):42-44+66.

[24] 齐俊麟.三峡—葛洲坝船闸通过能力分析及扩能工程对策[J].船海工程,2019,48(3):169-174.

[25] 章稷修,敖腾,梁粤.全国内河电子航道图推广应用对策研究[J].中国水运,2024(3):46-48.

[26] 刘灿由,翟京生,陆毅,等.新一代电子航海图标准S-101结构分析[J].海洋测绘,2013,33(1):76-79.

第 5 章

可靠岸基支持与驾控中心

5.1 概述

本章按照船岸通信、岸基支持、岸基中心、远程驾驶台四个主要部分，介绍岸基支持与驾控中心的核心组成，分析如何从上述各个方面保障"远程驾控为主、岸基值守为辅"的工作可靠性。实现人机共融前提下的岸基驾控，是船舶突破其现有效率与安全瓶颈的重要手段，它允许岸上的驾驶人员通过先进的远程通信技术，实时接收并处理来自船舶端的各类环境参数、船舶运动状态等关键信息。这些数据不仅为驾驶人员提供了全面的态势感知能力，还为他们提供了精准的分析基础，以便在岸基驾控中心内执行精准的操控指令，这些指令随后会被迅速传输至船舶端，直接作用于船舶的航行控制系统中，实现远程对船舶运动的精确调控。

5.2 可靠岸基支持总体发展

国内外多家企业、科研机构，都在积极研发岸基驾控中心相关技术，不少机构将此类技术看作原有船队运营管理系统的延续。如图 5-1 所示，岸基管理系统可以分为数字化运营管理和远程驾控两个主要组成部分，各自侧重于不同的业务内容，通过船岸之间、船船之间的网络通信和信息交互，旨在达成"人-船-岸-云"的高度协同，提高船舶整体效能和降低运营成本。

- 岸基航运系统及设备
  - 数字化运营系统
    - 上海船研所 DOSS
    - 三星重工 VPS 船舶门户服务系统
    - 瓦锡兰 PMIS
    - 陆海科技船岸综合信息系统
  - 远程驾控系统
    - 劳斯莱斯 MTU NautIQ CoDirect
    - ABB Ability™船舶领航控制系统
    - 三星重工船用 360 度全景式监控影像系统
    - 武汉理工大学基于“航行脑”的远程驾驶系统

图 5-1　典型的岸基航运系统及设备

随着感知技术、控制算法、通信技术和人工智能等前沿科技的持续进步，远程驾驶与自主航行技术日益成熟，数字化运营与远程驾控系统也开始深度融合。值得注意的是，内河、沿海与远洋等不同水域环境因其独特的通信条件和通航复杂性，在技术应用路径上展现出显著差异，但共同面临着船岸链路不稳定、操控难度增加、航道繁忙等挑战。因此，建立稳固的组织架构，强化技术保障，成为推动人机共融船岸协同驾控系统发展的关键。

为实现这一目标，需构建一个包含船员、船载智能系统与岸端驾控中心在内的紧密互动框架，通过优化算法设计，减少对通信链路高可靠性和大带宽的依赖。同时，加速研发远程驾控与自主航行成套装备，促进岸基人员、辅助导航设施、船载智能值守系统及船员之间的无缝协作与相互备份机制，确保在极端情况下（如船端指令丢失或错误）也能保障船舶航行安全。

在远程驾控领域，英国劳斯莱斯公司的自主船舶导航指挥系统和无线远程掌舵系统，无疑是行业内的佼佼者。这些系统通过先进的通信技术，实现了岸基对船舶的远程指挥与控制，为自主航行的实现奠定了坚实基础。2018 年，英国劳斯莱斯公司与芬兰渡轮公司在芬兰图尔库市以南群岛展示了搭载该系统的全球首艘无人驾驶渡轮，总长 53.8 m 的“Falco”号船。它在世界媒体的关注下，完成了远程指令下的无人驾驶航行，并在遥控操作下顺利返航。如图 5-2 所示，该船搭载了多种传感器，其中包括 CCTV 的感知阵列、GPS 和雷达等。它在两个岛之间实现了 8 个点的寻迹航行，自动规避部分障碍物（例如前方来船等），回程的时候实现了岸基远程操控。这是最早运用远程驾驶实现船舶智能航行场景的探索。

此外，如图 5-3 所示，武汉理工大学研发的基于“航行脑”的远程驾驶系统，展现了我国在航运科技领域的创新能力。该系统通过深度融合人工智能、大数据等先进技术，于 2021 年 12 月在繁忙的长湖申线运河水域，实现了千吨级货船的自主航行与岸基驾控，为航运业的未来发展开辟了新的道路。

图 5-2　无人驾驶渡船“Falco”号

图 5-3　基于“航行脑”的远程驾驶系统

在数字化运营系统方面，由于该系统能更快地改善船队经营效益，长期以来得到了更多关注。韩国三星重工的 VPS 船舶门户服务系统，聚焦于船舶维护与运营效率的提升，能够实时监测船上设备的运行状态，利用大数据分析预测潜在故障，并通过远程技术支持快速响应，有效缩短了船舶维修周期，确保了航行安全。

上海船舶设计院研发的 DOSS 数字化营运支持系统，更是为航运业带来了全方位的数字化解决方案。该系统覆盖了船端、岸端及移动端，通过精准的数据分析与优化算法，不仅显著降低了船舶的燃料消耗，还极大地提升了营运的安全性和效率，为航运企业实现绿色、高效运营提供了强有力的技术支持。

大连陆海科技有限公司的船岸综合信息系统，则进一步强化了岸基对船舶的实时监控与管理能力。该系统能够实时获取船舶的导航设备信息、机舱集控信息等关键数据，为船舶的航次计划、航行安全等提供全面支持，实现了船舶运营管理的智能化与精细化。

德国 Siemens 公司开发了包含岸基解决方案的船舶管理系统集成平台，可综合分析与集成船舶运营相关数据，为船东和运营商提供经济高效的船舶管理方案。韩国现代集团与埃森哲公司合作推出的智能船舶平台，构建了收集分析利用船舶大数据的环境，并运用大数据为用户提供全价值链船舶运营优化服务。中国船舶集团有限公司推出的船用智能集成平台，能够通过汇集船舶航行、机舱、能耗等实时监控信息，实现船舶的自主分析、评估、预测、决策优化。上述岸基数字运营系统的通常架构如图 5-4 所示。

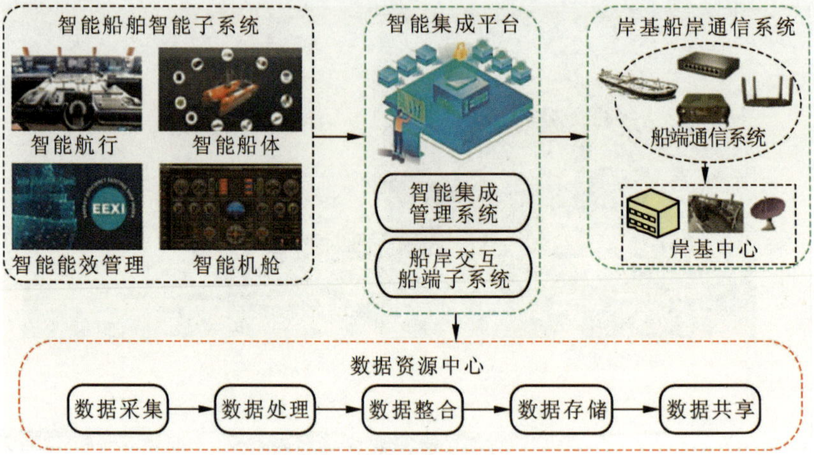

图 5-4 岸基数字运营系统架构

5.3 船岸通信网络

船岸链路，是实现岸基数字运营管理、岸基驾控的基石。当前，海上通信主要依赖海事卫星和岸基基站，但这些方式在通信速率、延迟和可靠性方面存在局限，难以满足日益增长的需求。未来 6G 网络预计将提供更全面的覆盖，包括卫星、空中、地面和海上的全域覆盖，以应对复杂的海上环境和多样化的海上服务需求。

关键技术的发展主要集中在提高传输效率、扩大网络覆盖范围和提升信息服务能力三个方面。传输效率的提升可以通过优化信号处理技术和采用更高效的调制解调方法来实现。网络覆盖的扩大则依赖星地协同网络的发展，这种网络结合了卫星和地面基站的优势，能够提供更广泛的服务，如图 5-5 所示。信息服务能力的提升则涉及大数据和人工智能技术的应用，以提供更个性化和智能化的服务。

星地协同智能海洋通信网络的发展展望包括环境感知智能传输、星地协同动态组网和业务驱动资源分配等方面。环境感知智能传输利用海上气象、海面波动等信息来优化通信参数，提高传输效率。星地协同动态组网则是通过动态调整卫星和地面基站的资源，以适应不断变化的海上通信需求。业务驱动资源分配则是根据具体的业务需求来动态分配网络资源，以提高服务质量和效率。

在船岸通信网络的关键技术中，多模态通信技术是其中之一。通过结合无线射频和光通信技术，可以提升数据传输速率和网络覆盖范围。无线射频通信技术在船岸通信中应用广泛，但由于其频率资源的有限性和海上环境的复杂性，其通信质量和数据传输速率受到一定限制。而光通信技术具有高频段、大带宽、低损耗等特点，可以有效提升数据传输速率和网络覆盖范围。

另一个关键技术是信道建模。由于海洋环境的特殊性，多径效应、海洋噪声等对通信信号的影响较大。准确的信道建模能够有效提升通信系统的性能，通过模拟和分析信道特性，可以优化通信系统的设计。

此外，调制和编码方案也是船岸通信网络的关键技术之一。采用高级的调制和编码技术可以增强信号的抗干扰能力和传输效率。通过合理的调制和编码方案，可以提高信号的传输质量和传输效率，从而提升船岸通信网络的性能。

无线电资源管理也是船岸通信网络的关键技术之一。通过优化无线电资源的分配和调度，可以提高网络的整体容量和效率。合理的无线电资源管理可以避免频率干扰和信道拥塞，从而提高通信质量和数据传输速率。

除此之外，随着物联网技术的发展，船岸通信网络还可以通过"物联网"实现船舶与水下设备的智能连接。通过物联网技术，可以实现船舶与水下设备之间的数据采集、传输和智能控制，进一步推动船舶行业的信息化和智能化。

总体来说，船岸通信网络的发展需要综合考虑技术创新、网络架构优化以及与现有系统的兼容性等多方面因素，以实现高效、稳定、安全的通信服务。通过不断推动船岸通信网络技术的发展，可以满足日益增长的海洋活动对通信质量和数据传输速率的需求，进一步推动海洋经济的快速发展。

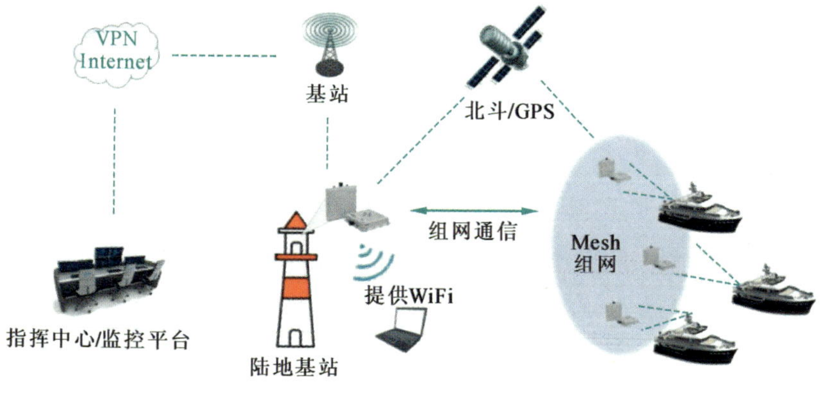

图5-5　船岸通信网络发展关键技术

5.3.1　发展现状

新一代航运系统船舶通信主要分为岸基移动网络、船舶卫星网络和船舶无线网络三种主要接入形式。

(1)岸基移动通信网络

在近海内河航道,船舶通过与陆地的移动通信基站建立连接,将陆地通信网络扩展至水域,实现高吞吐量、高稳定性与低成本的通信服务。目前,岸基移动网络通信技术主要基于全球微波接入互操作性(World Interoperability for Microwave Access,WiMAX)技术和4G移动通信主流标准(Long Term Evolution,LTE)技术去构建。

新加坡TRITON项目网络在5.8 GHz频段上运行,采用WiMAX结合IEEE 802.16 Mesh模式和802.16e Ad Hoc设计,通过路由与中继不同船舶间的流量,连通各个网络节点,有效解决了海浪摇摆和物理遮挡导致的路由路径失败问题。然而,该网络对中继节点的密度有较高要求,仅适用于节点密集的区域。全球首个海上LTE网络利用LTE为海上平台提供稳定的高速数据通信服务,但其服务范围仍受时域空域限制。中国青岛基于TD-LTE海上网络在2.6 GHz频段上提供改进型宽带服务,其数据吞吐量和覆盖范围均得到显著提升。上述技术多依赖无人机、飞艇和灯塔等海上基站,采用多跳中继的通信手段增加通信覆盖距离。

(2)船舶卫星通信

船舶卫星通信技术,以其全球覆盖能力,为远洋航行的智能船舶提供了基于宽带的通信解决方案。传统卫星通信依托地球静止轨道(Geostationary Earth Orbit,GEO)和中地球轨道(Medium Earth Orbit,MEO)卫星,其中GEO卫星移动通信系统第四代Inmarsat(Inmarsat-4)网络能够提供接近492 kbps的网络服务,而第五代海事Global Xpress(GX)系统利用Ka频段的三颗Inmarsat-5卫星提供更广泛的服务。我国的天通一号作为本土的GEO卫星移动通信系统,覆盖亚太地区,并通过S频段实现用户间通信。北斗短报文系统则基于B频段链路开展有限文本通信业务。

为满足低延迟、高服务质量海上传输数据业务需求,低地轨道(Low Earth Orbit,LEO)卫星通信系统得到了迅速发展。铱星系统(Iridium)通过66颗相互连接的LEO卫星实现了全球覆盖,提供的服务数据速率达到4.7 kbps。全球星系统(Globalstar)则通过其52颗LEO卫星,提供全球性的数据和语音服务。现有船舶卫星通信技术面临的主要挑战有卫星链路信号传播延迟大、复杂水域环境对通信稳定性有影响及可靠性弱等。

(3)船舶无线网络通信

现有无线网络通信技术有基于中频(Medium Frequency,MF)、高频(High Frequency,HF)和甚高频(Very High Frequency,VHF)的无线网络通信技术和基于移动自组织网络(Mobile Ad-hol Network,MANET)的无线网络通信技术等。

长期以来,基于MF、HF和VHF的通信技术作为主流船舶通信手段,提供多样化服务。NAVDAT系统在HF频段的495～505kHz下传输气象、水文和航道信息。PACTOR系统在HF频段上采用时分双工方式通信。AIS系统在161.975 MHz和

162.025 MHz 两个 VHF 频段上，通过周期性广播船舶基本信息来提供识别和定位服务。甚高频数据交换系统(VDES)在 25 kHz、50 kHz 和 100 kHz 频段下，通过自适应编码和调制提供多信道通信服务。Telenor 系统在 VHF 频段提供挪威及国际水域的数字无线电服务。数字选择性呼叫系统(Digital Selective Calling,DSC)用于海上船舶的遇险呼叫。上述无线网络通信技术都基于窄带通信，存在通信时延高、传输带宽低和传输稳定性差等问题。

随着全球航运量的增长，为解决传统船舶无线网络传输效率低下及卫星网络通信成本高昂的问题，MANET 被逐步引入智能船舶领域，其通过无线终端间的动态路由和移动性管理技术实现网络的动态维护。通过利用船舶上现有的 VHF 通信基础设施可以构建船间 MANET。MANET 可支持船队多船间临时网络通信服务，减少缺乏核心网支持对船队内局部通信的限制。

表 5-1 给出了已有主流船岸通信网络相关详细信息介绍，在内河航行中，船舶通常接入岸基移动网络使用高带宽和广覆盖范围的通信服务；在沿海地区，船舶可根据通信质量，灵活切换岸基移动网络和卫星网络，确保通信连续性和稳定性；对于远洋航行，卫星网络成为首选通信方案。随着近年来船队编组运营需求的上升，MANET 也成为重要的补充方案。

表 5-1　已有船岸通信主流网络

通信网络	系统	支持业务	网络带宽	通信范围
岸基移动网络	TRITON 工程	视频、实时回传导航数据	6 Mbps	离岸 27 km
	离岸 LTE 网络	语音、视频监控数据上传、无线集群通信	上行 1 Mbps 下行 2 Mbps	离岸 20～50 km
	TD-LTE 试用网络	提供宽带通信	7 Mbps	离岸 30 km
船舶卫星网络	Inmarsat-4	语音、电传、视频和互联网	492 kbps	全球覆盖
	Global Xpress	NICAM 电话、宽带上网、视频会议和远程维护	下行 50 Mbps 上行 5 Mbps	全球覆盖
	北斗卫星短报文系统	支持定位、导航的短报文通信	区域 233 bps 全球 9.3 bps	全球覆盖
	天通一号	语音、短信、数据及视频回传	9.6 kbps	亚太地区覆盖
	Iridium	移动语音、数据、传真以及消息	4.7 kbps	全球覆盖
	Globalstar	语音、通信服务	38 kbps	全球覆盖

续表 5-1

通信网络	系统	支持业务	网络带宽	通信范围
船舶无线网络	NAVDAT	更新电子海图、气象传真图、VTS等数据	12～18 kbps	半径 648 km
	PACTOR	提供文本通信服务	14.4 kbps	半径 4000～40000 km
	Telenor	提供水上数字无线电业务	43.2 kbps	半径 20 km
	VDES	提供多种频段、强兼容性的通信服务	9.6 kbps	半径 92.6 km
	DSC	发送、接收遇险船舶的求救信号	MF/HF:100 bps VHF:1.2 kbps	MF/HF:370.4 km VHF:7.04 km
	AIS	更新船舶、岸台和海事主管等信息	9.6 kbps	半径 37 km
	MANET	提供鲁棒性强的宽带船船通信	30 Mbps	范围约为 40 km

5.3.2 发展需求及趋势分析

船岸通信网络技术发展主要面向新一代航运系统未来船舶远程驾控和自动靠离泊应用场景需求，实现船舶操作与管理高度自动化，并支持远程监管。在传统海事通信业务和未来船舶智能航行与智能运维混合通信业务的基础上，船岸通信网络提供了实时高速的数据传输平台，能够确保岸基控制中心与船端之间的通信畅通，实现岸基驾驶员对船舶的远程监控和操作。上述船岸远程通信应用场景引申出未来船舶对新一代船岸通信网络高可靠、低时延、高速率的性能需求，对提升船舶通信的效率和安全性，提高船舶操纵的效率和精度，降低人为操作的风险有着重要意义。

新船岸通信网络需要网络状态监测、智能动态路由、链路聚合、网络安全等项功能予以支持。其中多网融合是船岸通信网络发展的典型特征。多网融合通信技术架构可根据实时网络状况自动调整通信参数，优化网络性能，并通过高级协议转换与漫游切换技术，实现了网络间的无缝集成。此外，通过智能化的传输策略调整和数据路径优化，架构能够根据不同网络环境的需求灵活应对，有效避免网络拥堵和服务中断。基于船舶配备的导航设备和传感器，采用多船协同网联化的群体智能方案，实时监测环境变化并智能调整定位策略，可实现船舶航行过程中的编队航行控制和动作协调。通过远程控制和自动操作，船舶可以准确地停靠在指定位置，并安全地离港。通过船岸通信网络云端数据集成与算力优势，能够支撑大数据处理及大模型网络学习架构部署，为岸基驾驶员及船长提供准确的航行决策辅助信息及全航程全生命周期远程运维监控服务。

虽然表 5-1 中已有主流船岸通信网络为船岸通信网络的功能升级奠定了基础，但是受限于各不同类型网络的传输性能、软硬件稳定性、网络协议均有较大差异，船岸通信网络的技术方案演进过程中将面临以下三大问题：

（1）传输时延问题

感知和控制信息在通信网络中传输时的路由机制使信息的传输路径不确定，同时复杂网络情况下的数据链路可用性也受通信协议、软硬件稳定性影响而难以预测，上述因素使得船端连续数据到达岸段控制中心的端到端网络时延与数据包到达顺序不具备可控性，远程驾驶员所收到数据信息时效性与可信度都将受到影响。

（2）数据丢包问题

因为网络信号不绝对稳定、网络节点的缓冲区容量和路由器处理能力有限，加之网络负载状况是不确定的，所以通信网络工作时会引起缓冲区流出和路由器拥塞等问题，这些问题会导致信息传输出现数据包随机和突发的丢失，影响到远程驾驶员所收到数据信息的完整性。

（3）网络安全问题

基于公共商用网络的船岸网络可能会遭遇通信设备软硬件漏洞缺陷或网络安全等问题。一方面，各类基础通信网络自身信息安全防护能力水平极不均衡，极易造成单点通信风险漏洞。另一方面，船载不同核心业务间如缺乏足够的虚拟侧/物理侧网络资源隔离，极易产生业务间数据通信串扰故障，增加全船系统失控风险。

通过解决上述船岸通信网络基础问题，未来船舶系统可通过船载传感器实时收集船舶的状态数据，包括但不限于位置、速度、航向、发动机状态等，并通过数据处理单元进行分析和处理。岸基人员可实时监控船舶状态，并通过先进的算法对潜在的风险进行评估和预警，实现远程监控与预警。同时，基于船岸通信网络的云端智能决策支持平台可通过分析历史数据和实时数据，为船舶提供最优的航行建议，包括航速调整、航线规划等，以提高航行效率和经济性。

5.3.3　基于链路聚合的船岸通信网络关键技术

复杂通信环境下的多网信息融合技术体系（图 5-6）能够在船岸通信网络中，借助可支持 4G、5G，北斗卫星，AIS、VHF/UHF 自建数传电台等多种通信网络接入的通信融合管理设备，允许船舶在数据传输过程中灵活选择并切换使用不同网络，从而为各类场景提供“远-近互补覆盖，快-慢协同传输，疏-密搭配接入，新-老互为备份”的可靠网络通信服务。基于链路聚合的船岸通信网络关键技术能够提高通信效率、保证信息传输质量，也可以缓解单一网络中可能出现的通信中断问题。在复杂的沿海内河航运环境中，可能存在电磁干扰、信号受阻、信号遮蔽等多种情况，应确保船舶在不同网络条件下都能够保持良好的通信质量和体验。

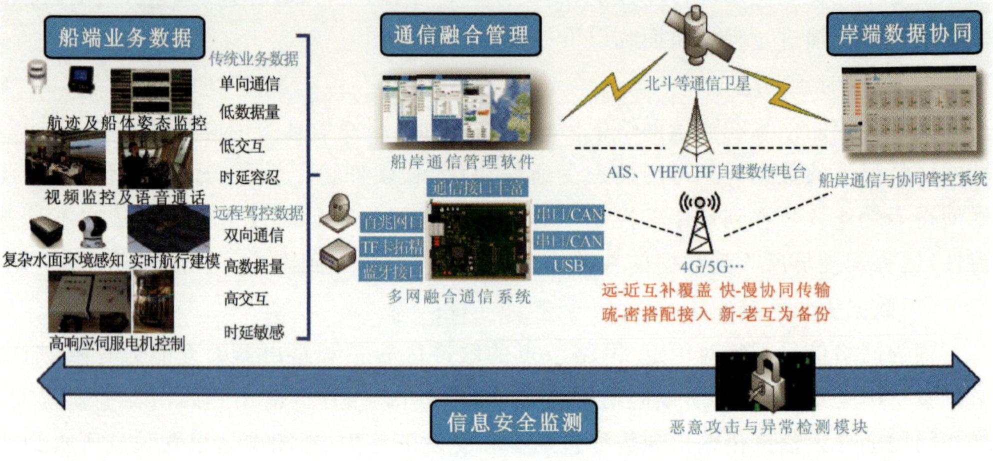

图 5-6　船岸通信网络多网融合关键技术体系

(1)远-近互补覆盖

为实现不同船岸通信网络覆盖范围远近互补，提高融合网络整体服务范围，下述网络核心技术被视为多网融合关键技术体系的重要组成部分。

①协议转换技术

在沿海内河船舶中，移动通信网络、卫星通信网络(如北斗短报文)、船舶无线网络(如 AIS)等通信网络之间的通信协议不尽相同，但是通过协议转换技术，可以将这些协议进行转换，实现多网络之间的无缝对接。由此，不同通信网络之间的信息可以通过统一的协议进行传输，从而实现多网络之间的互补和优化。

②漫游切换技术

在移动通信网络中，漫游切换技术可以让沿海内河船舶在不同的通信覆盖范围内进行平滑切换，从而实现网络频繁切换的无感知。当船舶在一定区域内移动时，可以先通过运营商主网连接到基站进行通信，而当船舶进入另一个运营商的网络范围时，利用漫游技术可以快速切换到该运营商的网络范围内继续通信。

(2)快-慢协同传输

不同通信网络之间的传输速度和时延不尽相同，如何实现快-慢协同传输是多网络融合中的一大难题。基于此，可以采用以下网络关键技术。

①数据压缩技术

在卫星通信网络中，由于传输距离较远，传输速度较慢，因此需要对数据进行压缩和优化。例如，通过采用数据压缩算法等可以将多个小文件合并成一个大文件进行传输，可以大幅降低传输成本和时间。此外，还可以采取数据优化技术，如大数据分包传输、减少传输频次等。

②动态路由技术

动态路由技术是指在多网络融合中，自动根据不同网络之间的状况，进行动态路由优化和切换。例如，当一些数据需要进行多次重传时，可以采用动态路由技术，在不同网络之间切换，从而提高数据的传输效率。

(3)疏-密搭配接入

新一代船岸通信网络应用场景中，不同水域的网络用户数量具有显著差异。在进出港码头及繁忙航道水域，网络的船舶接入数量显著高于其他区域。同时，由于不同网络的单位区域最优接入密度差异显著，例如 4G、5G 等岸基通信网络由于工作频段较宽，适宜高密度分布用户密集接入，但需要更高的基站布建密度从而大幅提升了网络基建成本；而卫星通信等手段虽然无法支持单位面积区域内用户同时大量接入使用，但是地面站单站点覆盖范围广，网络基建成本较低。因此，如何合理搭配并发挥不同网络的最佳接入密度优势，实现疏-密搭配接入，主要借助以下多种关键技术。

①信道共享技术

信道共享技术可以将不同的网络信道进行共享，从而实现不同网络之间的单信道并行传输。例如，通过将 AIS 和 VHF 等调频通信网络信道共享，可以有效提高网络频谱的利用率，允许船舶在不同区域通过相同频段使用不同接入网络进行通信。

②终端多模技术

终端多模技术是指在沿海内河船舶的多网融合通信工程设备中，同时集成多个通信模块，可以不受时间和空间限制，实现不同网络之间的自由切换和接入。通过终端多模技术，实现疏-密搭配接入的最优化选择。

(4)新-老互为备份

在船岸通信网络中，受限于海事监管法规要求，部分传统窄带中高频通信网络设备必须强制加装，以满足紧急事故状态下的最低应急通信保障需求。在常规作业状态下，这些网络通信带宽较小、速率较慢的中高频通信网络因其极高的可靠性，依然可以被多网融合集成调用，以作为 4G、5G 及卫星等大容量高速网络的可靠同步备份。提高融合网络的综合可靠性和安全性，主要借助以下多种关键技术。

①冗余备份技术

冗余备份技术是多网络融合的常用技术，可以通过在不同网络之间备份实时数据，从而保证数据安全和可靠。例如，在沿海内河船舶，通过将数据同时备份到移动通信网络和卫星通信网络中，实现数据的双重备份，避免单网络故障。

②分层网络架构技术

分层网络架构技术是多网络融合的有效手段,可以对不同网络分层进行管理和组织,实现网络的分层管理和故障自愈。例如,在沿海内河船舶中,可以通过分层网络架构技术,将移动通信网络、卫星通信网络(如北斗短报文)等通信网络进行分层划分,分别进行托管和管理,实现网络信息分层安全。

随着这些关键技术的不断发展和完善,基于链路聚合的新一代船岸通信网络将在未来海洋事业中发挥重要作用。通过提供高效、可靠的数据传输通道,船岸通信网络将为海洋经济的快速发展提供有力支持,同时也将为船岸通信领域带来更多的创新和突破。

5.4 岸基支持

5.4.1 气象洋流预报

岸基支持系统通过为船舶提供气象洋流预报和航线推荐,可以有效节省船舶能耗,并减少航行时间。当前,最新的气象洋流预报不仅能够提供精确的风速、风向、海浪高度等数据,还能够预测海洋表面的流动模式。这些信息对于规划最佳航行路径至关重要,因为合理的路线选择可以最大限度地利用有利的海流条件,减少逆风或逆流造成的额外阻力。此外,准确的天气预报有助于船舶避开恶劣天气海域,如热带风暴或强风区,从而保障航行安全,同时降低因天气引起的延误风险,确保货物按时到达目的地。基于上述预报信息,各类计算机辅助决策算法能够综合考虑航程长度、预计耗油量以及可能遇到的天气状况等因素,计算出最优航线,不仅能够显著减少能源消耗,降低运营成本,还能够减少温室气体排放,符合全球航运业致力于减少环境污染的目标。此外,动态调整航线的能力还能根据最新的气象更新进行即时修正,确保始终遵循路径最经济有效的原则。

例如,各大商船公司常用的 HiFleet 工具包,可以为船舶提供气象导航服务,并分析航速和油耗数据,帮助船舶在复杂多变的交通流和风流变化中选择最优航线。航线推荐系统则利用这些预报数据,结合船舶的性能参数和实时位置,为船舶提供最优航线建议。这些建议包括避开恶劣天气区域、利用有利的洋流和风向等,以实现燃油的最优化使用。HiFleet 的航线优化服务已经证明可以在实际航行中节省燃油超过 3%,在典型跨洋航行中,甚至可以缩短航行时间超过 30 h。

此外,智能船舶的远程驾驶还涉及船舶运动控制及自主航行决策的研究。船舶运动建模是远程驾驶的基础,它涉及船舶在各种工况和环境因素下的运动响应。通过构建非线性运动模型,可以更准确地预测船舶在不同海况下的行为,从而为远程驾驶提供支持。

总之，智能船舶的远程驾驶控制技术通过结合气象洋流预报和航线推荐，不仅能够提高航行的安全性和效率，还能够显著降低运营成本和环境影响。随着技术的不断进步和应用的深入，预计未来智能船舶将在全球航运业中扮演越来越重要的角色。

5.4.2　远程诊断运维

智能航行与远程控制技术在海上船舶中的应用，极大地扩展了传统操作模式的边界，使岸基支持成为了保证航行安全与效率的重要环节。尤其是在设备的远程诊断与运维方面，岸基中心能够实时监测船载系统状态，并迅速响应潜在故障，确保船舶在复杂多变的海洋环境中持续稳定运行。船舶装备包括发动机、导航系统、电力供应装置以及其他关键组件，其性能直接影响到航行的安全性和经济性。传统的维护方式依赖于定期检查与维修计划，然而这种方式难以及时发现并解决突发性故障。相比之下，远程诊断技术通过安装在船上设备上的传感器网络，持续收集与分析数据，能够对机器状态进行实时监控，及时发现潜在问题。这种预防性维护策略有效减少了非计划停机时间，提高了设备的可用率，进而增强了远程控制下的整体运营效率。

更重要的是，岸基运维中心能够利用大数据与人工智能技术对收集的数据进行深入挖掘，识别设备运行模式中的异常趋势，及时采取措施防止小故障演变成大问题。例如，通过分析发动机振动频率的变化来评估发动机磨损程度，或者监测电力系统的电流波动以预判短路风险。此类高级分析能力不仅限于单个设备的健康状况评估，还能对整个系统的协调运作提供指导建议，确保各部分之间的工作匹配度达到最优状态。

此外，在发生紧急情况时，岸基专家可通过高带宽的通信链路直接介入，执行远程修复工作，甚至直接接管船舶的控制权以应对突发事件。这样的机制在避免重大事故的同时，也减轻了船员的压力，使其能够专注于驾驶和其他重要任务。与此同时，通过记录故障处理过程中所采取的步骤与结果，形成宝贵的知识库，为未来类似情况提供参考依据，促进知识积累和技术进步。总而言之，借助设备远程诊断与运维技术的支持，智能航行和远程控制下的海上船舶能够在复杂多变的环境中保持高水平的可靠性与灵活性。

5.5　岸基驾控中心

5.5.1　岸基驾控中心核心功能组成

如图 5-7 所示，岸基驾控中心作为中枢，不仅负责船舶在航期间的所有驾驶控制任务，还对整个航运过程进行全方位的监控与管理，确保在任何紧急情况下都能迅速介入并采取有效措施。同时，船东和海事监管机构也能通过移动终端或特定的第三方平台，实时访问并获取船舶的运行状态信息。

岸基驾控中心是船舶“岸基驾控为主、船端值守为辅”航行模式的核心组成部分，其功能涵盖了航行综合监控、远程操控、安全监控、应急响应、能源管理、通信平台、智能决策支持、数字化运维以及港口物流协调等多个方面。首先，中心通过综合监控平台实现对船舶的实时管理，包括位置、速度、航向等数据的监控和异常状况下的调度。与此同时，远程操控系统使岸基操控员能够在需要时接管船舶的航行控制，进行如避碰和靠港等复杂操作。安全监控与预警系统则通过大数据分析和智能算法，持续监测潜在的航行风险，如恶劣天气、障碍物和航道冲突，确保航行安全。应急响应机制保证在紧急情况下，岸基中心能够快速协调救援并提供技术支持，而能源管理与环境监测功能可以实时追踪船舶的能耗和排放水平，确保合规性与环保目标的实现。

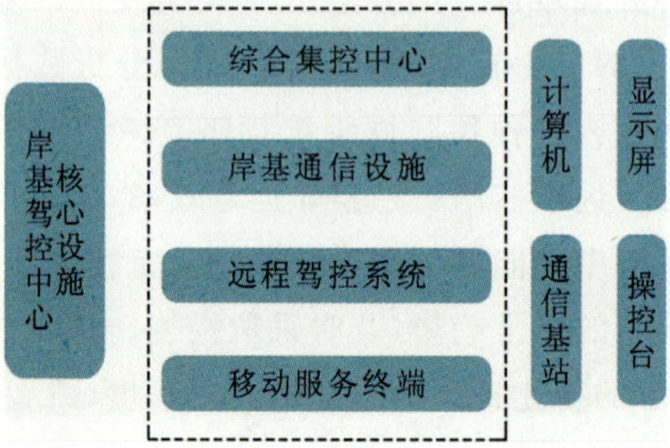

图 5-7　岸基驾控中心核心设施

岸基驾控中心还作为通信枢纽，依靠卫星、无线宽带等技术，保障着船舶与岸基、港口及其他船只之间的信息实时交互。此外，智能航行优化功能可以通过人工智能与大数据分析为航行提供优化建议，提升运营效率并减少燃料消耗。数字化运维管理系统则可以通过物联网技术实时监控船舶设备状态，进行预测性维护，避免设备故障。最后，岸基中心还可以通过与港口管理系统的无缝集成，优化船舶的到港时间与物流协调，减少港口滞留，并为船公司和相关用户提供实时的航行数据与状态更新。这一系列核心功能的整合，使得岸基驾控中心不仅提高了航行的安全性和效率，还极大增强了船舶管理的智能化水平和可持续性。

5.5.2　岸基驾控中心技术架构

岸基驾控中心技术架构离不开基础理论的指导和技术的支撑，如图 5-8 所示，其关键技术主要包括：基础设施层、数据采集与传输层、数据处理与存储层、人工智能与决策支持层、应用层、安全与保障层。

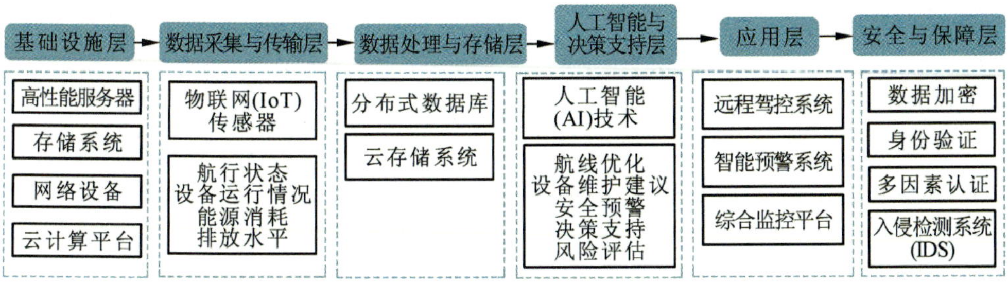

图 5-8　岸基驾控中心技术架构

(1)基础设施层是整个系统的物理基础,包含高性能服务器、存储系统、网络设备和云计算平台。通过构建分布式的计算和存储架构,岸基中心能够处理来自多艘船舶的海量数据,并通过冗余网络保障通信的稳定性。数据中心使用高速网络互联,并结合云计算技术,能够确保大规模数据处理能力和系统的可靠性。通信网络方面,依托卫星通信、5G、无线宽带和光纤网络,能够实现船舶与岸基之间的低延迟、高带宽的数据传输,即使在远海航行也能保持稳定通信。

(2)数据采集与传输层在船舶上部署了大量物联网(IoT)传感器,用于采集包括航行状态、设备运行情况、能源消耗、排放水平等实时数据。这些数据通过加密的通信协议(如 HTTPS、MQTTS 等)传输到岸基驾控中心,确保了数据的安全性和完整性。该层通过优化船舶-岸基的通信协议,实现了海上环境中的高效数据交换,保证了船岸之间的持续信息流动。

(3)数据处理与存储层是岸基中心依托的大数据平台,能够处理并存储从船舶上传的海量数据。分布式数据库和云存储系统负责将数据整理、分析和存储,确保可以随时调用并生成实时监控图表或报告。结合云计算和边缘计算技术,岸基中心能够快速处理复杂的数据任务。例如,边缘计算在船端进行部分数据的本地处理,能够减少数据传输的延迟,而云计算则用于远程处理更复杂的任务,如航行优化、设备健康预测等。

(4)人工智能与决策支持层集成了人工智能(AI)技术,能够通过机器学习和深度学习算法对采集到的船舶数据进行分析和预测。AI 引擎能够自动处理大量数据,提供航线优化、设备维护建议以及安全预警等决策支持。此外,数字孪生技术可创建虚拟船舶和设备的实时模型,允许在虚拟环境中模拟航行情况或设备操作,能够帮助岸基中心提前发现潜在问题并优化操作流程。AI 算法还应用于风险评估,如自动识别天气或航道冲突等潜在威胁,支持操控员的决策。

(5)岸基驾控中心的核心功能主要通过应用层实现,主要包括远程驾控系统、综合监控平台和智能预警系统。远程驾控系统让岸基操控员可以远程控制船舶的导航、设备管理和复杂操作,通过结合虚拟现实(VR)或增强现实(AR)界面,可以提供更直观的操作体验。综合监控平台整合了来自船舶的所有状态信息,通过图形化界面提供航行数据、设备状况、能耗管理等的实时显示，以便操控员统一管理和调度。同时，智能预警系统能够通过实时数据分析和历史数据对比，识别潜在风险并提供建议的应对措施，确保操作员能提前采取行动。

(6)安全与保障是岸基驾控中心技术架构的核心保障，系统采用了多层次的网络安全措施，包括数据加密、身份验证、多因素认证和入侵检测系统(IDS)，确保了船岸数据传输的安全性和通信的保密性。此外，冗余和容灾系统通过多地点的灾备中心和数据备份方案，保障了系统在硬件故障、自然灾害等紧急情况时能够迅速恢复，并维持了岸基中心的持续运作。

通过这些多层次的技术架构，岸基驾控中心实现了船舶与岸基之间的高效数据传输、实时监控、远程操控、智能决策和风险预警功能。依托云计算、大数据、物联网和人工智能技术，岸基中心能够全面支持船舶的远程管理和优化，为提升航行安全性、效率及环保性提供了可靠的技术支持。同时，网络安全和容灾系统确保了数据的保密性和系统的持续稳定运行，使得整个系统具有高度的可靠性和可扩展性。

5.5.3 岸基驾控中心的功能组成

如图 5-9 所示，岸基驾控中心主要由物联网和数据采集系统、数据处理与大数据平台、远程控制系统、安全保障与冗余设计组成，它实现了船岸协同的高效管理和远程操控。岸基驾控中心的建设需要综合考虑技术架构、系统集成、运营保障等多个方面，以确保船舶在复杂的航行环境中实现安全、高效的管理。下面我们将从多个维度详细描述岸基驾控中心的关键功能、系统组成与设计。

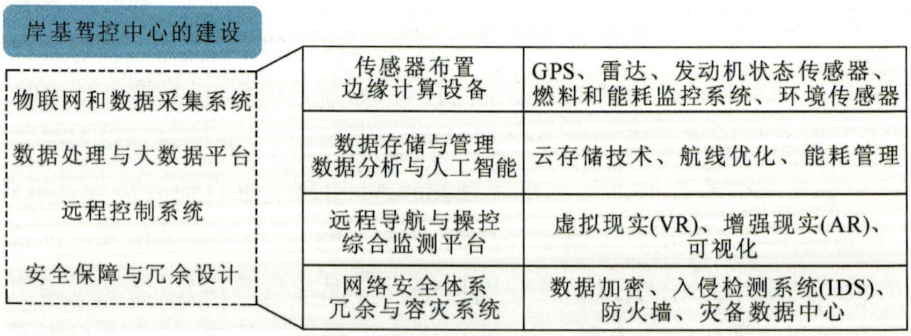

图 5-9 岸基驾控中心的建设

(1)物联网和数据采集系统

在船舶上安装的物联网(IoT)设备与传感器网络是岸基驾控中心获取实时数据的核心设施。物联网设备可以监测船舶的航行状态、设备运行情况、环境数据等，并通过海事通信网络将数据传回岸基驾控中心。

传感器布置：船舶上部署的传感器包括导航设备(如 GPS 和雷达)、发动机状态传感器、燃料和能耗监控系统、环境传感器(如温度计、湿度计、风速计等)。这些传感器持续采集数据，并将其整合到统一的数据平台上。

边缘计算设备：为了减少数据传输的带宽占用和延迟，船上还应部署边缘计算设备。边缘计算设备可以在本地处理部分数据，例如简单的异常检测和即时警报，并将处理后的信息发送至岸基中心，确保实时响应和操作。

(2)数据处理与大数据平台

大数据处理平台是岸基驾控中心的“大脑”，负责对来自船舶的海量数据进行实时分析与处理，确保对船舶的操作和管理做出最佳决策。

数据存储与管理：大规模的分布式存储系统是数据处理的基础，能够确保数据安全存储并支持快速检索。采用云存储技术不仅可以扩展存储容量，还能保证不同地理位置的数据中心之间的冗余备份，防止数据丢失或破坏。

数据分析与人工智能：在数据平台上，使用先进的人工智能算法对船舶数据进行分析。人工智能能够进行预测性维护(Predictive Maintenance)、航线优化、能耗管理等操作，从而提高船舶运行效率和经济效益。此外，机器学习技术可自动识别异常情况，并通过历史数据的学习和对比，提升预警系统的准确性。

(3)远程控制系统

岸基驾控中心的核心功能之一是实现对船舶的远程操控。通过现代化的控制系统，岸基的操作员可以远程操控船舶，进行导航、避碰、靠港等操作，甚至在紧急情况下实施远程干预。

远程导航与操控：建设高精度的远程控制系统，使操作员能够在岸基驾控中心内远程管理船舶的导航系统，包括自动化航线规划和执行。在紧急情况下，操作员可以手动接管船舶控制，通过虚拟现实(VR)或增强现实(AR)界面提供的船舶视角进行精细操作。

综合监测平台：该平台将船舶的所有状态数据、环境数据和航行数据以可视化的方式呈现给操作员。通过集成船舶的传感器数据，操作员可以实时查看船舶的运行状态，并对任何潜在问题作出快速响应。

(4)安全保障与冗余设计

安全性是岸基驾控中心建设的重中之重。船舶与岸基之间的数据传输必须保持高度安全，防止网络攻击和数据泄漏。同时，系统必须具备高度可靠的冗余设计，以应对突发情况。

网络安全体系：驾控中心的网络必须采用多层次的安全防护措施，包括数据加密、身份验证、入侵检测系统(IDS)和防火墙，确保所有数据传输过程中的机密性和完整性。同时，应使用区块链等分布式安全技术，防止数据篡改。

冗余与容灾系统：岸基驾控中心的建设应考虑灾备数据中心的布局，以防止自然灾害或设备故障导致的系统瘫痪。多地点的数据冗余和定期的备份机制可以确保即使在极端情况下，数据和系统都能迅速恢复。

通过以上各方面的详细建设，岸基驾控中心能够全面支持现代船舶的远程管理与智能控制。作为海上航行和岸基操作的桥梁，驾控中心不仅提高了船舶运营的安全性与效率，还为未来无人化航运奠定了坚实的技术基础。

5.5.4 岸基驾控中心的算力需求及其支撑技术

(1)算力需求概述

岸基驾控中心的算力需求可概括为四大核心方面。

①实时数据处理：鉴于船舶航行中产生的海量数据(如导航、引擎状态、环境监测、传感器等数据)，需高效计算资源支持实时传输与处理，确保航行安全与即时风险应对，实现低延迟数据处理与响应。

②大数据分析：驾控中心需对历史和实时数据进行深度分析，以支持预测性维护、航线优化及风险评估等关键决策。此类分析涉及复杂的数据计算和模型训练，要求高性能数据处理能力。

③人工智能算法运行：集成机器学习、深度学习等 AI 技术，用于故障预测、航线优化及智能预警等。这些高级算法在处理复杂模型和大规模数据时，对计算资源的需求尤为显著，需大量计算资源进行模型训练和推理。

④远程控制与操作：远程操控系统需确保船舶操作命令的实时响应与反馈处理的准确性，对计算平台提出了高处理能力和稳定性的要求，以保障操控指令的迅速、准确传递与执行。

(2)支撑技术

云计算技术：云计算提供了灵活的计算资源和存储能力，是满足岸基驾控中心算力需求的关键技术。通过公共云、私有云或混合云架构，岸基驾控中心可以按需扩展计算资源和存储空间，适应不同规模的船队和数据处理需求。云计算平台的弹性和高可用性保证了系统的高效运行和稳定性。

大数据处理平台：大数据处理平台如 Hadoop、Spark 等，为岸基驾控中心提供了强大的数据存储和计算能力。这些平台能够处理来自船舶的大规模数据，支持实时数据流处理、批量数据分析和复杂的计算任务。大数据技术的分布式计算和存储架构能够有效地处理数据量的快速增长。

高性能计算(HPC)：对于计算密集型任务，如深度学习模型的训练和大规模数据的分析，高性能计算技术是不可或缺的。HPC 集群通过并行处理和分布式计算技术，能够显著提高计算速度，缩短任务完成时间。这对于需要实时或准实时响应的系统尤其重要。

虚拟化技术：虚拟化技术允许在同一物理硬件上运行多个虚拟机，这提高了计算资源的利用率和灵活性。通过虚拟化，岸基驾控中心可以有效管理和调度计算资源，满足不同应用的需求。此外，虚拟化技术支持系统的弹性扩展和快速部署。

人工智能加速硬件：为了提升人工智能算法的运行效率，岸基驾控中心可以采用 AI 加速硬件，如图形处理单元(GPU)、张量处理单元(TPU)等。这些硬件能够显著加速深度学习模型的训练和推理过程，提高整体计算性能。

5.5.5　基于定制化 LLM 的船岸驾控辅助智能

船舶智能化与自动化技术的飞速发展促使现代航运朝着无人化和远程操控方向迈进。在此过程中，基于定制化大语言模型(Large Language Model，LLM)的船岸驾控辅助智能成为核心技术之一。这类技术结合了人工智能(AI)、自然语言处理(NLP)与船舶操作领域的专业知识，为船舶与岸基操作人员提供了高效的智能支持。以下将从技术背景、工作原理、应用场景以及优势与挑战等方面，系统地描述基于定制化 LLM 的船岸驾控辅助智能。

(1)技术背景与发展

定制化 LLM 是以自然语言处理技术为基础的大型语言模型，其通过处理海量数据学习特定领域的知识。随着深度学习算法和计算能力的提升，LLM 可以从非结构化文本中学习复杂的语言模式和任务操作逻辑，从而实现高度智能化的人机交互。在航运领域，船舶的操作信息、规程以及导航数据大量依赖语言表述，因此 LLM 技术在辅助船岸驾控中具有广阔的应用前景。

(2)工作原理

如图 5-10 所示，LLM 的工作原理分为三部分：预训练与微调、输入处理、智能推理与决策。

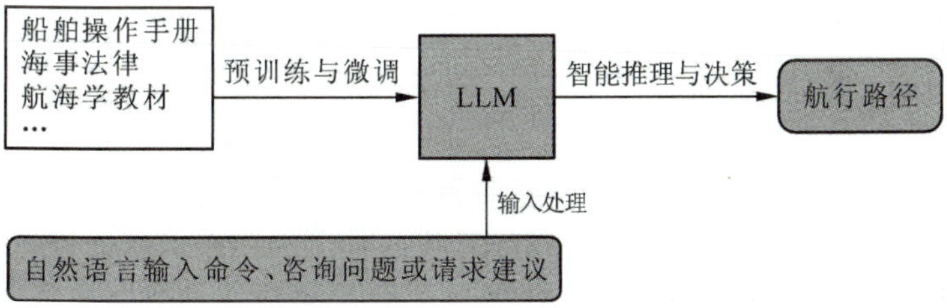

图 5-10　LLM 工作原理

预训练与微调：LLM 的基础模型通过海量通用数据进行预训练，具备处理自然语言的能力。随后通过航运领域的专用数据集进行微调，包括船舶操作手册、海事法律、航海学教材等，确保模型能够准确理解航运领域的术语与操作规范。定制化的训练使得LLM能够对特定航运场景做出专业的建议和判断。

输入处理：在船岸驾控过程中，用户（通常为船员或岸基操作员）通过自然语言输入命令、咨询问题或请求建议。LLM通过解析这些输入，理解其中的意图和相关上下文。

智能推理与决策：LLM基于其训练数据和知识库，结合实时获取的船舶运行数据，进行智能推理和决策支持。例如，当用户请求船舶导航建议时，LLM可以基于当前天气状况、航行路线、船舶位置和速度等信息，提供优化后的航行路径，并对潜在的风险进行提醒。

(3)应用场景

基于定制化LLM的船岸驾控辅助智能系统可以应用于多种关键场景，并显著提升船舶的智能化与自动化水平：

设备操作与维护：船舶设备的操作通常涉及复杂的技术指令和操作步骤。LLM可以作为操作员的智能助手，通过自然语言查询，立即提供设备的使用指南、操作规程以及维护建议。当设备出现故障时，LLM能够帮助识别问题的原因，并建议应对措施，避免严重的设备故障或航行中断。

应急管理与故障排查：在船舶遇到紧急情况时，LLM能够快速提供应急操作步骤和最佳应对方案。例如，遇到恶劣天气或设备失灵等情况，系统会根据船舶当前状态生成一系列应急预案，指导船员或岸基人员如何操作，以确保船舶安全。

船岸协同与远程操控：在现代船舶驾驶模式中，岸基控制中心能够与船上操作人员协同工作。LLM可以作为船岸沟通的桥梁，理解并翻译来自船员或岸基人员的命令，协调两者的工作。在远程驾驶过程中，岸基操作员可以通过LLM实时获取船舶的运行状态、航行计划等信息，优化决策。

5.6 船舶远程驾控台

5.6.1 船舶远程驾控台组成

融合船岸协同和基于“航行脑”的人工智能技术，构建“岸基驾控为主、船端值守为辅”的智能航行系统。这将保证船舶远程驾控的控制台站具备自主感知和碰撞应对能力，同时支持远程控制，降低船员的操作需求。此外，控制台站的智能决策和大数据分析能力将进一步提升航道的通航潜力，确保船舶在复杂水域中的安全航行。

现阶段，船舶自主航行具体实现的技术功能等级为IMO MASS的L3级，可为驾驶员提供自动巡航、跟随前船、跟随航道、简单自动避障、远程控制等实用智能，在功能层面包括了航线航速规划、态势感知与认知、船舶控制等。考虑到部分特殊航段的限制，例如在内河航道中，航线弯曲、狭窄、视野受限，反应时间短、容错率低，实现“岸基驾控”并非简单地把岸基控制信号传输到船上、把船上各信号推送至岸上，而是岸基驾控中心、辅助设施（航标等）、船载值守智能、船员的有机协作，其基本结构如图 5-11 所示。通过各部分功能的有机协作，确保任意时刻都有参与方肩负起安全职责，使船舶能有效控制自身状态，保证自身安全，同时降低了对船上船员的能力要求，保障了码头、桥梁等航道设施的安全。

图 5-11 船舶远程驾驶系统基本结构

基于上述要求，船舶远程驾控的控制台站主要提供如下核心功能：

(1)驾控船舶：具体技术功能等级为 IMO MASS 的 L3 级，即船载和岸基智能可以为驾驶员提供自动巡航、跟随前船、跟随航道、简单自动避障、远程控制等实用智能功能，从而大幅降低人工值守压力，提升运营效率。

(2)数据可视化交互：采用易于被用户理解的图形用户界面，优化信息管理模块界面布局，引入全息成像等“沉浸式”交互方式，方便人工实时查询与提取航道要素和运行信息。

(3)监管决策：基于航运系统运输数据分析与控制中枢，实现航运系统运行数据的挖掘与分析，从而为船舶规避风险、实现航道等时空资源优化分配提供指导建议与调度。

上述三个层面的功能既可协作并行，也可独立运转。打造的船载和岸基控制台站，既是传统意义上的集控中心，更是面向未来的远程驾驶中心、智能中心。船舶远程驾控的控制台站将实现船岸协同的融合感知方法，以提高对复杂航道的感知精度和可靠性。同时，控制台站支持多型异构船舶的动态状态认知与航行决策，可提供决策辅助功能，并基于岸基控制指令和人类反馈强化学习，研究自主控制、航向保持和应急避碰的方法，实现船舶的稳定通行。此外，控制台站还包括船舶航行的性能仿真验证，以支持虚实融合控制验证和航行实验。

船舶远程驾控的控制台站硬件结构包括：主体结构、操纵台、环形大屏、计算单元，其硬件结构如图 5-12 所示。控制系统包括：船舶、航道、港口等航运系统运行数据采集子系统，航运系统运行数据传输子系统，数据可视化子系统，航运系统运输数据分析与控制中枢。

细分来讲，船舶远程驾控的岸基控制台站由环形大屏、控制台、通信设备、计算单元等组成。环形大屏通过布置的 180°显示空间，展示被控船舶的各种信息，如导航、位置、速度、传感器数据等。提供全方位的视角，辅助操作员更好地了解船舶状态。船载控制台是用于控制船舶各个系统的设备，包括操纵杆、按钮、开关等控制元素，其硬件如图 5-13 所示，船端安全员可以通过上述设备集合来控制船舶的运动、导航和其他功能。通信设备是用于与船上人员进行通信的设备，通过无线电、卫星通信等方式与船上人员进行语音和数据交流，与船上的电气设备进行直接连接。除此之外，还需集成一套远程驾驶台站操作系统，接收来自各个子系统的数据，并将其显示在环形大屏上。此外，该操作系统还可以提供实时监控、报警和故障诊断等功能，以确保远程驾驶的安全和可靠性。通过使用上述硬件设备和软件，岸基操作员可以在远程驾驶中心实时监控和控制船舶，根据环形大屏上显示的信息做出决策，并使用船载控制台来执行相应操作。

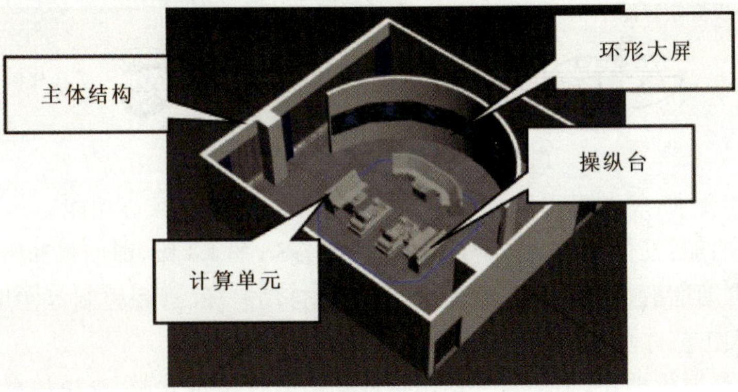

图 5-12　岸基控制台站硬件结构

图 5-13　船载控制台站硬件

5.6.2　船舶远程驾控模态分析与模式切换

船舶的远程驾控涉及多个系统的协同工作。从感知、船船沟通、认知决策和控制四个角度来看，船舶自动驾驶过程中的系统分工如下：

感知：感知是船舶驾驶的基础，它通过各种传感器获取环境信息，包括海洋环境、天气、障碍物等。感知所采用的手段，通常包括雷达（含激光雷达）、相机、红外线传感器、AIS、视觉瞭望等。这些手段可以实时获取环境信息，也可将其传输到其他系统中进行处理。目前，感知方面的智能化发展迅速，已经隐约有了取代人工的趋势。

沟通：在船舶驾驶过程中，船船之间需要进行通信以便协调行动。目前，AIS 是最常用的沟通系统之一，它可以实现船舶之间的位置和状态信息的共享。但在内河、沿海、港口等拥挤水域，船舶间的沟通则有更多的内涵，除了位置之外，更多地还包括了意图、相互避让策略等。这个过程虽然有粗线条的规则，比如 COLREGs、内河避碰规则，但核心还是依赖船与船之间的沟通、协调。在具体的沟通之中，还需通过船舷灯、声号等进行声光沟通，带来了更高的复杂程度和不确定性，完全用人工智能系统进行沟通的挑战性很大，短期内难以实现。

决策：认知决策系统是驾驶过程中最核心的部分。它需要对环境信息进行分析和处理，并根据分析结果做出决策。认知决策系统包括计算机视觉、机器学习、深度学习等技术。这些技术可以帮助系统识别障碍物、预测未来情况，并作出相应的决策。目前，人工智能系统已经可以在开阔、顺直航道中，部分复现人的决策智能。换言之，在有人监视下，智能系统的决策结果往往是较为可靠的。

控制：控制系统可以理解为船舶的执行部件，它根据认知决策系统做出的决策来控制船舶的运动，具体包括保向控制、航迹跟随、速度控制等技术。船用自动舵可以理解为最早投入应用的船用智能控制系统，是研究相对较为成熟的领域。但也需要认识到，已有的成熟船用控制设备，只能在风浪不大、交通流不密集、态势不复杂的区域发挥作用；最新的理论方法研究，已经在逐步突破内河繁忙水道、拥挤水域的控制难题。但总的来说，仍有较多水域，人工控制依然无可替代。

尽管远程驾控过程中，参与方可能多而复杂，但仍可以根据其位置与特征，大致分为：船上驾驶人员、岸基控制人员（与系统）、船载人工智能系统三个参与主体。通信设备、支持设施等不发挥决策作用，不参与具体讨论。如表 5-2 所示，依据感知、沟通、决策、控制的分工和职责类型，可将远程驾控的工作模式分为：手动模式 Manual、自适应巡航模式 ACC、自主航行模式 Autopilot、远程控制模式 Remote。其特征如下：

表 5-2　远程驾控中的模式分析

职能	手动 Manual Ⓜ	自适应巡航 ACC Ⓒ	自主航行 Autopilot Ⓐ	远程控制 Remote Ⓡ
	传统工作模式	沿航道巡航 AI 提供感知辅助	自主巡航自动避让 船员负责船船沟通	自主巡航自动避让 岸端负责船船沟通
感知			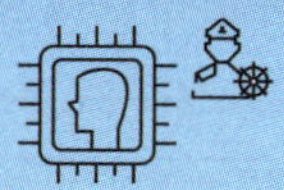	

续表 5-2

职能	手动 Manual Ⓜ	自适应巡航 ACC Ⓒ	自主航行 Autopilot Ⓐ	远程控制 Remote Ⓡ
	传统工作模式	沿航道巡航 AI 提供感知辅助	自主巡航自动避让 船员负责船舶沟通	自主巡航自动避让 岸端负责船舶沟通
沟通				
决策			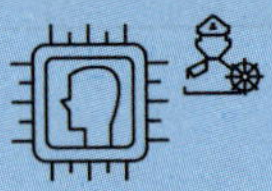	
控制		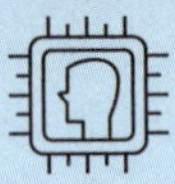	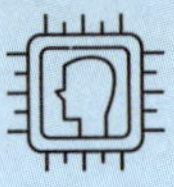	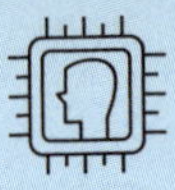

图例： 船上驾驶人员  岸基控制人员 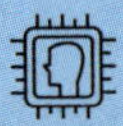 船载人工智能

（1）手动模式 Manual。传统或者说现有工作模式，涉及船舶驾驶的感知、沟通、决策、控制等所有工作，都由具体的人来全权负责。

（2）自适应巡航模式 ACC。ACC 的概念，借鉴自高速发展的智能网联车，在该模式下，船载人工智能开始以辅助的身份，大量参与感知和决策过程，提供瞭望辅助、避碰决策辅助等工作，并完全替代舵工的工作，控制船舶姿态，比如控制船舶在航道中的特定位置，保速保向等。沟通工作由于涉及避碰规则、现场情况等，完全以传统模式进行，由船上驾驶人员来负责。

（3）自主航行模式 Autopilot。在 ACC 模式的基础上，船载人工智能系统的能力进一步增强，在瞭望和简单决策的层面已经达到甚至超越人的能力，可以在有人监视的情况下自行完成不复杂的航行决策。沟通工作仍以传统模式进行，由船上驾驶人员来负责。

（4）远程控制模式 Remote。基于 Autopilot 模式，在远程控制模式下，大量沟通工作可以由岸基人员替代船载驾驶员完成；与此同时，船载人工智能系统感知和决策的监视工作也可以由岸基人员完成。船载驾驶员只需要协助完成沟通、现场应急即可。

一方面，四种模式是一种层层递进的关系，人工智能系统的参与度越来越高，直至岸基驾控的直接接入，同时船载驾驶员的工作负担越来越低。另一方面，后一种模式也以前一种模式的稳定建立与持续运行为前提。在船舶在具体的航次中，四种模式也是一种分时配合的关系。可以理解为：以手动 Manual 模式靠离泊港口，以自适应巡航 ACC 模

式进出繁忙航道，以自主航行 Autopilot 模式在低密度航道巡航，以远程驾驶 Remote 模式降低船载驾驶员的工作压力。当发生应急情况，比如出现意外障碍物、会遇船舶出现异常行为等，所有高阶模式，都可能出现倒退，甚至直接退回手动模式。换言之，高阶的驾驶模式需要逐层确认而建立，但退化则更加容易。它们具体的切换关系如图 5-14 所示。

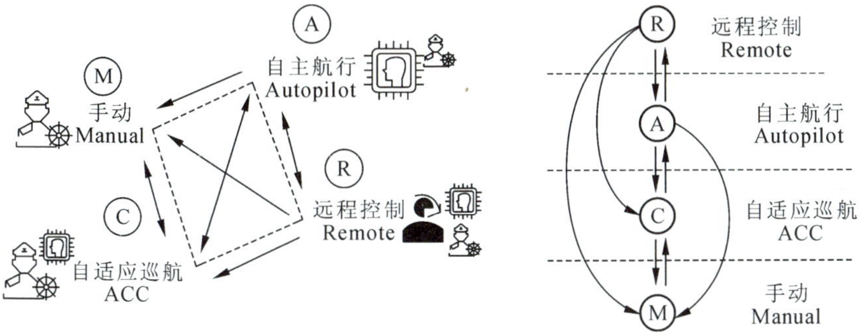

图 5-14 远程驾控工作模式的切换逻辑

5.6.3 非稳定船岸链路背景下的船岸协作控制方法

随着智能航运技术的发展，智能船舶与岸基之间的协作控制逐渐成为提升航运效率和安全性的关键因素。船岸协作控制旨在通过实时信息共享与协同决策，实现船舶在复杂环境中的自主航行、避碰与高效运营。

在传统航行模式下，船舶往往依赖人工操作，仅有有限的传感器信息，难以应对瞬息万变的航行环境。而船岸协作控制通过建立稳定的通信链路，使岸基能够实时监控船舶的航行状态，提供必要的决策支持。这种模式不仅提升了船舶的自主性，还增强了航行的安全性，尤其是在恶劣天气和复杂水域中。

船岸协作控制的实现依赖先进的通信技术和智能算法。岸基通过多模态通信系统（如卫星、4G/5G 通信网络等）与船舶建立稳定的联系，确保信息的准确传递。在异构数据处理方面，利用大数据和人工智能技术，岸基能够分析与处理来自船舶的多源信息，为其提供精准的航行建议与风险预警。

自适应控制是船岸协作控制的重要组成部分。在通信链路不稳定或环境复杂的情况下，船载自主控制系统能够动态调整其决策策略，以确保安全航行。这种灵活性使得船舶能够在面对不可预见的情况时，依然保持稳定的航行状态。在进入船舶自主控制状态后船舶上配备的多种传感器，如雷达（含激光雷达）、GPS、惯性测量单元（IMU）、CCTV 系统等，仍能实时监测船舶的状态和周围环境。这些传感器提供的数据是自适应控制系统进行决策的基础。例如，雷达和视频数据可以用于检测周围船舶和障碍物，而 GPS 提供航行位置和速度信息。通过数据融合技术，船舶可以获得更为准确的环境感知数据。

船载自适应控制系统通常采用机器学习算法，分析历史数据并匹配实时信息，以预测未来的航行环境和潜在风险。例如，利用深度学习模型，构建不同天气条件下的最佳航行策略，动态调整航速和航向。此外，基于机器学习的数据分析技术还可以用于检测通信链路的稳定性，即时做出相应调整。

船载自适应控制系统需要高效的控制算法来执行实时决策。常见的控制算法包括模糊控制、PID控制、滑模控制等。模糊控制可以处理不确定性和非线性问题，适用于复杂环境，PID控制则能够在较为稳定的条件下快速响应变化，而滑模控制则适合在动态变化较大的环境中保持系统的稳定性。通过设定不同的控制策略，控制系统可以根据实际情况进行灵活调整。

本书给出一种基于风险势场(Potential Field)的解决思路。风险势场模型在船舶自主航行控制中扮演着至关重要的角色，主要体现在提升航行安全性、优化航行路径和增强自主决策能力等方面。在航行过程中，船舶面临多种风险，包括碰撞风险、搁浅风险、天气风险等。传统的风险辨识方法多依赖静态模型和经验判断，难以应对动态、复杂的航行环境。而势场方法则能够从动态的角度出发，将多种风险因素综合考虑，为场景辨识提供更为科学和全面的框架。

在构建势场模型之前，首先需要识别影响船舶航行安全的各类风险因素。这些因素包括但不限于：

(1)其他船舶：与其他船舶的相对位置、速度和航向。

(2)物理障碍：如岩石、浮标等固定障碍物。

(3)环境因素：如风速、潮流、能见度等。

对于识别出的每个风险因素，可以通过定义势场函数来表示其对船舶的影响。在实际应用中，船舶面临的风险往往是多维的，因此需要将多个势场进行融合。通过加权平均或其他融合算法，可以得到一个综合的风险势场模型，使得船舶在决策时能够综合考虑多个风险因素的影响。

基于势场模型，船舶可以使用最优路径规划算法(如A*算法、Dijkstra算法等)计算航行路径，如图5-15所示。通过将风险势场作为约束条件，算法能够自动避开高风险区域，找到最优航线。在航行过程中，船舶可能会遇到突发的风险情况。基于势场的动态避碰算法能够实时调整航行路径，快速响应周围环境的变化。例如，当检测到其他船舶进入危险距离范围时，系统可以自动计算出新的航向和速度，以避免碰撞。

通过上述人工势场模型和经典控制算法的组合，即使在远程控制链路失效的情况下，也可以让船舶始终在相对安全的路径下实现稳态控制，同时也具备实时判断风险高低的能力，为呼叫人工或等待链路恢复提供基础。

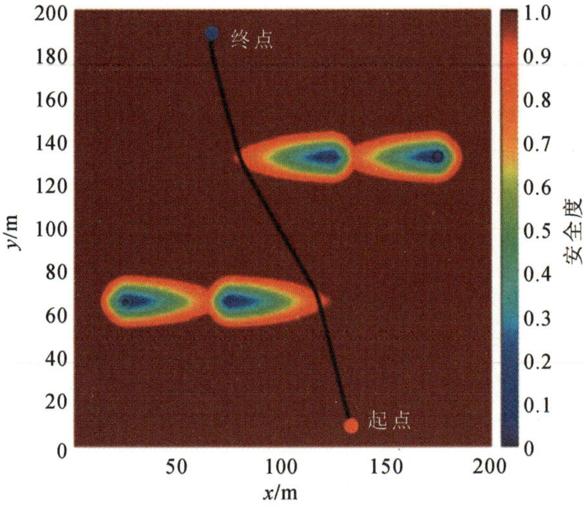

图 5-15　基于势场模型的船舶路径规划

“课程思政”延伸阅读案例五：

智控沧海——我国营运船舶岸基管控模式的破茧成蝶

营运船舶作为航运业的核心载体，其岸基支持管控模式的演进，清晰反映了我国航运事业的发展轨迹。从新中国成立初期的蹒跚起步，到如今的引领前沿，这一历程充满了挑战与突破，彰显了我国在航运领域的不懈追求与卓越成就。

新中国成立之初，我国营运船舶管控与指挥面临诸多困境。通信手段极为有限，仅靠甚高频(VHF)无线电话维持基本联络，信号不稳定且覆盖范围小，船舶离岸稍远便通信不畅。定位技术落后，主要依靠船员经验和简单工具进行估算，精度极低，岸基难以准确掌握船舶位置。调度指挥主要凭借人工经验，缺乏科学规划和系统管理，船舶运行效率低下，安全风险高。在当时艰苦的条件下，航运工作者凭借顽强的意志和责任感，维持着船舶的基本运营，为航运事业的发展奠定了初步基础。

改革开放前，我国营运船舶岸基管控方式虽有一定改进，但整体仍较为落后。单边带(SSB)通信等技术的应用，使通信距离有所增加，但稳定性仍不足。船舶定位开始尝试使用罗兰(LORAN)导航系统，定位精度有所提高，但操作复杂且受环境影响大。调度指挥方面，航运企业逐渐建立起一些基本制度，但缺乏现代化技术手段支持，计划制定主观性强，难以适应复杂多变的航运环境。尽管如此，航运从业者们依然在困境中努力探索，积累了宝贵经验。

改革开放后，我国积极引进国外先进技术和管理经验，营运船舶管控方式迎来重大变革。卫星通信技术的应用，实现了船岸之间远距离、实时、稳定的信息传输，彻底改变了通信受限的局面。全球定位系统(GPS)的引入，使船舶定位更加精准、便捷，岸基能够实时掌握船舶动态，为科学调度提供了有力依据。同时，计算机技术在航运业的应用逐渐普及，航运企业开始建立船舶调度管理信息系统，实现了船舶信息的电子化管理和数据分析，提高了调度计划的科学性和合理性。我国航运业在这一时期快速发展，与国际先进水平的差距逐渐缩小。

党的十八大以来，我国智能营运船舶管控技术不断创新突破。岸基管控中心利用数字孪生技术构建虚拟船舶模型，实现对船舶运行状态的实时监测和精准管控，提前预测风险并优化调度策略。大数据分析技术的应用，使航运企业能够对海量历史数据和实时数据进行深度挖掘，预测船舶运行趋势、优化航线规划、合理安排运力，实现精细化管理。

我国营运船舶管控技术的发展历程，是一部科技创新与管理进步的奋斗史。它体现了我国航运业不断适应时代发展需求，勇于创新、追求卓越的精神。展望未来，我国将继续在这一领域精耕细作，以智能化、绿色化、国际化为引领，为建设海洋强国、交通强国提供坚实支撑，在全球航运业中发挥更加重要的作用。

(“课程思政”延伸阅读案例部分内容参考大语言模型“豆包”相关检索结果)

本章思考题

1. 仅依靠卫星通信可以解决远程驾控船舶的链路需求吗?
2. 沿海内河船舶与远洋船舶所面临的船岸通信网络挑战有何不同?
3. 岸基驾控中心中 LLM 和人工的关系是什么?
4. 船舶远程驾控的模式切换存在哪些难题？如何解决?

参考文献

[1] 刘佳仑，李麒，胡欣珏，等. 面向通-感-算融合的智能船舶网联定位技术研究[J/OL]. 华中科技大学学报(自然科学版)，2014，卷期号：1-9[2025-05-28]. https://doi.org/10.13245/j.hust.250233.

[2] ZHOU M T, HOANG V D, HARADA H, et al. TRITON: high-speed maritime wireless mesh network[J]. IEEE Wireless Communications, 2013, 20(5): 134-142.

[3] WEI T, FENG W, CHEN Y F, et al. Hybrid satellite-terrestrial communication networks for the maritime internet of things: key technologies, opportunities, and challenges[J]. IEEE Internet of Things Journal, 2021, 8(11): 8910-8934.

[4] LI X L, FENG W, WANG J, et al. Enabling 5G on the ocean: a hybrid satellite-UAV-terrestrial network solution[J]. IEEE Wireless Communications, 2020, 27(6): 116-121.

[5] FINES P, CHRISTOFYLAKI E, FEBVRE P, et al. BGAN radio interface enhancements for SatCom-on-the-move[C]//Proceedings of 2013 IEEE 77th Vehicular Technology Conference (VTC Spring), June 2-5, 2013, Dresden, Germany. New York: IEEE, 2013: 1-5.

[6] ZHUANG Q, ZHENG C. Research on INMARSAT based on Ka band and applications[C]//Proceedings of 2017 4th International Conference on Information, Cybernetics and Computational Social Systems (ICCSS), July 24-26, 2017, Dalian, China. New York: IEEE 2017: 127-129.

[7] 陆征. 国内外航天动态[J]. 国际太空, 2021(02): 69-70.

[8] 曹翔. 北斗导航通信技术在船舶互联控制中的应用[J]. 舰船科学技术, 2023, 45(08): 165-168.

[9] ANDREW D, SANTANGELO. The LinkStar system, a globalstar based radio and flight system for satellites in LEO-Architecture And Test Results[C]//Proceedings of 55th AIAA Aerospace Sciences Meeting, Grapevine, Texas, 2017: 401.

[10] ZHAO J Y, WANG F Z, YI Z L, et al. Development outlook of China's navigational data (NAVDAT) maritime digital broadcasting system[C]//proceedings of Artificial Intelligence for Communications and Networks: Third EAI International Conference, Harbin, China, Springer. 2021: 126-135.

[11] LÁZARO F, RAULEFS R, WANG W, et al. VHF Data Exchange System (VDES): an enabling technology for maritime communications[J]. CEAS space Journal, 2019, 11(1): 55-63.

[12] SERIES M. Technical characteristics for an automatic identification system using time-division multiple access in the VHF maritime mobile band[S]. Recommendation ITU, 2014, 1371-1375.

[13] WANG X H, ZHANG Y J, LIU Z D, et al. Design of Multi-Modal Ship Mobile Ad Hoc Network under the Guidance of an Autonomous Ship[J]. Journal of Marine Science and Engineering, 2023, 11(5): 962.

[14] MOHSIN R, WOODS J. Performance evaluation of MANET routing protocols in a maritime environment[C]//Proceedings of 2014 6th Computer Science and Electronic Engineering Conference (CEEC), September 25-26, 2014, Colchester, UK. New York: IEEE, 2014: 1-5.

[15] 胡欣珏, 李麒, 刘佳仑, 等. 船舶远程驾控卫星岸基集成网络技术研究现状及展望[J]. 中国舰船研究, 2025, 20(1): 1-10.

第6章

韧性运营服务

6.1 概述

韧性运营服务是新一代航运系统的重要组成部分，主要包括船舶营运组织、船舶集装箱多式联运、船员管理和水运商务业务等面向航运系统绿色智能化要求的航运服务。韧性运营服务的主要作用表现为通过多要素、多主体、多模式协同，提升水路运输系统韧性。韧性运营服务具体为：在日常条件下实现航运系统资源配置优化，提高组织调度效率；在应对气候变化和自然灾害条件下，保障生命安全、提高航运系统应急保障能力；在应对国际政治、经济、社会、技术等方面突发事件条件下，通过建立航运系统运营风险评估、危机事件应急救援等功能机制，有效确保航运系统能维持既有通道的畅通，通过多主体、多要素、多链条的融合模式创新，新一代航运系统能应对各类不确定事件，在危机环境中确保航运系统损失最低并具备快速恢复能力。

本章首先介绍新一代航运系统体系下水路韧性运营服务的内涵和总体发展；其次，针对韧性运营服务包含的船舶运营组织、船舶集装箱多式联运（组织模式）、船员管理和水运商务业务模块，分别介绍各模块基本概念、基本理论和其他知识。

6.2 韧性运营服务总体发展

6.2.1 韧性运营服务的概念与内容

随着全球产业链分工格局、运行规则、标准体系的深刻变革，航运系统运营服务韧性化必须建立在先进的技术基础之上，当前，人工智能、卫星通信、大数据、云计算、区块链等科技革命为航运系统韧性运营服务加快转型奠定了基础，提前谋划和运用变革性技术，推动航运系统韧性运营服务由“量”的积累转向“质”的突破，是推动航运系统高质量发展的新要求。

航运运营服务是指运营服务主体在船舶运输生产组织和港航运营管理中产生的以满足社会航运需求为目的的服务活动。航运系统运营服务主要是借助港口、航道、船舶等生产力要素，为客户提供持续性的管理和支持，以确保航运业务的正常运转和达到预期目标。

韧性是衡量一个系统抵御风险、适应内外部条件的变化、维持系统正常运转能力的重要指标。韧性运营服务为有效降低航运系统面对外界环境不确定性冲击造成的损失和加快恢复提供了新视角。

韧性运营服务属于运营服务范畴，对企业经营内外部的挑战、压力和变化的应变能力更强，稳定性、适应性、可持续性更高，并具有长期生存和发展的能力。航运韧性运营服务主要包括开放、共享、协同的水路运输管理与服务系统/平台，支持面向具体航行场景、安全管理、物流服务功能需求的个性化定制，提供交通流量预测、航运风险评估、物流组织调度、水上应急救援和船舶运行控制等功能。

运营服务主体为航运企业，服务的具体内容是通过对产品、服务、品牌、市场以及客户等各方面的持续优化和管理，实现提升企业经营效益、品牌影响力、客户满意度和市场占有率等目标。航运系统运营服务除了港口装卸、船舶运输等生产调度基础服务外，还包括水上应急救援、航道疏浚维护、货运代理、船舶代理、船舶检验、航运交易等辅助性服务以及航运金融、航运保险、航运信息与咨询、航运法律、航运风险评估等航运延伸服务。

航运运营服务过程是指通过对产品、项目或企业进行管理和推广，以实现预期目标的一系列活动，涵盖日常运营组织和安全运营管理两大部分。在日常运营组织方面，航运运营服务流程包括运输市场调研、企业经营目标定位、运输组织方案执行、航运大数据分析等环节，其运营服务过程涉及船舶运输组织、船员管理、港口作业、物流组织调度等多个方面，包括市场调研与需求分析、航线规划设计等。在航运系统安全运营方面，通过航运系统风险识别与动态评估，可进行风险预警与运行防控，进行危机处置与应急救援。其中，航运系统风险识别与动态评估能提升船舶的可靠性，通过事故时空特征分析，可建立统一风险评估框架；航运系统风险预警与运行防控能进行水域气象灾害预警，可优化双控预防机制；航运系统危机处置与应急救援能对突发事件危机管理提供支持，进行应急资源配置及优化。

航运运营服务的韧性要求包括：

(1)面向市场需求的运营服务

面向市场需求的运营服务通过对航运市场的需求分析、运输产品服务设计、运输服务过程优化等方式，以市场为导向，为满足市场需求和客户需求，设计和提供运营活动和服务，其核心在于及时有效响应市场动态需求，不断调整优化服务内容，提高客户满意度，实现业务目标。面向市场的运营服务容易受到经济环境变化、市场需求波动、国家政府宏观调控及产业政策、客户动态需求等因素影响。

绩效评价指标通常选择客户满意度、货运准时率、运送速度、服务可靠性、市场份额等。

客户满意度：是指客户对产品或服务的评价，反映了客户对企业提供的产品或服务的整体满意程度。

货运准时率：货物按规定时间送至目的地的比率，是衡量航运企业运输效率和服务质量的重要指标。

运送速度：货物从发出至送达目的地所经历的时间，包括货物装载、运输、卸载及中间可能发生的仓储、中转等环节所需要的时间。运送速度有别于技术速度，是货物运达的周期时间。

服务可靠性：航运相关企业在提供服务过程中，能够稳定、准确地满足客户需求的能力。高可靠性意味着企业在约定时间内，失误和故障较少。

市场份额：航运企业在自身所在具体行业市场中所占的运营份额。市场份额的高低反映出航运企业竞争力的强弱。

(2)面向资源配置的运营服务

面向资源配置的运营服务是指航运企业在运营管理过程中，通过对资源(包括人力资源、物质资源、财务资源、信息资源等)的有效配置和优化，提高运营效率、降低成本、增强企业竞争力的服务活动。这种活动受到市场经济变化、技术革新、供应链管理、企业战略等因素影响。

绩效评价指标通常选择港口泊位数、港口装卸效率、船舶在港总时间、船舶利用率、船舶装载率、船舶维护成本等。

港口泊位数：港口泊位是船舶停靠进行装卸作业的场所，泊位数反映出港口通过能力，通常泊位数量越多，占用岸线资源越多，港口通过能力越大，船舶到港口享受的装卸服务资源越多。

港口装卸效率：单位时间内，港口能够完成货物的装卸作业量。提高港口装卸效率可以增强港口竞争力，增加港口运营收入。

船舶在港总时间：船舶进入港界至船舶离开港界所耗费的时间。若船舶在港滞留时间过长，将对船舶资源造成浪费。

船舶利用率：船舶实际运营时间与船舶可运营时间的比率。它衡量的是船舶在一定时间内被有效使用的程度。高船舶利用率通常意味着船舶运营效率高，而低利用率可能表明出船舶存在闲置或调度问题。

船舶装载率:实际载货量与船舶设计载货量之间的比率。它反映了船舶在每次航行中的载货效率。高装载率表明船舶在每次航行中接近或达到满载状态,而低装载率可能意味着运营效率不足或市场需求下降。

船舶维护成本:船舶维护成本是指为了保持船舶的正常运行和延长其使用寿命,在维护和修理上所产生的费用。这包括常规保养、故障修理、设备更新等支出。

6.2.2　我国航运系统运营服务发展历程

从我国航运运营发展历程来看,航运运营服务从起源至今经历了大致 3 个发展阶段。

(1)瓶颈制约阶段(改革开放之初到 20 世纪 90 年代中期)

自新中国成立到改革开放之初,我国实行计划经济体制,国家实行统一客货源、统一调度、统一运价的“三统”政策。但由于航运市场缺少竞争、航运企业缺乏改善服务和扩展市场的动力,运营服务水平低下。20 世纪 80 年代初到 90 年代中期,随着改革开放政策的实施,“对外开放、对内搞活”,航运业对航运系统运营服务提出了许多新的要求。但由于航运基础设施和技术装备能力的发展滞后于需求增长,服务能力供给严重不足,“港口拥滞”等问题日渐凸显,运营服务质量较低。

改革开放以来,国家层面开始打破单一所有制限制,出台了鼓励货主单位建设港口码头等政策,促进了航运基础设施规模和运输能力的大幅增长。但是,由于之前国家对航运业投入不足,航运对经济社会的发展仍存在比较明显的制约。

(2)初步缓解阶段(20 世纪 90 年代中后期至 21 世纪前 10 年的中后期)

20 世纪 90 年代中后期至 21 世纪前 10 年的中后期,我国交通运输发展进入“黄金机遇期”。在“三主一支持”(公路主骨架、水运主通道、港站主枢纽和支持保障系统)长远发展规划的前瞻性规划和部署下,港口的建设投资规模不断增大。1998 年后,借助应对亚洲金融危机、国家实施积极财政政策的契机,航运业投资大幅增加,水运能力加快扩张,运营服务质量显著提高。2001 年,我国下发了《关于航运业结构调整的意见》的通知,提出要实现航运业四化,即船舶大型化、船队专业化、企业经营集约化、内河船舶标准化,使航运企业经济效益明显提高,科技创新能力、市场竞争能力、抵御风险能力明显增强。到 21 世纪前 10 年的中后期,我国水运能力紧张局面逐渐改善,航运业与经济社会发展之间的“供不应求”矛盾得到初步缓解,但此阶段,航运系统建设主要着力于基础设施发展,在运营服务方面尚有所欠缺。同时期,集装箱运输逐渐普及,自动化、电子货运单据和全球定位系统等技术逐步应用于航运运营服务。

(3)基本适应阶段(从 21 世纪前 10 年的中后期至现在)

面对加入 WTO 后,我国经济融入全球化进程而极大激发出的水路运输需求的新形势，以及为应对2008年金融危机国家加大了航运交通基础设施投入而出现的新契机，航运系统硬件供给能力突飞猛进，运营服务效率与水平得到显著提高。2013年发布的《关于促进航运业转型升级健康发展的若干意见》从运力调控、转型升级、市场监管、减轻企业负担、提高服务水平五个方面制定了相关的政策措施，促进航运企业生产经营稳定。尤其"十三五"时期，航运业加快落实供给侧结构性改革，着力补短板、重创新，绿色化、智能化、信息化等相关技术得到广泛应用。

(4)发展趋势

航运运营服务将依托绿色智慧化航运装备，借助最新的人工智能、芯片、量子计算等前沿科技实现航运数据管理数字化，开展航运业务持续性规划，不断优化船员管理和航运金融，提升运营服务系统韧性。

现代港航运营服务是支撑我国"双循环"国家战略的重要抓手。"一带一路"倡议依靠中国与有关国家既有的双多边机制，借助既有的、行之有效的区域合作平台实施。我国港航运营服务范围涉及国内外广泛的水域，"海上丝绸之路"实质上就是在沿海和海外布局现代化港口、开拓海外航线，加强亚欧大陆桥和中欧海上运输的联通，促进我国与世界各国的贸易与经济合作，目前航运通道覆盖中国—红海航线、中国—东非航线、中国—西非航线、中国—地中海航线、中国—西欧航线、中国—北欧波罗的海航线、中国—北美航线、中国—中南美航线等远洋航线以及多条近洋航线，港航外贸货运量占到我国对外贸易的90%；国内港航运营通道主要分布于环渤海、长江水系、珠江水系及沿海地区，承担了国内诸如煤炭、金属矿石、粮食和石油及其制品等货物的主要运输，如长江水系覆盖上海、江苏、浙江、安徽、江西、湖北、湖南、重庆、四川、云南、贵州11个省市，面积约$2.0523\times10^{6}\ km^{2}$，占全国的21.4%，人口和生产总值均超过全国的40%。由此可见，港航运营服务是沟通国内外物资交流，保障能源、粮食等国家战略物资运输及助力进出口贸易的关键。2020年9月，中国正式提出"双碳"目标，即在2030年之前实现"碳达峰"，在2060年之前实现"碳中和"。水路运输是综合运输体系中单位运输量碳排放最低的运输方式，"双碳"战略目标引导下，"公转水""多式联运"的低碳运营服务方式将成为趋势。到2035年，我国港航运营服务将更加完善，国内国际双循环的综合港口物流枢纽将成为世界一流强港，建设的海港、空港、陆港、信息港"四港"将高效联动，为我国经济社会高质量发展提供先行引领和关键支撑。

6.3 船舶营运组织

6.3.1 船舶营运基础

船舶营运组织涉及船舶运输系统的整体运作，包括船舶运营的硬、软环境系统，以及确保船舶安全、高效营运所必需的基础条件。此外，船舶营运的经济指标是衡量船舶经营状况的重要参数。

船舶运输系统是指由船舶、港口、航道、货物、人员等组成的复杂网络，其目的是实现货物和人员的有效运输。该系统的有效运作依赖各组成部分的协同作用。

船舶运营硬环境系统涵盖了船舶的物理结构和硬件设施，如船体、发动机、导航设备等。这些硬件设施的性能直接影响到船舶的安全性和营运效率。

船舶运营软环境系统包括管理体系、法律法规、企业文化、人力资源等非物质因素。软环境系统的优化有助于提升船舶营运的整体水平。

船舶营运必备的基础条件指的是确保船舶能够安全、合规营运的基本要求，如船舶的适航性、船员的资质、货物装载的合规性等。

船舶营运经济指标是评估船舶营运经济性能的关键参数，如营运成本、运输效率、盈利能力等。这些指标为船舶经营者和投资者提供了决策支持。

6.3.2　船舶运输组织形式

结合不同货物运输流态选择差异化船舶运输组织形式是确保货物安全、高效运输的关键。船舶货运运输根据其组织形式的不同，主要分为以下三类：

班轮运输（定期船运输）：提供固定航线、固定港口、固定船期和相对固定运费率的服务。

不定期船运输：服务灵活，无固定航线和船期，运费率根据市场情况变动。

内河轮驳船队运输：主要在内河水系进行，通常涉及驳船和拖船的组合运输。

班轮运输是一种按照固定航线、固定港口、固定船期和相对固定的运费率提供运输服务的水路货物运输方式。它是一种公共服务，向所有货主开放，适用于各种类型的货物，尤其是集装箱货物。班轮公司根据货物需求、港口条件、航行时间等因素，设置固定的运输航线。这些航线通常连接国际贸易中的重要港口，形成全球性的运输网络。

船期表的编制是班轮运输的核心，班轮公司制定详细的船期表，明确船舶在各港口的停靠时间、装卸作业时间以及其他相关服务信息。它为货主提供了运输时间的参考，便于货物预订和运输计划。此外，班轮运输还具有以下特点：

固定性：班轮运输的航线、港口、船期和运费率相对固定，为货主提供具有规律性和可预测性的运输服务。

公共性：班轮运输服务向所有货主开放，无须签订长期合同，货主可以根据需要随时使用服务。

标准化：运输服务标准化，包括集装箱尺寸、装卸作业流程、运输文档等，便于货主进行运输规划和成本预算。

安全性:采用专业的装卸设备和标准化操作流程,确保货物安全,提高运输可靠性。

经济性:通过规模经济和减少中间环节,班轮运输能够提供具有竞争力的运费率。

不定期船运输是一种与班轮运输不同的服务形式,适用于特定的货物运输需求。不定期船运输的服务内容可以根据货主的需求和市场情况灵活调整,包括航线、运输时间、货物类型等。它通常为特定货主或特定货物提供定制化的运输服务,满足个性化的运输需求,其运费率随市场波动而变动,货主可以根据市场情况选择合适的运输时机,以获取更具竞争力的价格。此外,不定期船运输通常通过签订合同来明确双方的权利和义务,合同内容可根据双方协商确定。由于不定期船的经营活动以租船活动为主,所以,不定期船运输也称为租船运输。

不定期船运输的经营形式主要包括航次租船、定期租船和光租三种形式。

航次租船,作为不定期船运输的重要组成部分,提供了一种根据特定运输需求来租赁船舶的服务方式。这种租船形式允许租船人根据单次航行的需求,指定货物和航线,而船舶所有人则负责船舶的运营和管理。航次租船合同中,双方会明确装卸港口、时间限制以及费用的承担方式,确保运输过程的顺利进行。这种租船方式因其灵活性和对大宗货物运输需求的适应性,在国际贸易中发挥着重要作用。

定期租船,作为不定期船运输的一种形式,为货主提供了一段时间内对船舶的使用权,适用于有稳定运输需求的货主。在合同中,双方会明确租期、租金支付方式、货物运输条件等,租船人拥有船舶的控制权,负责运营和船员配备,而船舶所有人负责维护和修理。这种租船方式有助于货主降低运输成本和风险,并可根据市场需求自主安排运输任务。

光租,又称光船租船,是不定期船运输中的一种特殊形式,它规定了在一定期限内,船舶所有人仅提供船舶,而租船人负责船舶的运营、管理和船员的配备。在光租合同中,双方会明确约定租期、租金支付方式、船舶的维护和修理责任等,确保船舶在租期内的正常运营。光租的特点在于其高度的灵活性和自主性,租船人可以根据市场需求自主安排运输任务,而船舶所有人则负责船舶的提供和维护。这种租船方式有助于货主降低运输成本和风险,并可根据市场需求自主安排运输任务。

内河轮驳船队运输,作为水路货物运输的重要组成部分,主要在内河水系进行。它采用驳船和拖船组合的方式,具有成本效益高、环境友好和运输能力强的特点。这种运输方式通常采用编队运输和分段运输的组织形式,以提高运输效率。内河轮驳船队运输适合大宗货物的长距离运输,但其运输能力受限于内河水深和桥梁高度。通过合理的运输组织形式,可以进一步优化运输效率,满足市场需求。

6.3.3 船舶运输计划与调度

船舶运输计划与调度是船舶运输组织的核心环节,它不仅关系到船舶的运行效率和成本控制，更是企业实现可持续发展的关键。船舶运输计划与调度的核心任务包括船舶生产计划、船舶生产调度、船舶生产统计与业务分析三个方面，通过优化三大核心任务可以提升船舶运输计划制定与调度执行的科学性及智慧化水平。

船舶生产计划是船舶航运组织的起点，它涉及对未来一段时间内船舶运输活动的全面规划。计划制定者需要综合考虑市场需求、航线特点、船舶性能、货物种类、法律法规等多方面因素。通过对这些信息的分析，确定船舶的航线、货物配载、运输时间表以及预算成本。一个周密的计划能够确保船舶在正确的时机，以最低的成本，完成既定的运输任务。

船舶生产调度则是将计划付诸实践的过程。调度人员需要根据实时情况，如天气变化、港口拥堵、设备故障等，对船舶的运行进行动态管理。这包括调整航次计划、监控货物操作流程、安排船舶维护保养以及管理船员配置。调度的灵活性直接影响到计划的执行效果，是确保船舶高效运营的关键。

此外，船舶生产统计与业务分析为计划与调度的持续改进提供了数据支持。通过对船舶运行数据、货物运输量、成本、收入等信息的收集和统计分析，企业能够及时发现运营中的问题，评估计划的实施效果，进而优化调度策略。业务分析不仅帮助企业掌握当前的经营状况，还能预测未来的市场趋势，为企业的战略决策提供依据。

6.3.4 船型技术经济论证

船舶运输组织论证（船舶技术经济论证）是航运船舶投资决策的重要环节，它通过对不同船型的技术性能和经济性进行综合分析，为企业选择最合适的船型提供决策依据。

船型论证是航运企业在进行船舶投资前的一项关键性分析，旨在通过对不同船型的综合评估，确定最符合企业运营需求和技术经济性的船舶类型。这一过程涉及对船型的技术性能、经济性、市场适应性等多方面因素的分析，为企业船舶投资决策提供科学依据，确保投资效益最大化。简而言之，船型论证是企业选择合适船舶、降低投资风险的重要步骤。

论证背景资料收集与分析是确保论证结果科学、合理的关键。船型论证的资料收集包括市场数据、货物特性、航线条件、法律法规、技术标准、竞争对手情况等。这些资料的准确性直接影响到论证结果的可靠性。对收集到的资料进行深入分析，可识别市场趋势、技术发展动态、潜在风险等因素。这一步骤旨在为船型论证提供有力的数据支持。

在了解了船型论证的基本概念和背景资料收集与分析的方法之后，我们接下来将深入探讨船型选择的影响因素。这些因素对于确定最终的船型方案至关重要，它们直接关系到船舶未来的运营效率、经济收益以及企业的市场竞争力。

船型选择一般需考虑以下五个方面：

(1)技术性能:包括船舶的载重量、航速、耗油量、操纵性能等,这些是评价船型是否满足运输需求的基本指标。

(2)经济性:涉及船舶的建造成本、运营成本、维护成本、残值等,这些因素决定了船型的经济可行性。

(3)安全性:船舶的安全性能是选择船型的重要考量,包括船舶的结构强度、稳定性、救生设备等。

(4)环保性:随着环保法规的日益严格,船舶的环保性能也成为选择船型的重要因素,如排放标准、噪声控制等。

(5)市场适应性:船型需适应市场需求,包括货物的种类、运输距离、港口条件等。

船型论证方案的拟定及论证是整个船型论证过程的核心,它将前期分析的结果转化为具体的船型方案,并通过严谨的论证过程,筛选出最优的船型选择。首先,根据前期的市场调研、技术评估和经济分析,结合企业的具体需求和战略目标,拟定多个可行的船型方案。每个方案都应详细列出船舶的技术规格、预期性能、经济指标等关键信息。随后,通过对比各方案的投资成本、运营成本、收益预测等经济性指标,以及考虑其技术先进性、安全性和环保性等因素,进行综合评价。最终,依据论证结果,选择出最符合企业利益、市场趋势和技术发展要求的船型方案,为企业的新船投资或船队更新提供决策依据。

6.4 船舶集装箱多式联运

6.4.1 多式联运概述

随着国际贸易的不断发展和国内产品的快速流通,单一运输方式提供的不连贯运输不再满足货主对运输服务的要求,在这样的需求背景下多式联运便迅速发展起来。

多式联运指由两种及两种以上的交通工具相互衔接、转运而共同完成的运输过程,通过铁路、水路、道路、航空等多种交通运输方式深度融合,极大地提升了运输效率。其中水路是多式联运的对外贸易主要运输通道,具有运量大、运距远、运输费率低、绿色低碳的特点,是多式联运体系中的重要一环,航运多式联运是指整个多式联运过程中以水路(如海洋、内河)运输为核心环节并与其他运输方式协同,通过一单制、一箱制完成的联运业务,主要有水路-公路联运、水路-铁路联运等模式。

6.4.2 多式联运组织与管理

多式联运的出现和发展为货主提供了最大限度的方便:货主只须与多式联运经营人

签订合同并将货物交给经营人，多式联运经营人履行合同所规定的运输责任的同时，可将部分运输委托区段承运人完成，并订立分运合同，共同完成货物的全程运输。

(1)多式联运经营人

《中华人民共和国海商法》(简称《海商法》)规定，“多式联运经营人，是指本人或者委托他人以本人名义与托运人订立多式联运合同的人。”《海商法》对多式联运经营人的定义与 1980 年《联合国国际货物多式联运公约》和 1992 年生效的贸发会议/国际商会多式联运单证规则的定义基本一致。

(2)多式联运组织方法

货物多式联运的全过程根据工作性质的不同，可划为实际运输过程和全程运输组织业务过程两部分。实际运输过程是由参加多式联运的各种运输方式的实际承运人完成，全程运输组织业务过程是由多式联运经营人完成。多式联运组织方法基本上分为协作式联运和衔接式联运两大类。

协作式联运：协作式多式联运的组织者是在各级政府主管部门协调下，由参加多式联运的各种运输企业和中转港站共同组成的联运办公室(或其他名称)，货物全程运输计划由该机构制定。这种联运组织下的货物运输过程如图 6-1 所示。

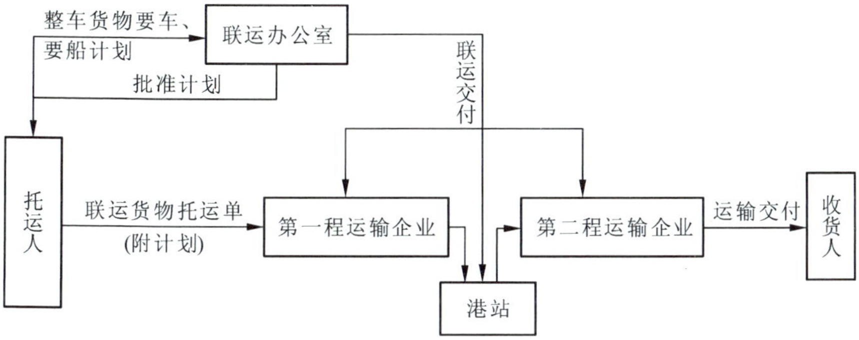

图 6-1　协作式多式联运过程示意图

衔接式联运：衔接式联运的全程运输组织业务是由多式联运经营人完成的，这种联运组织下的货物运输过程如图 6-2 所示。

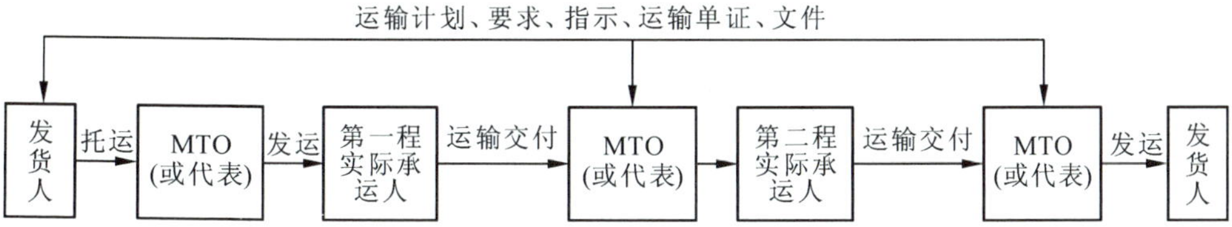

图 6-2　衔接式多式联运过程示意图

在这种多式联运组织体制下，承担各区段运输的运输企业的业务与传统分段运输形式下完全相同，这与协作式体制下还要承担运输衔接工作是有很大区别的。目前在国际货物多式联运中主要采用这种组织体制，在国内多式联运中采用这种体制的也越来越多。

(3)多式联运责任划分

由于多式联运的发展改变了传统的货物交接界限，也从根本上改变了多式联运经营人的承运责任范围，而每一种运输所在区段所适用的法律对承运人的责任规定往往不同，因而多式联运的责任划分比较复杂，多式联运主要责任形式、基本内容及优缺点，见表6-1。

表6-1 多式联运责任制总览

责任形式	基本内容	优点	缺点
责任分担制	合同中事先划分各方负责的运输区段，直接向货物发生损坏的区间的负责人追责	责任划分简单明了	没有真正发挥多式联运的优越性
网状责任制	多式联运经营人对全程运输负责，赔偿责任和责任限额取决于该区段运输方式的有关法律规定	对既存的各单式运输公约和国内法给予了充分的考虑	货方承担巨大风险
统一责任制	多式联运经营人对全程运输负责，不论损害发生在哪一区段，多式联运经营人承担的赔偿责任和责任限制是一样的	为货方提供了最大的风险分摊的可预见性	多式联运经营人承担巨大风险
经修正的网状责任制	在网状责任制的基础上规定，如果货物的灭失、损坏发生的区段不能确定，多式联运经营人按照合同规定的某一标准来确定赔偿责任和责任限制	有效解决了货损无法确定和“责任间隙”问题	可预见性不足；逐渐损失问题较难追责
经修正的统一责任制	多式联运经营人对全程运输负责，并且原则上全程运输采用单一的归责原则和责任限额，但保留适用于某种运输方式较为特殊的责任限额的规定	多式联运中的运输风险在承托双方间得到较为合理的分配	适应良好，基本符合实际

6.4.3　多式联运合同与单证

(1)多式联运合同

《中华人民共和国海商法》第 102 条规定:本法所称多式联运合同,是指多式联运经营人以两种以上的不同运输方式,其中一种是海上运输方式,负责将货物从接收地运至目的地交付收货人,并收取全程运费的合同。

《中华人民共和国民法典》关于多式联运合同的界定包括 5 项条款,其中第八百三十八条规定"多式联运经营人负责履行或者组织履行多式联运合同,对全程运输享有承运人的权利,承担承运人的义务"。第八百三十九条规定"多式联运经营人可以与参加多式联运的各区段承运人就多式联运合同的各区段运输约定相互之间的责任;但是,该约定不影响多式联运经营人对全程运输承担的义务。"第八百四十条规定"多式联运经营人收到托运人交付的货物时,应当签发多式联运单据。按照托运人的要求,多式联运单据可以是可转让单据,也可以是不可转让单据。"第八百四十一条规定"因托运人托运货物时的过错造成多式联运经营人损失的,即使托运人已经转让多式联运单据,托运人仍然应当承担赔偿责任。"第八百四十二条规定"多式联运货物的毁损、灭失发生于多式联运的某一运输区段的,多式联运经营人的赔偿责任和责任限额,适用调整该区段运输方式的有关法律规定;货物毁损、灭失发生的运输区段不能确定的,依照本章规定承担赔偿责任。"多式联运合同具有联运合同的承运人一方为两人以上、由相互衔接的不同运输方式承运、全程一次交费并使用同一运输凭证等特征。

(2)多式联运单证

1980 年联合国《国际货物多式联运公约》将多式联运单证定义为:多式联运单证,是指证明多式联运合同及证明多式联运经营人接管货物并负责按照合同条款交付货物的单证,主要分为可转让的多式联运单证和不可转让的多式联运单证。当国际货运多式联运的运输方式之一是海运,尤其是第一程运输是海运时,国际货运多式联运单证多表现为多式联运提单。多式联运单证记载的主要内容有:①多式联运经营人的名称和营业处所;②托运人和收货人;③货物的品名、件数、重量或数量、外表状态和主标志;④单证的签发日期、地点和签发人的签字;⑤多式联运经营人接管货物的日期与地点;⑥多式联运经营人交付货物的期限和地点;⑦运费及其支付方式;⑧预期运输经由路线、运输方式及换装地点;⑨履行合同的法律依据等。

6.4.4 多式联运业务流程

(1)接受托运申请,订立多式联运合同

多式联运经营人接受货主提出的托运申请后,双方商议后在交给发货人或其代理人的场站收据副本上签章并订立多式联运合同。发货人或其代理人根据双方就货物交接方式、时间、地点、付费方式等达成的协议,填写场站收据,并把其送至多式联运经营人处编号,多式联运经营人编号后留下货物托运联,将其他联交还给发货人或其代理人。

(2)集装箱的发放、提取及运送

多式联运中使用的集装箱一般应由多式联运经营人或全程运输中的某一区段承运人提供。如果双方协议由发货人自行装箱,则多式联运经营人应签发提箱单或者将租箱公司或区段承运人签发的提箱单交给发货人或其代理人,由他们在规定日期到指定的堆场提箱并自行将空箱托运到货物装箱地点准备装货。如发货人委托亦可由经营人办理从堆场到装箱地点的空箱托运。若是拼箱货或整箱货但发货人无装箱条件不能自装时,则由多式联运经营人将所用空箱调运至接收货物的集装箱货运站,做好装箱准备。

(3)出口报关

出口报关事宜一般由发货人或其代理人办理,也可委托多式联运经营人代为办理,并在报关时提供场站收据、装箱单、出口许可证等文件。

(4)货物装箱及接收

发货人自行装箱时需在自家工厂或仓库完成,并请海关监装和加封;如发货人无法装箱,可委托货运站或多式联运经营人进行;拼箱货物需送至指定集装箱货运站由货运站装箱。所有装箱需制作装箱单并办理海关手续。整箱货物由发货人送至协议地点,拼箱货物由经营人在货运站接收,之后办理验收。

(5)订舱及安排货物运送

经营人在合同订立之后,即应制定货物的运输计划:货物的运输路线和区段的划分,各区段实际承运人的选择确定及各区段衔接地点的到达、起运时间等内容。经营人要按照运输计划安排给定各区段的运输工具,与选定的各实际承运人订立各区段的分运合同。

(6)办理保险

货物运输保险由发货人自行办理,或由发货人承担费用由多式联运经营人代为办理;由多式联运经营人或其代理人向保险公司或以其他形式办理货物责任险和集装箱保险。

(7)签发多式联运提单,组织完成货物的全程运输

多式联运经营人的代表收取货物后,经营人收取全部费用后应向发货人签发多式联运提单,组织和协调整个运输过程中各个运输区段的工作。

(8)运输过程中的海关业务

国际多式联运涉及进口国的通关手续、进口国内陆段保税运输手续及结关等内容。这些手续通常由多式联运经营人的代理人或实际承运人办理，费用由发货人或收货人承担。

(9)货物交付

当货物运至目的地后，由目的地的代理通知收货人提货。收货人需凭多式联运提单提货，并支付全部费用。经营人收回提单后签发提货单，提货人凭提货单到指定堆场和集装箱货运站提取货物。如果整箱提货，则收货人要负责至掏箱地点的运输，并在货物掏出后将集装箱运回指定的堆场，此时运输合同终止。

(10)货运事故处理

在全程运输中如发生货物灭失、损害或延误，发(收)货人可以向多式联运经营人索赔，多式联运经营人依据提单和合同条款确认责任并赔偿；如果已投保，联运经营人可向保险公司索赔；若责任和赔偿问题无法达成一致，则需在诉讼时效内通过诉讼或仲裁解决。

6.5 船员管理

船员有广义和狭义之分。广义的船员是受船舶所有人聘用或雇佣的，包括船长在内的船上一切任职人员的统称。狭义的船员则不包括船长，仅指具备法定的资格，受船舶所有人聘用或雇佣且服务于船上的人员。《中华人民共和国船员条例》规定了“船员”是指依照该条例的规定经船员注册取得船员服务簿的人员，包括船长、高级船员、普通船员。船长负责管理和指挥船舶；高级船员包括大副、二副、三副、轮机长等，负责船舶的专业技术或管理工作；普通船员则指除船长和高级船员外的其他船员。换言之，我国法律法规确立的是广义上“船员”，船员是航运系统的核心要素之一。

6.5.1 船员培训与评估

船员培训是确保船员具备必要技能和知识的重要环节。船员培训包括基本安全培训、适任培训和特殊培训。特殊培训针对在危险品船、客船等特殊船舶上工作的船员。培训合格后，船员需通过相应的考试和评估，以获得适任证书。

海船船员的考试和评估是获得适任证书的关键步骤。考试分为理论考试和评估两部分，涵盖专业知识和实际操作能力。理论考试重点测试船员对专业知识的理解和掌握程度，而实际操作考试则通过模拟器或其他设备的操作来评估船员的专业技能和应急处理能力。考试科目和大纲由交通运输部海事局统一制定。

内河船员考试依据《内河船员适任考试办法》进行，确保船员具备在内河船舶上工作的能力。考试分为理论考试和实际操作考试，考试内容包括内河船舶操作、航道规则、应急处理等，重点测试内河船舶船员的专业知识和操作技能。考试成绩合格的船员将获得相应的适任证书。

6.5.2 船员证件管理

船员适任证书是船员在船上任职的法定资格证明，确保船员具备必要的专业知识和技能。根据《中华人民共和国船员条例(2023 修订)》，适任证书的申请需满足年龄、健康和培训等条件，并须通过国家海事管理机构组织的考试。适任证书有效期一般不超过五年，且不超过持证人 65 周岁生日。签证页签满或证书遗失、损坏时，可申请换发或补发。

海员证是中国籍船员在境外执行任务时表明其中国公民身份的证件。《中华人民共和国海员证管理办法》规定，海员证的申请和签发由交通运输部海事局统一管理。海员证的有效期不超过 5 年，且有效期截止日期不超过持证人 65 周岁生日。海员证的申请需提交相应的申请表、适任证书或出境任务证明以及电子证件照片等材料。

船员服务簿是记录船员履职情况的重要文档。《中华人民共和国船员条例(2023 修订)》第七条规定，船员服务簿应当载明船员的姓名、住所、联系人、联系方式、履职情况以及其他有关事项。当服务簿记载的事项发生变更时，船员应向海事管理机构办理变更手续。

船员档案是船员职业发展的重要记录，包括培训、任职资历、安全记录和健康状况等信息。《中华人民共和国船员条例(2023 修订)》第三十六条要求船员服务机构建立船员档案，并定期将船员的相关情况报监管机构备案。船员档案的建立和管理对于船员的职业发展和用人单位的人事管理具有重要意义。

6.5.3 船员值班标准与安全配员

船员值班标准是为了确保船舶航行安全、保护海洋环境以及维护船员的工作权益而制定的一系列规范。《中华人民共和国内河船舶船员值班规则》第六条规定，船员值班安排应满足船舶、货物、人员安全及保护水域环境的要求，同时考虑值班船员的资格和经验，并保证船员得到充分休息，避免疲劳值班。

值班船员需遵守的驾驶台和机舱资源管理要求包括正确接收和处置与航行安全有关的信息、保持通信畅通、记录值班期间的重要事项。此外，值班船员在值班前四小时内及值班期间禁止饮酒，严禁服用可能影响安全值班的药物。

船舶安全配员是指根据船舶的类型、吨位、技术设备、航线等因素，按照相关法规和标准所规定的最低船员配备要求。《中华人民共和国内河船舶船员值班规则》第四条明确指出，船舶所有人、船舶经营人、船舶管理人和船长应按照船舶安全配员的相关规定配备合格船员，确保船员熟悉船上相关设备和船舶特性，有效履行安全、防污染等职责。

安全配员的目的是确保船舶在各种操作环境下均有足够的合格船员以保持船舶安全运行，包括航行、停泊、作业等不同状态。

6.5.4 船员劳动权益保障

船员劳动合同是船员与船东或其代理人之间建立劳动关系的基本法律文件。根据《中华人民共和国船员条例(2023 修订)》及国际劳工组织(ILO)的《2006 年海事劳工公约》，合同应明确海员的职务、工资、工作时间、休息休假、社会保险等条款。重点在于保障海员的合法权益，确保工作条件符合国际和国内法律法规的要求。

船员的工作时间和休息休假是劳动合同的重要组成部分。《中华人民共和国海员船上工作和生活条件管理办法》指出，船东和船长应采取有效措施防止船员疲劳工作，并确保海员的休息时间满足规定的要求。任何 24 h 内不少于 10 h，任何 7 d 内不少于 77 h，且休息时间的安排应避免连续工作导致的疲劳。

船员工资是其劳动报酬，必须按时足额支付。《中华人民共和国海员船上工作和生活条件管理办法》规定，船东应至少每月向海员支付一次工资，且支付方式应透明公正。船东不得通过不正当手段克扣或无故拖欠船员工资。

船员在执行职责时的安全与卫生至关重要。根据《中华人民共和国船员条例(2023 修订)》和《中华人民共和国海员船上工作和生活条件管理办法》，船东应提供符合标准的安全工作环境，包括但不限于起居舱室、娱乐设施、膳食服务以及必要的医疗和健康保障。

船员在工作期间如遭遇人身伤亡，根据《中华人民共和国民法典》和相关国际公约，船东或保险公司应负责相应的损害赔偿。赔偿范围通常包括医疗费用、丧失工作能力赔偿、死亡赔偿等。

当船员与船东或用人单位发生劳动争议时，应依据《中华人民共和国劳动争议调解仲裁法》进行处理。争议可通过协商、调解、仲裁或诉讼等途径解决。重点在于保障船员的申诉权利，确保争议得到公正及时地处理。

6.6 水运商务业务

6.6.1 水运商务业务概述

水运商务业务是指运用科学的管理方法，对水路运输过程中的商务活动进行有效的组织、协调、监督和控制，以实现运输企业经济效益和社会效益的最大化。水运商务业务的对象涵盖了广泛的领域，不仅包括货物、船舶、港口等实体要素，还涉及运输企业及其相关单位和人员的活动。这些对象的相互作用和协同配合，是水运商务业务能否取得成功的关键。

具体而言，水运商务业务的基本内容包括以下几个主要内容：

(1)货源组织管理：这涉及对货流的分析、货源的组织以及货源的吸引等环节。通过对市场需求的深入研究和预测，确保运输资源的合理分配和有效利用。

(2)水路货运进、出口业务：这一部分包括了货物托运、委托作业、承运、船舶配积载、货物装船、货物运输过程中的商务作业，以及货物到达与交付等环节。这些环节的顺畅运作，是确保货物按时、安全、高效运输的基础。

(3)水路运输服务业务：这包括了代办中转、货运代理、船舶代理、理货等服务。这些服务业务的提供，不仅提升了运输的附加价值，也为客户提供了更加便捷和全面的运输解决方案。

(4)货运质量管理与理赔：涵盖货运质量管理、货运事故处理、货损索赔和保险理赔等方面。这是保障运输服务质量、维护客户权益的重要环节。

水运商务业务不仅能够提高航运系统运营的经济效益和社会效益，还能够保障货物运输过程的安全、便捷。同时，对促进水路运输市场的规范化和现代化具有重要作用。有效的商务业务是新一代航运系统韧性提升的保障条件。

6.6.2 货源组织管理

货源组织管理是水运商务业务的重要组成部分，它涉及对货物运输的流量、流向、流时、流距等要素的深入分析，以及如何有效地组织和吸引货源，确保水路运输资源的充分利用和运输效率的最大化。

首先，货流及其分析是货源组织管理的基础。货流分析包括对货物运输的起始地、目的地、运输路线、货物种类、数量、运输频率等数据的收集和评估。通过对这些数据的细致分析，可以揭示货物流动的规律和趋势，为货源的组织提供科学的决策依据。例如，了解不同季节或市场周期内的货物流量变化，可以帮助运输企业提前做好运力调整和资源分配。

其次，货源组织工作是根据货流分析的结果，制定和实施货源组织计划。这项工作包括确定货源开发的目标市场、选择合适的运输方式、安排运输工具和路线，以及制定相应的营销策略。货源组织工作要求运输企业具备灵活的市场反应能力，能够迅速抓住市场机遇，通过合理的运价策略和服务承诺，吸引更多的货主选择水路运输。

货源吸引是货源组织管理的关键环节，它涉及多种策略和手段：

(1)优化运输服务：通过提高运输速度、降低运输成本、提升服务质量，增强企业在市场上的竞争力。

(2)市场营销推广：利用广告、公关活动、网络营销等手段，提高企业知名度，扩大货源市场。

(3)建立合作伙伴关系：与货主、物流公司、港口企业等建立长期合作关系，稳定货源。

(4)优惠政策制定：为长期合作伙伴提供运费折扣、优先服务等优惠措施，增加客户粘性。

(5) 加强顶层设计，推进港口资源整合：港口企业在货源组织管理方面还应根据交通运输部最新印发的《内河航运发展纲要》，加强顶层设计，推进资源整合，完善港口布局，形成层次分明、功能互补、竞争有序的发展格局。

综合来看，货源组织管理通过精确的货流分析、高效的货源组织工作以及多元化的货源吸引方法，确保了水路运输企业能够在激烈的市场竞争中保持优势，实现运输资源的最大化利用，为企业的持续发展奠定坚实的基础。

6.6.3　水路货运进出口业务

水路货运进、出口业务是水运商务业务中的关键环节，它涵盖了从货物托运到最终交付的全过程，确保货物能够安全、高效地在世界各地流转。

首先，货物托运是水路货运进、出口业务的起点。在这一阶段，货主与运输企业签订运输合同，明确货物的种类、数量、起运和到达地点、运输时间等关键信息。货主需向运输企业提供货物的详细资料，包括货物的性质、包装方式、特殊处理要求等，以便运输企业制定合适的运输方案。

其次，委托作业与承运是紧随其后的重要步骤。运输企业在接到托运请求后，会对货物进行评估，并根据货物的特性、运输路线、船舶状况等因素，决定是否接受承运。一旦决定承运，运输企业将委托港口企业或第三方物流公司进行货物的装卸、仓储等作业，并确保所有操作符合相关的法律法规和安全标准。

接受委托作业的港口企业或物流公司，将负责货物的实际操作。这包括为货物办理进出口手续，如海关申报、检验检疫等，以及为货物提供必要的预处理，如加固包装、冷冻保鲜等。

船舶配积载及货物装船业务是确保货物顺利上船的关键环节。运输企业需根据货物的体积、重量、性质以及船舶的载重线和稳性要求等因素，进行合理的船舶配载和积载设计。这一过程要求精确计算，以确保船舶的平衡和安全。随后，货物装船作业将按照既定的计划进行，操作人员需严格按照规程操作，避免货物在装船过程中受损。

在货物运输过程中的商务作业同样不可或缺。这包括对货物运输全程的监控、跟踪和记录，确保货物按照既定路线和时间表运输。同时，商务作业还涉及运费的计算与结算、运输合同的执行情况评估，以及可能出现的运输变更处理等。

最后，货物到达与交付是水路货运进、出口业务的收尾阶段。当货物抵达目的港后，运输企业或其代理需办理货物的卸船、清关等手续，并将货物安全、及时地交付给收货人，同时处理任何可能出现的问题，如货损、货差等。这一过程要求高度的责任心和细致的操作，以确保货物交付的顺利进行。

通过这样一整套严密的水路货运进、出口业务流程，不仅保障了货物的安全运输，提高了运输效率，也增强了运输企业在国际贸易中的服务水平和市场竞争力。

6.6.4 水路运输服务业务

水路运输服务业务是水运商务业务的重要组成部分，它涵盖了多种服务类型，旨在为客户提供全面、高效的运输解决方案。

(1)代办中转业务

代办中转业务是指在水路运输过程中，由第三方物流服务提供商代表货主或运输公司，在货物需要从一个运输工具转移到另一个运输工具时，提供的中转港口或中转站的装卸、仓储、再装运等服务。对于需要通过多个运输节点才能到达目的地的货物，代办中转业务能够确保货物在中转过程中的顺畅和安全。

代办中转业务的服务内容包括中转港口的选择、中转手续的办理、货物的监管与保护，以及与下一程运输方式的衔接。通过高效的代办中转业务，可以缩短货物的运输时间，降低运输成本，提高整体运输效率。

(2)货运代理业务

货运代理业务是指代理客户处理与货物运输相关的所有事宜，为委托人办理国际货物运输及相关业务并收取服务报酬。包括但不限于货物运输合同的签订、货物运输路线的规划、运费的谈判与支付等。

作为货主的代表，货运代理负责与运输企业、保险公司、海关等机构进行沟通和协调，确保货物能够顺利运输。货运代理还提供货物跟踪、信息反馈、风险管理等服务，帮助货主更好地控制货物运输的全过程。

(3)船舶代理业务

船舶代理业务是指为船舶提供进出港口所需的各种服务，包括办理船舶进出港口手续、安排船舶停靠、引航、装卸、补给燃料和物资等。

船舶代理还负责处理与船舶相关的法律法规事务，如海关申报、船舶检验、船员更换等。通过专业的船舶代理服务，可以确保船舶在港口的安全、高效运作，减轻船东和船员的负担。

(4)理货业务

理货业务是指在货物装卸过程中，对货物进行清点、检查、分类、标记、打包等操作，以确保货物的数量和质量符合运输合同的规定。理货人员通常由专业的理货公司派遣，他们负责监督货物的装卸过程，记录货物的状态，处理货物损坏或缺少等问题。理货服务的质量直接影响到货物的安全和运输效率，是确保货物准确交付的关键环节。

总体而言，水路运输服务业务通过提供一系列的专业服务，不仅提升了水路运输的整体服务水平，也为货主、船东和相关企业带来了便利和效益。

6.6.5　货运质量管理与理赔

货运质量管理与理赔是水运商务业务的重要组成部分，它关系到货物运输的安全、货主的利益保护以及运输企业的信誉和经济效益。

货运质量管理方法包括制定严格的货物接收、储存、装卸、运输和交付标准，以及实施定期的质量检查和评估。具体方法包括货物预处理，根据货物的特性进行适当的包装和处理，确保适合水路运输；以及进行在途监控，利用现代信息技术，如 GPS、物联网等，实时监控货物的运输状态；同时进行质量控制，通过 ISO 等国际标准体系，建立质量控制流程，确保运输服务的标准化。

货运质量保证体系是指一系列相互关联或相互作用的要素，包括政策、计划、过程、程序和资源，这些要素结合起来，旨在提供对质量标准的持续满足的信任。保证体系通常包括质量手册，详细记录质量管理政策和程序；内部审核，定期对运输流程进行审核，确保符合质量标准；持续改进，根据审核结果和客户反馈，不断优化运输服务。

货运事故处理是指当货物在运输过程中发生损失或损坏时，所需采取的一系列措施，具体包括：

(1)事故调查：立即对事故原因进行现场调查，收集证据。

(2)事故报告：及时向相关方报告事故情况，包括货主、保险公司等。

(3)应急响应：采取必要的措施，如货物转移、修复等，以减少损失。

货损索赔是当货物在运输过程中发生损失或损坏时，货主可以根据运输合同和相关法律法规向运输企业提出索赔。索赔流程通常包括：

(1)索赔申请：货主提交索赔申请，并提供损失证明。

(2)索赔审核：运输企业对索赔申请进行审核，确定责任和赔偿金额。

(3)赔偿支付：在确认责任后，运输企业向货主支付赔偿。

如果货物已投保，货主可以向保险公司提出理赔。保险理赔流程包括：

(1)理赔申请：货主向保险公司提交理赔申请和相关证明。

(2)理赔调查：保险公司对事故进行调查，确定是否属于保险责任范围。

(3)理赔支付：在确认理赔责任后，保险公司向货主支付赔偿。

货运质量管理与理赔的最终目标是确保货物在运输过程中的安全和完整，以及在出现问题时，能够迅速、公正地处理索赔，保护各方利益。通过有效的货运质量管理和理赔体系，可以提高运输企业的服务质量和客户满意度，降低运营风险。

"课程思政"延伸阅读案例六：

航运华章——我国船舶营运与服务领域的华丽转身

船舶营运与服务领域是航运业的核心组成部分，其发展水平不仅关系到航运企业的经济效益，更影响着国家经济的整体运行和国际竞争力。在新中国成立后的几十年间，我国船舶营运组织、集装箱多式联运、船员管理和水运商务等方面经历了从起步到逐步发展壮大的艰辛历程，取得了举世瞩目的成就，彰显了我国航运业不断探索、创新和进取的精神。

◆船舶营运组织：从粗放管理到精细运作

新中国成立初期，船舶营运组织形式单一，主要围绕国内沿海及内河散货运输，调度凭经验，船舶利用率低。随着经济发展，运输需求多元化，我国积极探索创新。改革开放后，班轮运输兴起，航线拓展至全球主要港口，集装箱运输也蓬勃发展。如今，借助大数据与人工智能，我国实现了船舶营运的精细化管理，能够实时监控船舶状态，并依市场需求优化资源配置，大幅提升了营运效率与竞争力。

◆集装箱多式联运：构建高效物流通道

集装箱多式联运方面，早期我国基础薄弱，港口设施差，联运衔接不畅。改革开放推动了港口建设，引入了先进装卸设备，提高了作业效率。我国积极构建多式联运枢纽，形成海铁、公水等联运模式，中欧班列更是加强了国际联系。当前，我国不断拓展联运网络，创新服务产品，推动集装箱多式联运向智能化、绿色化发展，有力保障了全球供应链畅通。

◆**船员管理:迈向专业化与国际化**

船员管理上,新中国成立后虽建立有规范体系,但早期船员素质参差不齐,培训体系不完善。随着航运需求增长,我国大力加强船员培训,完善培训教育机构,健全适任考试评估制度,以确保船员专业素养。同时,积极推进国际化,接轨国际标准,使我国船员在国内外航运中发挥着重要作用,也为全球航运业输送了众多人才。

◆**水运商务:创新驱动服务升级**

水运商务领域,新中国成立初期业务简单,以传统货物托运承运为主。市场经济发展促使水运商务不断创新,各港口企业在货源组织上,通过调研与营销创新,积极拓展市场;货运进出口业务中,加强部门协作,提升通关效率;运输服务领域,多种企业涌现,提供增值服务。近年来,水运商务领域积极引入信息技术,实现电子化、信息化,还探索与金融、保险融合,提供全方位解决方案。

我国船舶营运与服务各领域从起步到壮大,历经了无数挑战,抓住了诸多机遇,凝聚了航运人的智慧与汗水。这些发展成果有力推动了我国航运业繁荣,对经济发展与全球贸易意义重大。展望未来,我国航运业将继续秉持新发展理念,持续提升船舶营运与服务水平,向着海洋强国、交通强国稳步迈进,续写辉煌篇章。

(“课程思政”延伸阅读案例部分内容参考大语言模型“豆包”相关检索结果)

本章思考题

1. 什么是韧性运营服务?航运系统韧性运营服务有哪些基本内容?
2. 船舶运输组织形式可分为哪几类?各有何特点?
3. 请画出协作式与衔接式多式联运模式示意图。
4. 船员证书有哪几种?船员适任应满足什么基本要求?
5. 水路运输服务业主要包括哪些业务形式?

参考文献

[1] 严新平.内河新一代航运系统构建的思考[J].中国水运,2021(9):6-8.

[2] 严新平,李晨,刘佳仑,等.新一代航运系统体系架构与关键技术研究[J].交通运输系统工程与信息,2021,21(5):22-29+76.

[3] 严新平,韩亚,吴兵,等.水路交通系统的发展现状与未来展望[J].中国航海,2024,47(2):145-152.

[4] 陈伟杰.基于AIS数据的集装箱港口运营服务效率评价研究[D].上海:上海海事大学,2022.
[5] 丁军,李鑫,黄建涛.信息化、数字化、智能化推动航运运营服务体系转型[J].船舶与海洋工程,2020,36(6):62-66.
[6] 傅志寰,孙永福.交通强国战略研究(第一卷)[M].北京:人民交通出版社股份有限公司,2019.
[7] 包甜甜,连峰,杨忠振.航运管理研究综述[J].交通运输工程报,2020,20(4):55-69.
[8] 孙明,王学锋.多式联运组织与管理[M].上海:上海交通大学出版社,2011.
[9] 季永青,李佑珍.运输管理实务[M].高等教育出版社,2008.
[10] 宋国琴,俞中奇,赵瑜颉.湖州市2020年内河水运货源调查分析[J].水运管理,2020,42(12):5-9.
[11] 孟璐璐.水路交通运输中的信息化管理研究——评《水路运输与港口商务业务学》[J].人民黄河,2022,44(7):164.
[12] 黄燕芸.国际货运代理企业推行ISO9000质量管理体系的几点思考[J].中国储运,2018(1):101-103.
[13] 关腾飞.船舶承运人加强货运质量管理的措施[J].天津航海,2010(1):33-34.
[14] MURPHY P R,KNEMEYER A M. Contemporary Logistics[M]. New York:Pearson,2018.
[15] WANG L,LIU Q,DONG S. Guedes Soares. Selection of countermeasure portfolio for shipping safety with consideration of investment risk aversion[J]. Reliability Engineering & System Safety,2022,219:108189.

第7章

安全应急与救援

7.1 概述

安全应急与救援是新一代航运系统的重要组成和系统运行的根本保障，包括风险评估、海事安全监管、事故应急救援等组成要素。

新一代航运系统中不同功能子系统相互影响、共同协作，保障整个系统的安全高效运行。通过快速有效的应急响应，能够最大限度地减少事故对船员和乘客生命安全的威胁；高效的救援措施能够及时控制和消除事故带来的财产损失，包括船舶、货物和港口设施；在发生泄漏或污染事件时，及时的应急处理可以有效减少对环境的损害，保护生态；通过不断优化应急预案和演练，能够提升新一代航运系统对突发事件的应对能力和恢复能力，增强系统整体韧性；透明有效的应急响应机制和救援能力能够增强公众对航运行业的信任，促进航运业的可持续发展。新一代航运系统的安全应急与救援，不仅是事故处理的必要手段，更是提升系统安全性、韧性和可持续发展的重要保障。通过智能化、协同化的应急管理机制，航运业能够在面对突发事件时更快速有效地应对，保障人身安全并落实环境保护。

本章深入学习定性及定量风险评估方法，结合综合安全评估流程与框架了解如何识别和评估潜在风险因素，通过对新一代航运风险致因分析与防控策略的探讨，学习如何利用不同模型与方法制定有效的防范措施；海事安全监管部分，将探讨船舶安全管理的重要性以及海事监管中心的运作原理，进一步讨论未来海上事故调查的重要性和必要性，从而强调监管技术与管理模式的创新；事故应急救援部分将详尽论述应急管理的核心内容，展望未来的挑战与趋势，并讨论在不断变化的航运环境中如何优化应急响应与救援策略，以应对日益复杂的安全风险。

7.2 安全应急与救援总体发展

新一代航运系统由四个重要架构集成：绿色智能船舶、数字生态设施、可靠岸基支持、韧性运营服务。与传统航运系统相比，新一代航运系统在架构、技术和运行模式上的不同与相同之处都很显著。两者的相同之处在于：其核心功能都涉及船舶运输货物、确保航运安全、遵守国际法规以及提高经济效益。两者都使用船舶、港口、航线等基本设施，且目标都是实现全球的货物流动和人员运输。新旧系统都需要遵守国际海事组织(IMO)的公约和法规，例如《国际海上人命安全公约》(SOLAS)和《国际防止船舶造成污染公约》(MARPOL)，在国际规则框架下运行。两者的不同之处在于：传统船舶以柴油动力为主，能源利用效率较低，且自动化水平较低，通常依赖人力操作；而新一代航运系统的绿色智能船舶强调能源效率和环境保护，采用清洁能源（如液化天然气、氢燃料或电能），并集成自动化技术、智能化控制系统，减少碳排放和环境污染，由此带来的新的风险问题亟须重视，如清洁能源的安全使用、事故预防措施、灾难管理等。以往的港口和设施相对独立，数据流动和决策主要依靠人工操作和经验；新一代航运系统通过电子航道图、全息助航设施、数传通信网络、港口自动化装备实现智能化调度、实时数据共享与协同，提高港口作业和运输效率，因此带来一系列的网络安全问题。传统岸基支持主要依靠陆地控制和海上通信系统，岸基和船舶的协作较为有限；新一代航运系统岸基支持强调远程驾控和实时分析，利用数字孪生技术、增强现实等手段，提升岸基支持能力，这也意味着船岸协同场景下航行系统伴随着新的风险致因和风险演化特性。岸基驾控技术的应用能够提高航运效率，降低人力成本，有助于我国在全球航运业中占据技术领先地位，实现“海洋强国”“交通强国”的目标。智能船舶的岸基控制系统具备全球覆盖和实时监控的特点，能够为我国在复杂的国际海洋环境中提供全天候的安全保障，确保海上重要资源和战略通道的安全。

7.2.1 综合安全评估流程与框架

对航运系统进行系统性风险评估，国际上广泛应用综合安全评估法。根据国际海事组织 IMO 定义，FSA(Formal Safety Assessment)即综合安全评估，是一种结构化、系统化的方法，旨在通过风险分析和成本/收益评估来提高海上安全，包括保护生命、健康、海洋环境和财产。FSA 作为评估新的海事安全和保护海洋环境法规的工具，可以对现有法规和可能改进的法规进行比较，以期在包括人为因素在内的各种技术和操作问题之间，以及海事安全或保护海洋环境与成本之间取得平衡。其具体流程如图 7-1 所示。

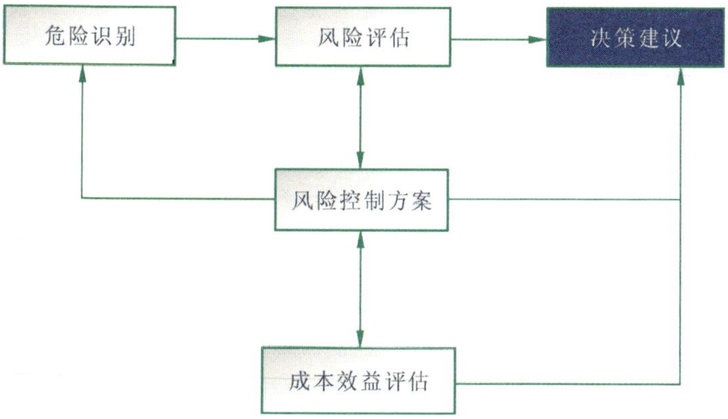

图 7-1　FSA 流程

FSA 框架主要包含以下五个步骤：

(1)危险识别(列出所有相关事故情景以及潜在原因和结果)；

(2)风险评估(评估风险因素)；

(3)风险控制方案(制定监管措施以控制和降低已识别风险)；

(4)成本效益评估(确定每种风险控制方案的成本效益)；

(5)决策建议(提供有关危险、相关风险以及替代风险控制方案成本效益的信息)。

一方面，综合安全评估 FSA 可以应用于监管措施的提案评估，这些提案对航运业的成本或可能产生的行政或立法负担具有深远影响，通过实施监管措施提案评估，能够为拟议的监管措施提供明确理由，并允许对比此类措施的不同选择。另一方面，FSA 的基本理念使它不仅可作为透明化决策过程的工具，还提供了一种主动风险防控方法，在严重事故发生之前考虑潜在的危险。Zhang 等利用 FSA 概念和贝叶斯网络(BN)技术对长江的航行风险进行了评估，利用风险矩阵法考虑事故概率和后果，建立了航行风险模型，然后进行了情景分析以证明所提模型的应用。FSA 作为一种结构化、系统化的风险评估方法，在世界航运业中得到了越来越广泛的应用。

新一代航运系统在智能化、绿色化、数字化和韧性化方面显著提升了传统航运系统的性能，尽管核心功能和目标保持一致，但新系统通过整合先进技术实现了更高效、更环保、更智能的运营模式。这种变革将推动全球航运向可持续发展转型。因此，开展的 FSA 风险评估应包括如下内容。

(1)识别危险

传统航运系统中的风险识别主要关注船舶碰撞、搁浅、火灾、污染等常见航运风险。新一代航运系统由于系统的复杂性增加，风险识别需要扩展到自动驾驶技术、数字通信系统等方面，例如，智能船舶方面有自动化控制故障、AI 系统失误、网络攻击；数字生态设施方面有网络安全风险、港口自动化设备故障；岸基支持系统方面有远程控制失败、数据共享中的失误或延迟、人机交互故障;绿色能源船舶方面有新能源技术(如氢燃料电池、LNG 等)的安全问题,包括燃料泄漏、燃爆等。

(2)风险评估

根据风险的频率和后果进行风险分类。新一代航运的关键风险需要特别关注与智能化、自动化、数字化相关的风险,如自动驾驶系统的操作失误、网络攻击带来的全局性故障。可以采用故障树分析(FTA)、事件树分析(ETA)等工具,评估新一代航运系统中不同技术和运营方式带来的潜在风险。

(3)风险控制方案

传统控制措施包括加强培训、制定紧急响应程序、增加监控设备等。新系统的控制措施有:智能化控制措施,对智能船舶系统进行多层次的冗余设计,确保在主系统失效时有备用方案;网络安全措施,加强网络防护,制定网络攻击应急响应机制,采用加密和多因素认证等措施;远程监控与诊断,岸基控制系统需要有实时的故障诊断和修复能力,确保远程操作的安全性;能源安全措施,对新型能源系统(如氢燃料、LNG 等系统)进行定期检测和维护,确保其运行安全。

(4)成本效益分析

传统航运系统的成本效益分析评估传统安全措施(如增加人员培训、购买安全设备)的投入和产出。新一代航运系统需要评估智能化设备和技术的成本与安全效益,如采用自动驾驶和远程控制系统是否能显著降低事故率,减少长期的人员和资源投入;网络安全投资的效益分析需要评估加强网络防护措施(如购买安全软件和聘请网络安全专家)的成本与防止安全事故的效益;绿色能源系统的安全投资需要平衡环境效益与设备安全投入。

(5)决策建议

新一代航运系统涉及技术冗余与多层防护,智能系统应具备强大的冗余设计,以应对系统故障;网络安全层面需要多层防护,以抵御潜在的网络攻击。实时监控与反馈,利用数字化技术,建立对船舶与港口设施的实时监控和反馈系统,确保能够在风险发生时及时采取控制措施。优化应急预案,针对新型风险(如智能系统故障、网络安全问题),制定具体的应急预案,并定期演练。

总之 FSA 作为一种系统风险分析方法,可以被运用在新一代航运系统面临的船舶可再生能源动力驱动系统风险评估、远程驾控船岸协同风险分析等新问题新场景中开展研究。

7.2.2 航运风险致因因素

随着现代造船业的发展以及各类通信导航技术的应用,船体设计、稳定性系统、推进系统、船舶导航设备等方面取得了大幅度进步，尽管如此，水上交通安全水平仍然没有达到令人满意的程度，重特大海难事故时有发生。相关研究表明，约有 75%～96%的海上事故是由人为错误或失误造成的。人为失误通常是由多种原因引起的，包括人为因素、船舶因素、环境因素、组织因素等。航运事故数据报告显示，航运风险致因因素种类多、相互之间关联性复杂。其中，与人员工作流程有关的因素包括沟通协调、瞭望、航海设备的使用、监督与保障等，与个人自身有关的因素包括疲劳、态势感知等；船舶因素包括船舶状况、船上设备、设计的人体工程学影响等；环境因素包括天气状况、海况、航道交通密度、嘈杂的声环境等；组织与管理因素包括规则、签注、规章、程序、指令、正式发布的指南、操作手册、要求等。

根据国际海事事故调查报告，英国海事调查委员会（MAIB）和加拿大运输安全委员会（TSB）发布的共 161 起事故报告共涉及 208 艘船舶。事故分布情况如图 7-2 和图 7-3 所示。

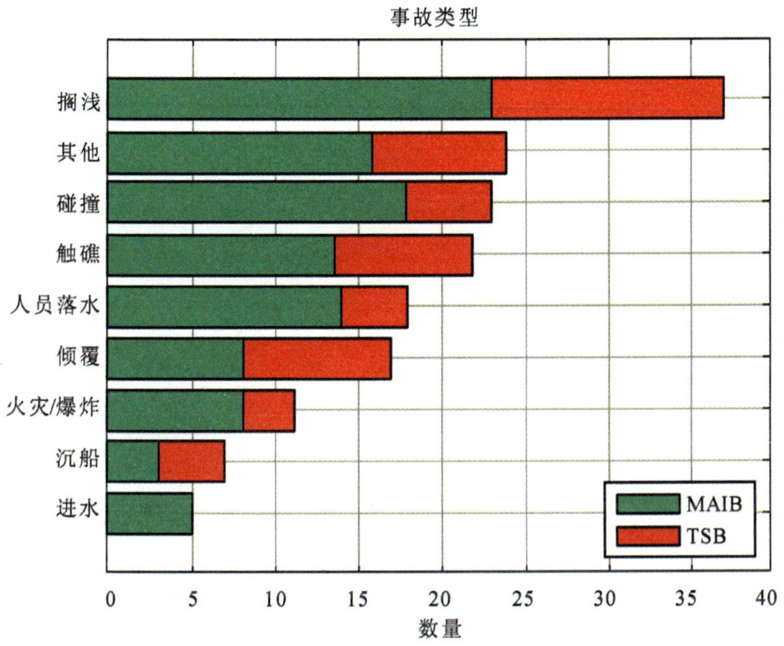

图 7-2　事故类型分布

如图 7-2 所示，搁浅、碰撞和触礁事故发生的频率较高，而沉船和进水事故发生频率较低。图 7-3 显示了 MAIB 报告中的船舶作业分布：船舶作业类型中船舶“通行”时发生的事故数量远高于其他作业事故，其次是“打捞”和“抛锚”。通过对这些事故进行详细分析，事故关键因素主要可以分为五类：运营、个人、船舶、环境、管理，如表 7-1 所示。

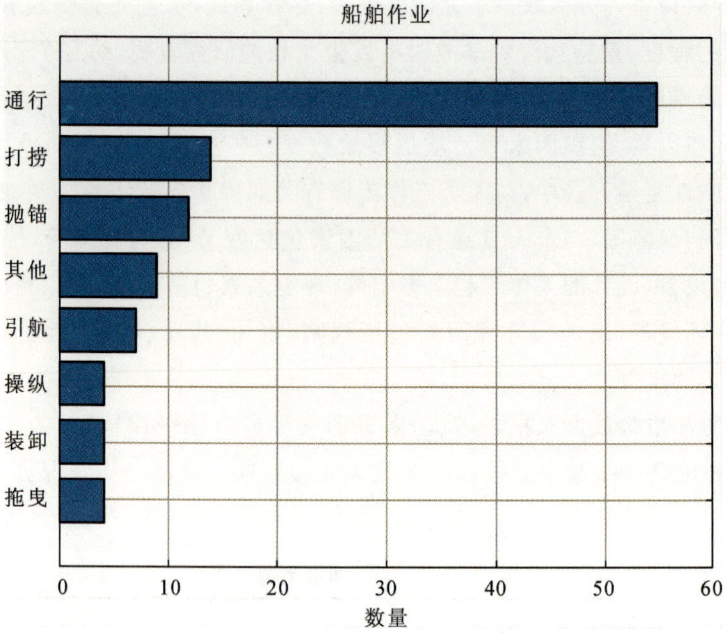

图 7-3 MAIB 事故的船舶作业分布

表 7-1 航运风险因素种类

类别	风险因素
运营	团队沟通协调不畅
	监督和支持不力
	航行计划不详细或不安全
	引航员与值班船员切换或改变驾驶模式
	过度依赖 AIS、GPS 等设备或瞭望不足
	速度太快
	指令不明确
	响应时间受限
个人	情景意识缺失
	疲劳/困倦
	情绪不佳
	不熟悉设备设施或缺乏经验
	低估情况的严重性(警觉性低)
	娱乐性药物、酒精

续表 7-1

类别	风险因素
个人	认知超负荷
	生理不适
	注意力不集中
	压力
船舶	船舶状况不佳或船舶改装过
	船上设施设备未充分利用或操作不当
	新型船舶驾驶室产生的人体工程学影响(如前方视觉盲区、运动错觉)
	设备导致的信息不足或未更新;缺乏观测指标或自动化辅助
环境	天气因素:风、能见度
	海况因素:潮汐、洋流、浪
	噪声与振动
	航道交通状况及航线重复性
管理	规范、规定、说明、操作手册、要求含糊不清
	缺乏风险评估
	管理系统失调(岸基管理、维修管理、船舶驾驶台资源管理、船上管理、安全管理体系等失调,港口服务、资质考试不完善,培训、应急演习不足)
	缺乏安全知识、预防意识
	没有适用船员的医疗及健康标准
	商业压力、公众压力或企业压力

随着航运业智能化、自动化发展,航运风险致因因素亦有所变化。一方面,传统航运系统中关于船舶和人员的风险因素可能会减少,如智能化辅助驾驶模块功能逐渐完善,这会使技能不足和自动化程度低导致的人员操作失误概率大幅降低。另一方面,部分致因因素将日益显著或产生新的风险因素,如人机协作场景下从自动驾驶切换至人为操作的人工接管风险将成为未知,自动化信任机制将随之产生并影响远程驾控航行安全。

新一代航运系统的航运风险致因因素可以从技术、人员、环境和管理等多方面进行分析。

(1)技术因素

新一代航运系统引入了智能船舶和自动化系统。这些技术虽然提高了航运效率,但也带来了新的风险,如自动化系统故障、网络攻击和软件漏洞等。物联网、大数据和人工智能技术在新一代航运系统中的广泛应用,使得数据的采集、传输和处理更加复杂。如果数据不准确或出现传输延迟,可能会导致决策失误。新一代航运系统集成了多种技术,系统间的兼容性和可靠性成为潜在的风险源。一旦出现系统失效或兼容性问题,可能会导致重大安全事故。

(2)人员因素

随着新技术的应用,船员和岸基操作人员需要掌握新的技能和知识,未能适应这种转变可能会带来操作失误。智能航运系统中,人与机器的协同至关重要。如果人机交互设计不佳或责任分配不清晰,可能导致操作混乱,进而引发安全风险。高强度的值班、复杂的系统操作和高压的工作环境可能引发人员的疲劳和应激反应,进而影响操作安全性。

(3)环境因素

气候变化导致极端天气频发,新一代航运系统在应对极端环境时会面临较大的挑战。即便智能系统能够优化航行路径,但在恶劣天气下依然存在不确定性。环境污染、船舶密度增加和航线拥堵等问题加剧了环境的不确定性,增加了航行风险。

(4)管理因素

新一代航运系统的快速发展可能会超过现有的安全管理体系的应对能力。传统的管理模式在面对智能化和自动化技术时可能显得滞后。智能船舶和无人船等技术的快速发展可能超过国际海事公约和标准的制定进度,导致相关监管缺失,增加了操作和管理中的风险。随着数字化的深入,航运系统面临的网络攻击风险显著增加,若缺乏完善的网络安全管理,容易引发系统崩溃、信息泄露等问题。

综合来看,新一代航运系统的风险致因因素涉及技术进步带来的新型挑战,也涵盖了传统的人员、环境和管理风险。有效识别并管理这些致因因素,将是保障未来航运安全的关键。

7.2.3 航运风险防控策略分析方法

航运风险防控策略分析方法涉及多个层面与技术,旨在识别、评估、缓解和监控航运过程中可能出现的风险。常见的方法有德尔菲法、故障树分析、事件树分析、多标准决策分析(MCDA)等。下面主要介绍两种风险防控策略方法。

1)TOPSIS 方法

TOPSIS(Technique for Order Preference by Similarity to Ideal Solution)是一种常用且典型的多标准决策分析方法,可以用于航运风险评估与决策制定。具体来说,TOPSIS 方法可以有效地帮助决策者在多个备选方案中选择最优方案,从而提升航运风险防控的科学性和有效性。它的分析步骤如下:

①确定评价标准和备选方案。

②构建决策矩阵。

③标准化决策矩阵。

④确定加权标准化决策矩阵。

⑤确定理想解和负理想解。

⑥计算每个方案与理想解和负理想解的距离。

⑦计算每个方案的相对接近度。

⑧排序并选择最优方案。

通过上述步骤，我们来看一个针对新一代航运系统风险防控的例子：参考评价标准，运用 TOPSIS 方法从众多决策方案中选出最优的方案。它的分析过程如下所示：

（1）确定评价标准和方案

首先明确用于评估的评价标准和备选方案类型。例如：

新一代航运系统中的岸基驾控子系统设计的评价标准：安全性（Safety）、效率（Efficiency）、成本（Cost）、环境影响（Environmental Impact）。

备选方案：方案 A 分布式岸基驾控站点、方案 B 船岸一体化协同控制系统、方案 C 集中式岸基驾控中心。

（2）构建决策矩阵

构建包含所有评价标准（安全性、效率、成本、环境影响）和备选方案（A、B、C）的决策矩阵。矩阵中的元素表示每个方案在每个评价标准下的表现假设值如表 7-2。

表 7-2　备选方案及其评价标准值

方案	安全性	效率	成本	环境影响
方案 A	0.8	0.6	0.9	0.7
方案 B	0.7	0.8	0.8	0.6
方案 C	0.6	0.7	0.7	0.8

（3）标准化决策矩阵

将决策矩阵标准化，使得不同标准具有可比性。常用的方法是向量归一化：

$$r_{ij} = \frac{a_{ij}}{\sqrt{\sum_{i=1}^{m} a_{ij}^2}}$$

计算结果：

$$\begin{bmatrix} 0.656 & 0.492 & 0.647 & 0.574 \\ 0.574 & 0.656 & 0.576 & 0.492 \\ 0.492 & 0.574 & 0.504 & 0.656 \end{bmatrix}$$

（4）确定加权标准化决策矩阵

给每个评价标准分配权重，并计算加权标准化决策矩阵：

假设权重分别为 0.3(安全性)、0.2(效率)、0.3(成本)、0.2(环境影响):

计算结果:

$$\begin{bmatrix} 0.1968 & 0.0984 & 0.1941 & 0.1148 \\ 0.1913 & 0.1312 & 0.1728 & 0.0984 \\ 0.1476 & 0.1148 & 0.1512 & 0.1312 \end{bmatrix}$$

(5)确定理想解和负理想解

确定正理想解(最好值)和负理想解(最差值):

$$v^{+}=(0.1968,0.1312,0.1512,0.0984)$$

$$v^{-}=(0.1476,0.0984,0.1914,0.1312)$$

(6)计算每个方案与理想解和负理想解的距离

使用欧氏距离公式计算每个方案与正理想解和负理想解的距离:

$$\left[S_i^{+}=\sqrt{\sum_{j=1}^{n}(v_{ij}-v_j^{+})^2}\right]$$

$$\left[S_i^{-}=\sqrt{\sum_{j=1}^{n}(v_{ij}-v_j^{-})^2}\right]$$

计算结果:

$$[S_{\mathrm{A}}^{+}=0.0564,S_{\mathrm{A}}^{-}=0.0519]$$

$$[S_{\mathrm{B}}^{+}=0.0223,S_{\mathrm{B}}^{-}=0.0664]$$

$$[S_{\mathrm{C}}^{+}=0.0614,S_{\mathrm{C}}^{-}=0.0434]$$

(7)计算每个方案的相对接近度

计算每个方案的相对接近度:$\left[C_i=\dfrac{S_i^{-}}{S_i^{+}+S_i^{-}}\right]$

计算结果:

$$\left[C_{\mathrm{A}}=\frac{0.0519}{0.0564+0.0519}=0.479\right]$$

$$\left[C_{\mathrm{B}}=\frac{0.0664}{0.0223+0.0664}=0.749\right]$$

$$\left[C_{\mathrm{C}}=\frac{0.0434}{0.0614+0.0434}=0.414\right]$$

(8)排序并选择最优方案

根据相对接近度C_i对所有方案进行排序,选择相对接近度最大的方案作为最优方案。在这个例子中,方案 B 的相对接近度最高,因此被选为最优方案。

2)Bowtie 模型

Bowtie 模型是一种用于分析和管理事故的原因、后果以及防控措施的风险管理工具。它的名字源于图形形状类似于蝴蝶结(Bow Tie),中间的节点表示事故事件,左右两侧分别表示事故的前因和后果。Bowtie 模型结合了故障树分析和事件树分析的优点，是一种直观、易于理解的风险分析工具。具体来说，Bowtie 模型的结构包括：

· 事故事件（Top Event）：Bowtie 模型的中心节点，表示需要预防或控制的主要事故或事件。

· 威胁（Threats）：位于左侧，表示可能导致事故事件发生的因素或条件。

· 预防措施（Preventive Barriers）：连接威胁和事故事件的措施，旨在防止威胁引发事故事件。

· 后果（Consequences）：位于右侧，表示事故事件发生后可能导致的结果或影响。

· 缓解措施（Mitigative Barriers）：连接事故事件和后果的措施，旨在减少事故事件一旦发生后对后果的影响。

下面我们来看一个 Bowtie 模型的示例，假设分析船舶碰撞事故的风险，Bowtie 模型的构建步骤如下：

①定义事故事件：船舶碰撞。

②识别威胁：导航设备故障、人为操作失误、恶劣天气条件。

③识别预防措施：定期维护和检查导航设备、操作人员培训和认证、安装天气预警系统。

④识别后果：船体损坏、人员伤亡、环境污染。

⑤识别缓解措施：船舶保险、应急救援计划、环境应急响应措施。

⑥绘制 Bowtie 图：整合所有要素，形成完整的 Bowtie 图，如图 7-4 所示。

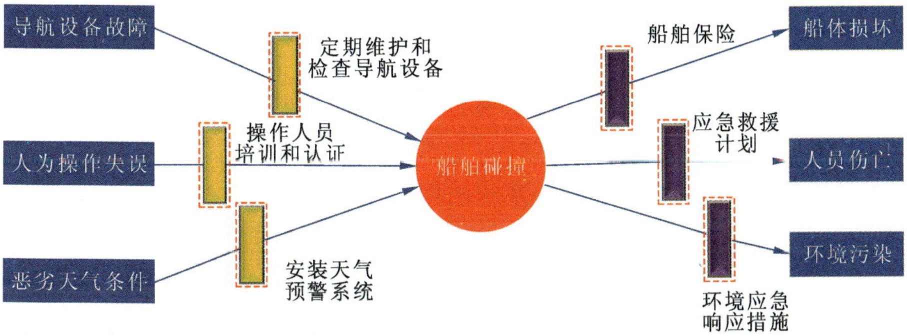

图 7-4　Bowtie 模型

由以上可见，Bowtie 模型的优势在于：直观易懂，图形化展示事故的前因后果，便于理解和交流；分析全面，结合了故障树和事件树分析的优点，对事故的预防和缓解措施进行全面分析；防控措施明了，明确展示预防和缓解措施，有助于加强风险管理和控制。Bowtie 模型广泛应用于各个行业的风险管理，包括：石油和天然气，用于分析和管理油气开采过程中的风险；航空，用于分析和管理飞行安全风险；海事，用于分析和管理船舶运营风险；化工，用于分析和管理化学品生产和储存风险。通过使用 Bowtie 模型，企业和组织可以系统地识别和控制风险，从而提高安全性和可靠性。

对于新一代航运系统，与之相关的风险防控策略将不同。下面假设一个示例“新一代智能船舶发生重大系统故障”，开展 Bowtie 模型分析主要内容可以包括：

(1)中心事件(Top Event)

“新一代智能船舶发生重大系统故障”。此事件是智能船舶自动化系统、绿色能源设备或数字化通信系统出现关键失效时的情景。

(2)前因(Threats)

导致系统故障的主要威胁包括：

①智能船舶系统故障：自动化控制失误、传感器故障、导航系统失灵；

②网络安全攻击：黑客攻击船舶系统、数据篡改、通信中断；

③绿色能源系统失效：燃料(LNG、氢燃料等)泄漏、能源供应中断；

④岸基支持失误：远程操作故障、岸基系统与船舶系统的通信故障。

(3)后果(Consequences)

①船舶失控：船舶无法导航，可能导致搁浅、碰撞等事故；

②污染事件：绿色能源系统故障引发燃料泄漏，造成环境污染；

③货物损失：运输中的货物损毁，导致经济损失；

④人员伤亡：系统故障引发事故，可能导致船员或乘客受伤或死亡。

(4)预防措施(Preventive Barriers)

为了阻止这些威胁导致系统故障，需采取以下预防策略。

①智能系统冗余设计：为自动化控制系统、传感器和导航系统增加冗余设计，确保在主系统失效时备用系统可立即启动；

②实时监控与故障预测：通过物联网和大数据技术对智能船舶系统进行实时监控，利用故障预测模型提前发现潜在问题；

③网络安全防护：对船舶和岸基系统的网络进行多层次防护，采用加密技术和多因素身份验证，防止黑客攻击；

④能源系统安全设计：为绿色能源(LNG、氢燃料等)提供特殊的安全存储和检测装置，定期进行检测和维护，避免泄漏。

(5)缓解措施(Mitigative Barriers)

即使系统故障发生，以下缓解措施可以降低事故的严重性。

①远程紧急操作系统：即使船舶发生故障，岸基控制中心可以通过远程控制系统接管船舶操作，确保其安全返回或停靠；

②应急救援机制：船舶发生系统故障后，立即启动应急预案，派遣救援船只或使用无人船进行救援，避免事故进一步扩大；

③智能故障恢复系统：利用人工智能技术，通过系统自我诊断和自动修复功能，在事

故发生后尽可能恢复部分或全部船舶功能；

④应急污染控制设备：在绿色能源泄漏事故中，配备应急污染控制装置，及时控制燃料泄漏，防止环境污染扩散。

由此可见，开展新一代航运系统风险防控策略研究有助于识别、评估风险因素与风险事件，构建风险评价指标体系与分析模型，缓解并监控航行中的风险演化后果，从而进行系统全面的风险防控。

7.3 新一代航运系统的海事安全监管

新一代航运系统的海事安全监管需要结合新技术应用带来的复杂性和风险进行。针对自动驾驶船舶，监管机构需要制定明确的技术标准，确保自动化系统在各种海况下能够安全运行。监管内容包括系统的可靠性、应急操作流程、故障检测和系统冗余设计。船舶的自动化控制、导航和决策依赖 AI 技术，监管应涵盖人工智能算法的透明性、数据来源的可靠性，以及数据传输的安全性，防止数据失误导致航行风险。

随着液化天然气、氢燃料等绿色能源技术的应用，监管机构应制定燃料使用、存储和运输的安全标准，避免燃料泄漏、爆炸等安全隐患。加强对新型能源船舶在污染控制方面的监管，确保其使用清洁燃料并符合 IMO《国际防止船舶造成污染公约》(MARPOL)等国际公约。监管应确保船舶配备相应的污染控制设备，并对其运行效果进行定期检查。根据 IMO 的船舶能效设计指数(EEDI)要求，对新一代船舶的能效进行监管，确保其设计和运营符合全球减少温室气体排放的目标。

新一代航运系统中，岸基支持系统对于远程操作和监控新一代船舶至关重要。监管应确保岸基支持中心具备足够的监控能力、通信带宽和故障恢复能力，特别是在船舶自动驾驶时，岸基的远程介入操作能力需要严格审查。岸基控制中心的人员需要具备操作智能系统的能力，监管应确保培训机制的完善，人员必须掌握如何在远程监控和干预中正确执行操作，避免人为错误。

7.3.1 新一代航运系统的船舶安全管理

随着新一代航运系统的引入，船舶安全管理逐步向智能化、自动化和绿色化方向发展。船舶安全管理主要以《国际安全管理规则》(International Safety Management Code，简称 ISM Code)和安全管理体系(Safety Management System，简称 SMS)为依据。由于新技术的应用，ISM Code 的实施需要与时俱进，进行适应性调整，以应对新一代航运系统的独特挑战和安全要求。

《国际海上人命安全公约》(International Convention for the Safety of Life at Sea，缩

写:SOLAS)或称《海上人命安全公约》,现称《关于1974年国际海上人命安全公约之1978年议定书》(Protocol of 1978 Relating to the International Convention for the Safety of Life at Sea 1974,缩写:SOLAS 74/78)是国际海事组织所制定的海事安全公约之一。《国际海上人命安全公约》及其历年的修正案规定了船舶必须遵守的安全标准和措施,以确保船舶和船员的安全。ISM Code为联合国国际海事组织所制订,提供了一个船舶经营、污染预防和安全管理的国际标准。《国际安全管理规则》,缩写为ISM Code,于1994年被纳入《海上人命安全国际公约》第Ⅸ章中。ISM Code的目的是:确保海上安全,防止人员伤亡,避免对环境和船舶的损害。该规则规定,负责船舶营运的公司和其营运的船舶应建立一套科学、系统和程序化的安全管理体系。

为应对新一代航运系统的独特挑战和安全要求,船舶安全管理主要包括:

(1)智能船舶与自动化操作的安全管理

新一代航运系统中的智能船舶依赖自动化控制系统、AI技术和传感器集成,这对传统的船舶安全管理提出了新的要求。ISM Code要求公司必须确保其船舶操作的安全性,因此需要将智能船舶的技术和操作程序纳入其安全管理体系。由于自动化系统可能面临技术故障,ISM Code需要在SMS中制定系统冗余和故障管理策略,以确保在主系统失效时有足够的应急措施。尽管智能船舶依赖自动化,但人类的介入仍然不可或缺。ISM Code要求明确划分人机交互中的责任,确保船员在关键情况下能够接管控制,保障安全。

(2)网络安全管理

新一代航运系统的智能船舶和数字化港口依赖于网络和数据通信,这使得网络攻击成为潜在的安全威胁。ISM Code要求对航运中的所有安全风险进行管理,因此网络安全也需要被纳入安全管理体系。公司应制定网络安全防护措施,包括数据加密、身份验证和网络攻击应急预案。网络攻击可能导致船舶失控或系统瘫痪,因此ISM Code要求船舶和岸基支持系统都制定网络应急响应计划,确保在遭受网络攻击时能够快速恢复控制。

(3)新型能源系统的安全管理

随着新型绿色能源(如液化天然气、氢燃料、电能等)逐步应用于航运,ISM Code的安全管理要求需要适应这些新技术的特点,尤其是在燃料的存储、运输和使用安全方面。公司需要在SMS中纳入绿色能源的安全操作规程和定期检查程序,确保在符合环保要求的同时保证操作安全。对于新型能源系统可能带来的燃料泄漏、火灾等风险,ISM Code要求在安全管理体系中制定具体的应急预案,确保船员具备处理这些紧急情况的能力。

(4)数字化港口与岸基支持系统的整合

新一代航运系统中的数字化港口通过物联网(IoT)、大数据和智能调度系统与船舶实现无缝协作，ISM Code 要求公司确保港口与船舶之间的操作协同和信息交换符合安全标准。在 SMS 中，应将港口的数字化操作标准和风险管理纳入船舶的整体安全管理。新一代航运系统中，岸基支持系统通过远程监控和操控对船舶进行管理，这要求 ISM Code 的 SMS 不仅限于包括船上操作，也需要涵盖远程控制的安全标准、通信稳定性及操作人员的技能要求。

(5)安全文化与船员培训的转型

随着新技术的引入，船员的角色也发生了变化。从传统的操作员转变为监控智能系统的“监督员”，ISM Code 要求公司为船员提供足够的培训，确保他们掌握智能系统的操作、维护以及故障处理技能。公司应通过定期的安全文化培训，使船员理解并遵循新系统下的安全管理要求。除了常规的应急演练，ISM Code 要求公司对新技术可能引发的紧急情况（如智能系统故障、网络攻击、绿色能源泄漏等）进行专门培训，确保船员具备处理这些新风险的能力。

(6)风险评估与更新

ISM Code 强调对潜在风险的评估与控制。随着新一代航运系统的复杂性增加，航运公司需要定期更新其风险评估体系，将智能化、数字化和绿色能源带来的新风险纳入考虑，确保所有潜在风险都得到适当管理。对于新一代航运系统，随着技术的不断发展，公司应根据新技术的运行情况和事故调查结果，持续改进其安全管理体系，确保其始终与技术发展保持同步。

智能船舶、绿色能源和数字化港口的引入使得航运安全的管理需求更加复杂，ISM Code 的安全管理体系需要与时俱进，在原有基础上扩展和加强，包括智能系统管理、网络安全、绿色能源操作、远程监控等领域的安全监管，以确保新一代航运系统的安全性和可靠性。

安全管理体系（SMS）是 ISM Code 的核心组成部分，旨在确保船舶安全运营、保护环境并防止人员伤害。船舶安全管理体系是使船员有效实施公司安全管理方针和目标的规范化和文件化的体系，是公司安全管理体系的组成部分，但又是一个相对独立和完整的体系，由船舶安全管理手册、船舶安全管理专业手册或程序、船舶安全操作须知及船舶安全管理记录组成，也可以根据船舶现有管理实际，形成综合性的手册。随着新一代航运系统的出现，SMS 的实施需要调整和优化，以应对智能化、自动化和绿色技术带来的新风险与复杂性。

新一代航运系统中大量使用自动化和智能技术，SMS 需要将这些技术的安全风险纳入管理体系。尽管自动化程度高，但人类操作员具备接管能力，在出现系统故障或复杂环境时，操作员需要能够干预和控制智能系统。SMS 应明确规定人机协作的操作流程，确保在系统失效或超出其能力范围时，船员能及时接管。船舶与岸基系统的数字化互联增加了网络攻击的风险，SMS 需要涵盖网络安全防护措施和应急响应计划，确保数据传输安全和操作稳定。制定应对网络攻击的应急预案，确保在遭遇攻击时能够快速恢复数据和系统的正常运行。伴随绿色能源技术的使用，SMS 需要涵盖新型绿色能源（如 LNG、氢燃料等）的操作安全管理，确保新技术的使用符合环境法规，同时确保船员具备处理绿色燃料事故的能力。将环保技术和国际环保法规纳入安全管理，包括减少排放、废物处理和能效管理，确保绿色船舶符合环境保护要求。远程驾控方面，明确岸基远程操作和船舶之间的安全协同机制，确保远程操作中的安全风险可控。还应加强船员和岸基操作人员的培训，确保他们能够操作和维护智能系统，并应对新的应急情况。

SMS 在新一代航运系统中扮演着关键角色，需要根据智能化、数字化和绿色能源的特点进行优化。通过增强技术管理、网络安全、人员培训和持续改进机制，能够有效保障新一代航运系统的安全与可靠性。

7.3.2 海事监管中心的发展与需求

海事监管中心（Vessel Traffic Services，简称 VTS）的发展历史可以追溯到 20 世纪中期，随着全球海运业的扩展和航运密度的增加，海上交通管理的需求逐渐显现。在 20 世纪 50 年代，随着海运业的快速发展，全球主要港口和海上交通密集区域的交通流量大幅增加。这种增长带来了更多的船舶碰撞、搁浅和环境污染事故，迫切需要有效的交通管理手段来减少海上事故。一些国家开始在繁忙的航道和港口周围设置简单的船舶交通管理系统。这些系统主要依靠雷达、无线电通信和人工观察，来监测和引导船舶通过危险水域。20 世纪 60 年代，随着雷达和通信技术的发展，VTS 的概念逐渐成形；北海和英吉利海峡等航运密集区率先尝试了建立系统化的海上交通管理服务，开始使用雷达跟踪船舶并为其提供航行建议。在这一时期，国际航运界开始认识到 VTS 的重要性。国际海事组织（IMO）和国际航标协会（IALA）开始讨论如何规范和推广这一新兴的交通管理系统。20 世纪 70～80 年代，IMO 和 IALA 开始正式制定 VTS 的国际标准和操作指南；1972 年 IMO 在《海上避碰规则》（COLREGs）中首次提到了 VTS 的概念，随后发布了《VTS 指南》，为各国 VTS 系统的建设提供了指导。随着 VTS 概念和标准的确立，各国开始在主要港口和航道建立 VTS 系统：例如，鹿特丹、汉堡、洛杉矶等港口在这一时期建立了现代化的 VTS 系统，以管理日益繁忙的海上交通。进入 20 世纪 90 年代，随着卫星定位系统［如 GPS、AIS、电子海图（ECDIS）］和通信技术的飞速发展，VTS 系统逐渐实现了自动化和智能化。现代 VTS 系统能够实时跟踪船舶位置、预测船舶航迹，并为船舶提供更加精确的导航建议，不仅限于交通管理，还集成了气象预报、环境监测、应急响应等多种功能，成为综合海事安全管理的核心平台。各国也在不断扩大 VTS 的覆盖范围，从主要港口逐步扩展到沿海水域和国际航道。

随着全球航运业的进一步发展，跨国海上交通管理的需求愈加迫切。多个国家开始在共享的水域内建立联合VTS系统，实现了跨国界的海事安全信息共享与协同管理。21世纪，VTS系统的发展逐步走向全球化，各国VTS系统正在朝着标准统一、数据互联互通的方向发展，以提高国际航运的整体安全性和效率。许多国家和地区已经通过立法，使VTS的使用成为强制性要求。例如，欧盟在《海上安全管理条例》中明确要求船舶必须遵守VTS指令，不合作将面临处罚。在VTS的发展中，法律的支持至关重要。政府通过制定和实施相关法规，为VTS的建设和运营提供法律依据，确保其有效性和权威性。例如，《中华人民共和国海上交通安全法》明确了VTS在保障海上交通安全中的关键作用。

随着VTS功能的多样化和复杂化趋势，VTS操作员的培训要求不断提高。IALA和IMO共同制定了VTS操作员的国际培训标准，确保操作员具备必要的技能和知识。英国和澳大利亚等国家在VTS操作员的培训中，强调实战演练和应急处理能力的提升。一些国家已经建立了VTS操作员的认证和再认证机制，确保人员能力与时俱进。日本和新加坡的VTS系统要求操作员定期参加进修培训，以适应技术和监管要求的变化。各国海事监管机构之间的合作不断加强，特别是在多国共有水域或繁忙海峡的监管中。马六甲海峡的沿岸国家通过建立联合VTS系统，实现了跨国界的海事安全信息共享与协同监管。国际上还建立了多个VTS信息共享平台，如欧盟"SafeSeaNet"系统，使各国能够实时交换海事信息，提升海上交通管理的整体效率和安全性。

随着新一代航运系统的发展，VTS系统的现有功能已经无法完全满足智能船舶、自动化港口和复杂海域日益增长的监管需求，具体包括智能船舶与VTS的协同工作、数据整合与大数据分析、网络安全防护、应急响应速度与决策支持。未来的智能船舶能够自主航行，并与岸基系统进行信息交互，这要求VTS能够与智能船舶进行无缝沟通，确保船舶在自动航行模式下仍然能够得到有效监管和支持。VTS需要能够处理来自多方的数据源（如AIS、气象传感器、卫星监控等），并通过大数据分析技术对船舶导航、风险管理、交通流量等进行预测和优化。随着数字化和自动化的增加，VTS系统需要加强网络安全措施，防止数据被篡改、监控系统受到黑客攻击或系统瘫痪。面对日益复杂的航运环境，必须具备更快的应急响应能力和更加智能化的决策支持系统，特别是在处理多艘智能船舶或自动化港口设备故障时。

数字化、自动化及智能化监管技术是保障航运系统安全、高效及绿色运行的关键。国家水运安全工程技术研究中心的研究表明：内河航运监管态势感知研究伴随先进信息感知技术发展做适应性进步，从利用海事雷达技术捕捉船舶物理表象特征，逐步结合数据挖掘方法融合多源信息向多船态势感知和智能感知方向发展；事件监视研究起初受限于传感器设备感知水平不足而主要面向事件后分析，结合先进传感器技术和智能技术，逐渐向事件中检测和事件前预测方向发展；组织优化研究主要包括船舶运行空间优化方案和时间优化方案的制定，未来组织优化模型需考虑航道突发事件的影响，应有利于推进组织运行方案的实际应用，更好地服务于海事监管需求。

为满足新一代航运系统的发展需求，VTS 的未来发展将围绕智能化、自动化和安全性进一步深化，具体体现在：

①全球互联与协同管理：未来的 VTS 系统将更加注重全球化和区域间的协同管理，多个国家和港口的 VTS 系统可以通过共享数据，实现跨境船舶交通的无缝监管与协调，提升全球航运效率和安全性；

②无人驾驶船舶的监管与引导：随着无人驾驶船舶技术的成熟，VTS 将成为监管这些船舶的重要平台，确保无人船与有人驾驶船舶在同一水域内的安全航行；

③5G 和卫星通信的应用：未来 VTS 系统可能会依赖高速 5G 网络和卫星通信技术，以提升船岸间的信息传输速度与稳定性，确保远洋船舶始终处于 VTS 的有效监管范围内；

④增强现实与虚拟现实技术：VTS 的监控室未来可能引入增强现实（AR）和虚拟现实（VR）技术，使操作员能够通过三维可视化界面监控船舶动向，提升情景意识和决策能力；

⑤自主学习与进化：未来的 VTS 系统可能会借助机器学习技术，逐渐自主学习航运模式和安全风险，从而自动优化监管策略，提高运营效率和安全性。

VTS 系统作为海事监管的核心，在新一代航运系统中将继续扮演关键角色，但其现有功能需要全面革新，以适应智能船舶、数字化港口和绿色航运的复杂需求。通过智能化、自动化、网络安全升级以及全球协同发展，未来 VTS 系统将成为全球航运安全和效率提升的重要保障。

7.3.3 未来海上事故调查

未来海上事故调查将适应智能化和自动化水平不断提高的海上运输环境。海上事故调查的目的是提高航运安全，保护生命、财产和环境。通过调查分析，找出事故的直接原因和间接原因，如人为操作失误、设备故障、环境条件不利等。调查过程中发现的技术缺陷或设备问题可以为相关设备制造商提供改进依据，推动技术进步和创新，提高船舶和设备的安全性和可靠性。在管理方面，事故调查能够揭示现有安全管理体系中的缺陷和不足，推动航运公司和监管机构加强安全管理、改善操作流程、提高人员培训质量等。更进一步，它可明确相关方在事故中的责任，为法律诉讼、赔偿纠纷等提供证据支持；也能够推动各方更加重视安全工作，减少疏忽和违规行为。海上事故可能导致严重的环境污染，如油污泄漏、化学品泄漏等。事故调查可以帮助了解污染的程度和致因，指导制定环境修复和补救措施，保护海洋生态环境。

海上交通事故可能是由各种类型的失误或错误引起的，例如甲板人员错误操作(26%)、设备故障(9%)、结构故障(9%)、机组人员错误操作(17%)、机械故障(5%)等。不同国家的权威事故报告是基于不同的事故调查方法形成的，常见的两个最具代表性海事事故调查机构是英国 MAIB 和加拿大 TSB。海上事故调查主要内容包括事故概况、事故经过、人员情况、船舶和设备状态、环境因素、事故原因分析、救援和应急响应、事故的后果、调查结论和建议、法律和责任问题等。Quandang Ma 探讨了复杂交通状况对海上安全的影响，重点围绕内河环境，提出了一种利用 AIS 数据和历史海上事故记录的大数据分析方法。该方法涉及 AIS 数据预处理和空间自相关模型(包括 Moran 指数)，以提取和评估海上交通的动态特征。Zhenxian Peng 通过收集 EM-DAT 数据库中的水上交通事故技术数据，研究了 2000 年以来亚洲地区水上交通事故的时空分布和演变特征，该研究利用重心和标准差椭圆分析方法，确定水上交通事故的空间和数据特征。

随着新一代航运系统的发展，调查手段、分析工具和重点领域与传统系统相比发生了显著变化。

技术层面上，传统航运系统的事故调查主要依赖于船员报告、船舶日志、雷达信息和目击证言。数据的获取较为局限，且在事故发生后往往缺少全面的客观证据。新一代航运系统通过传感器、物联网、卫星通信、AIS 和大数据分析技术，能够实时采集大量的操作数据。事故调查可以依赖船舶自动记录的各种系统数据，包括导航系统、机器状态监控、环境数据和船员行为等。传统事故调查通常集中于船舶设计缺陷、设备故障和船员的人为失误。这种调查方式侧重分析操作员的反应、决策和遵守操作规程的情况。而新一代航运系统调查重点将逐渐从人为因素转向自动化系统的故障分析。例如，智能船舶的自动决策系统、导航算法、避碰策略以及传感器数据的准确性将成为调查的重点领域。以往黑匣子(VDR)数据、通信记录等是事故调查的重要数据来源，但其内容有限，覆盖范围小，尤其是在远洋或恶劣天气情况下，数据获取不够全面。未来的事故调查将基于船舶与岸基系统间的实时数据交换，调查人员可以回顾事故发生前后完整的航行数据流，分析系统间的相互作用，甚至模拟整个事故过程。

人为因素层面上，一方面，传统海事事故调查的重点往往是船员的操作失误、决策偏差以及疲劳等人因问题。操作不当、沟通失误和规章制度的执行不到位是常见的调查结论。新一代航运系统中，智能化设备与人类操作员之间的协作成为关键。事故调查将更关注船员与自动化系统的互动，如船员是否正确理解了自动系统的反馈信息，是否能够在自动系统失效时及时介入。另一方面，对船员的培训、应急准备以及事故处理能力的调查，是传统事故调查的核心部分。随着智能系统的广泛应用，自动系统的不当行为或错误判断可能会取代船员失误，成为调查的重点。因此，人机协作的设计缺陷、自动化系统的“盲区”和其运行规则的透明性将被深入分析。

法律法规层面，事故调查主要依赖于《国际海上人命安全公约》(SOLAS)、《国际防止船舶造成污染公约》(MARPOL)以及《国际安全管理规则》(ISM Code)等国际公约，调查的目标多集中在船舶安全管理体系和操作规程的有效性。随着智能船舶、远程操控和自动化设备的引入，现有的国际海事公约和规则需要更新，以适应技术发展的需要。事故调查将逐渐融入对新技术的适应性评估，是否遵循智能船舶操作、远程监控系统的国际标准以及网络安全法规等将成为重要内容。

网络安全问题日益显著。由于新一代航运系统依赖于船岸数据互联、智能系统和物联网技术，网络攻击可能导致系统失灵或事故。未来的事故调查中，网络安全事件将成为重点，如是否存在网络攻击、数据篡改等恶意行为，以及这些行为对事故的影响。智能系统的大量数据采集和传输引发了数据保护和隐私问题，事故调查中可能涉及对数据采集和存储是否符合法律规定的审查。

由此可见，数据将成为未来海上事故调查的重要资源。未来的海上事故调查将越来越依赖大数据和人工智能技术。通过自动化的系统监控和数据采集，调查人员可以快速分析大量相关数据，如船舶的航行路径、设备状态、天气和海况等。这些数据可以帮助调查人员更加精准地重建事故发生过程，找到问题的根源。未来的事故调查将广泛应用数据分析和机器学习技术，自动识别事故模式、预测高风险区域，并自动生成事故报告。利用船舶上的数据记录和模拟技术，未来事故调查可以借助增强现实技术，重现事故场景，使调查人员可以可视化分析事故原因。

随着智能船舶、自动驾驶技术和网络互联技术的普及，网络攻击、自动化系统故障和数据失误将成为事故调查的重要课题。调查人员将更注重网络层面的取证，分析是否存在恶意攻击、数据篡改或系统误操作。网络安全技术的发展将使调查人员能够更全面地掌握船舶运行中的数据流。随着自动驾驶系统和智能船舶的广泛应用，未来事故调查需要分析 AI 系统的算法、决策规则是否存在缺陷，是否存在故障点。

全球航运的数字化进程加速，各国之间的数据标准化和协同调查将变得更加重要。建立全球事故数据库和共享平台，汇集全球范围内的航运事故数据，帮助各国共同分析事故原因和防范措施。未来的事故调查将需要统一的国际标准，特别是对于智能船舶和自动化系统的事故调查，IMO 可能会发布新的调查指南和操作规程。

人因因素的影响将逐渐从操作失误转向与自动系统的互动问题。未来事故调查可能更关注船员如何与自动化设备协作，操作员的培训和系统理解是否到位，系统设计是否考虑了人机交互的合理性。未来的事故调查可能变得更加透明，公众能够通过数字平台了解事故调查的进展与结果。这种透明化不仅有助于提高调查的公信力，还可以促进行业的整体安全提升。

7.4　新一代航运系统事故应急救援

新一代航运系统依托智能船舶、自动化技术、数字化设施和岸基支持，可极大地提升事故应急救援的效率和响应能力。新一代航运系统的应急救援展现出以下显著特征：智能化的响应系统，丰富的自动化应急工具，大数据与 AI 支持的决策系统，高效的全球协调与协同救援，可靠的网络安全与数据保护机制。

具体来说，智能船舶配备了传感器、物联网和自动控制系统，可在事故发生时自动检测故障并触发报警。应急救援系统可以根据船舶的实时状况自动生成应急方案，减少人为反应时间。通过船岸通信系统，船舶与岸基的控制中心可以实时共享事故信息，包括船舶位置、损害程度、环境状况等，确保岸基人员迅速掌握事故全貌并采取相应的应急措施。无人机（UAV）和无人船（USV）将广泛应用于应急搜救任务。无人机可以快速到达事故现场，进行环境评估、搜索幸存者、投送救生设备等；无人船则可用于近距离搜救、运送物资和协助疏散船员。对于远程或恶劣环境中的事故，智能船舶和无人设备可以自主决策或由岸基人员进行远程控制，确保救援行动不受现场条件限制。基于大数据分析和人工智能技术，事故应急救援系统能够提前预警可能发生的风险（如恶劣天气、设备故障），并通过历史事故数据进行风险评估，制定应急预案。AI 可以根据事故地点、人员位置、天气状况等实时信息，智能调度救援资源，确保最合适的设备和人员以最短的时间投入救援行动。通过全球海上救援协调网络，新一代航运系统中的应急响应得以全球化。当发生大规模事故时，多个国家的救援力量可以通过共享信息和协调行动，形成联合救援机制，VTS、港口、船舶、海上应急中心等不同系统将实现互联互通，确保各方协同作战，提升整体救援效率。由于新一代航运系统依赖于大量数据传输与远程控制，网络安全问题至关重要。应急系统需要具备防止网络攻击的能力，确保关键数据的安全与救援过程不受干扰。

7.4.1　突发事件与应急管理

《交通运输突发事件应急管理规定》表明，交通运输突发事件是指突然发生，造成或者可能造成交通运输设施毁损，交通运输中断、阻塞，重大船舶污染及海上溢油应急处置等，需要采取应急处置措施，疏散或者救援人员，提供应急运输保障的自然灾害、事故灾难、公共卫生事件和社会安全事件。在新一代航运系统中，突发事件的复杂性和应急管理的难度因智能化、自动化和全球化的不断加深而进一步增加。智能船舶、无人船、物联网和大数据等新技术的应用，既带来了全新的突发事件类型，也赋予了应急管理更多创新手段。新一代航运系统中典型突发事件有：

(1)网络安全事件。随着智能船舶和物联网设备的广泛应用,船舶系统可能遭遇网络攻击,导致通信系统失效、航行控制失灵,甚至数据泄露,影响船舶和货物的安全。

(2)自动化系统失效。智能船舶和自动化系统的失效,如导航系统、航行控制系统、机械自动化设备的故障,会带来船舶失控、偏航、无法减速等问题。

(3)数据丢失与数据失真。新一代航运系统依赖于大数据进行决策,数据丢失或失真可能会导致错误的操作指令,影响航运安全。

(4)无人船失控。未来无人船数量增加,突发事件(如设备故障、失去通信等)可能使无人船失控,威胁其他船只的安全。

(5)恶劣天气与自然灾害。气候变化导致极端天气频发,加剧了船舶航行中的不确定性;智能船舶需要具备应对复杂环境的能力。

(6)环境污染事故。智能船舶或无人船的操作失误、设备故障可能导致油泄漏、化学品泄漏等环境污染事故。

这些事件往往具有不可预测性、紧急性和复杂性,通常需要迅速作出反应。新一代航运系统通过物联网、AIS系统、卫星通信等技术,实时采集海量数据,包括船舶状态、气象条件、海况等。这些数据经过大数据分析后,可以对可能的突发事件进行提前预警,帮助提前采取防范措施。

应急管理是指在突发事件发生时,为了最大限度地减少损失、保护生命和财产安全而采取的一系列计划、准备、响应和恢复活动。应急管理通过对潜在风险的识别与评估,制定和实施预防措施,以减少突发事件发生的可能性或减轻其可能带来的影响。典型地,通过制定严格的安全规程和法规,可以降低事故发生的概率。应急管理通过培训、演习和资源准备,提高相关人员和机构在突发事件中的反应速度和处理能力。这包括设立专门的应急指挥中心、储备应急物资以及培训救援人员等。在突发事件发生时,应急管理系统确保信息的有效传递和协调,避免混乱和误解,确保各方在统一的指挥下协同作战。除此之外,应急管理不仅关注事件发生时的应对措施,还包括事后的恢复与重建,包括受灾地区的重建、受影响人员的心理疏导,以及社会经济秩序的恢复。在突发事件发生后,应急管理能迅速启动应急响应措施,组织救援力量,尽快控制事态发展,减少人员伤亡和财产损失。

应急管理的核心策略包括:

(1)智能化应急监测与预警系统

借助物联网、传感器和大数据分析技术,实现对船舶状态、环境变化的实时监测,及时识别突发事件的早期征兆。运用人工智能算法分析历史数据,识别突发事件的高风险因素,预测可能发生的事件,提供预警。

(2)人机协同的应急响应机制

为了保证应急响应的快速有效,应急管理应结合岸基和船舶上的人机协同系统,根据突发事件的类型自动分配任务。设计合理的人机协同界面，确保岸基人员和船员能够有效沟通，快速执行应急操作，减少操作失误。

(3)分布式应急指挥与控制

通过分布式应急指挥平台实现全球范围内的船岸协同，多个岸基应急指挥中心相互协作，提供多层次应急支持，避免单点故障导致的系统失效，建立区域和国际应急管理网络，提升跨国协同应急能力。

(4)数字化取证与事故复盘

未来的应急管理不仅在事发当时展开有效响应，还在事后进行全面的事故复盘，利用数字化取证技术收集数据，复盘应急操作的成效和不足。通过模拟和虚拟现实技术再现突发事件的过程，分析应急措施的有效性，为未来提供改进建议。

应急管理涉及多个环节，包括预防与准备、监测与预警、应急响应、恢复与重建。首先，在事故发生前进行风险评估、制定应急预案、培训人员并储备必要的设备和资源。其次，通过监测系统及时发现潜在风险并发布预警信息。在突发事件发生后，迅速启动应急预案，组织资源和人员进行救援、控制事态发展，尽量减轻事故造成的危害。在事故结束后，进行事故评估、善后处理，并恢复正常的生产和生活秩序。在海事事故中，应急管理的有效性直接关系到救援行动的成功与否，因此科学、系统的应急管理体系至关重要。应急管理的关键技术与工具有：

(1)人工智能与机器学习。基于机器学习算法，可以分析大量事故数据和船舶行为模式，快速识别风险并提供应急方案。例如，算法可以根据事件发展情况自动生成应急操作指令。

(2)物联网与大数据分析。通过物联网设备实时监控船舶位置、机械状态、环境数据等，将数据实时传输到岸基平台，以便快速感知异常事件。

(3)区块链技术。在应急管理的过程中，使用区块链可以确保事故数据和关键决策的透明性和可追溯性，防止数据被篡改，有助于责任追溯。

(4)无人机和无人船的应急部署。在海上紧急情况中，无人机和无人船可用于快速评估灾害情况、搜救和通信支援，尤其是在恶劣天气或船员无法迅速抵达的海域。

新一代航运系统中的应急预案逐步实现数字化管理，应急预案、风险评估和操作规程可以通过数字平台实时更新，并与船舶和岸基管理中心共享。此外，国际航运界正推动应急管理标准化，确保各国和各航运公司能够在突发事件中进行高效协同。应急管理将进一步向更快的响应时间、全覆盖的网络安全防护、更多国际协作的方向演变。具体来说，依靠智能系统的实时监测和自动响应机制，突发事件的响应速度将显著提升；随着网络安全风险的增加，应急管理将更多关注如何确保数字系统在突发事件中的安全与稳定；应急管理将继续加强国际合作，建立全球应急资源共享平台，提高全球航运系统的应急管理能力。

7.4.2 人员应急能力

在新一代航运系统中，船员、岸基人员等相关人员的应急能力要求更加多样化和专业化。这些新能力的培养和提升对应对智能化和自动化带来的复杂应急场景至关重要。尽管自动化技术减少了船员对传统手动操作的依赖，但人员仍然在突发事件中发挥不可或缺的作用。船员和岸基支持人员的应急能力不仅需要传统的技术知识，还要具备应对新技术系统和复杂数据环境以及协同操作的能力。

人员应急能力是指在紧急情况下个人或团队能够迅速、有效地采取适当行动，以保护生命、财产和环境安全的综合能力。提高人员应急能力可以确保船员在紧急情况发生时迅速做出反应，减少反应时间，从而降低损失和伤害；具备应急能力的船员能够有效保护自己和他人的生命安全，实施紧急救援行动，如使用救生设备、疏散乘客、灭火等；通过快速、有效的应急行动，可以在紧急情况下控制事态发展，避免或减轻船舶、货物等财产的损失；良好的应急能力是船舶安全运营的重要保障，有助于预防和减少事故的发生，提升整体安全水平；在涉及多方合作的海事救援行动中，人员应急能力的强弱直接影响救援行动的成效，能力强的船员能够更好地与救援队伍合作，提高救援成功率。总的来说，人员应急能力是确保海上安全的重要因素。

STCW 是《海员培训、发证和值班标准国际公约》(International Convention on Standards of Training, Certification and Watchkeeping for Seafarers) 的简称，该公约由国际海事组织(IMO) 负责制定和管理，旨在确保船员具备必要的技能和知识，以应对海上紧急情况。20 世纪 70 年代，随着全球航运业的快速发展，海上事故频发，暴露出各国船员培训和认证标准不一致的问题。为解决这些问题，IMO 着手制定统一的国际标准。1978 年，STCW 公约在 IMO 的一次会议上通过，并于 1984 年生效。STCW 1978 公约是第一个全球性的船员培训标准，要求缔约国确保其船员符合一定的培训和认证标准。经过十多年的实施，1978 年的 STCW 公约被发现存在一些不足，各国对公约执行不力且监管缺失。为了应对这些问题，IMO 决定对公约进行修订。1995 年，IMO 通过了 STCW 1995 修正案，对原公约进行大幅度修改。此次修订引入了更严格的标准和更详细的操作指南，并要求所有缔约国对船员进行具体的评估和认证。这些修改使公约更具操作性，并增强了其执行效果。

随着技术进步和航运业的进一步发展，1995 年修订的 STCW 标准已经无法完全满足现代航运的需求。新兴的导航技术、电子设备以及全球化带来的新挑战要求进一步更新和完善船员培训标准。2010 年，IMO 在菲律宾马尼拉召开会议，通过了新的修正案，即“马尼拉修正案”。该修正案对 STCW 的各个方面进行了现代化更新，包括引入电子海图显示与信息系统 (ECDIS) 培训、新的医疗标准、反恐培训要求，以及针对环境保护和船员健康的新规定。马尼拉修正案于2012年生效，并且从2017年起全面实施。

随着智能化、自动化、数字化技术的广泛应用，人员应急能力逐步从操作技能转向综合系统管理、智能化应急决策和人机协作的能力，新一代航运系统中的人员应急能力需要适应新的工作环境和系统特性。以下是新一代航运系统中人员应具备的应急能力：

(1)相应的技术技能与系统认知能力

随着智能船舶和自动化系统的普及，船员需要掌握智能系统的基本操作，包括智能导航、自动化控制等，以便在突发事件中迅速排查和控制系统故障。应急人员须具备基本的数据分析能力，能够解读传感器数据、自动化设备的报警信息等，快速判断可能的风险源和故障位置。船员和岸基人员需深入理解人机协同和系统联动的工作机制，以便在紧急情况下能够快速识别系统失效、网络攻击等隐性风险。

(2)人机协同应急能力

随着人机协同系统的普及，人员需要掌握与自动化系统协同应对突发事件的能力，特别是在系统报警、指令输入、故障修复等环节能有效协作。应急人员需要在高度紧急的情况下，熟练使用人机界面快速获取信息、调整系统参数，确保决策的实时性和准确性。在岸基人员与船员的远程协作中，掌握远程通信和协调操作技能，确保人员和自动化系统协同响应突发事件。

(3)数字化应急取证与信息管理能力

应急管理人员需掌握基本的数据采集和数字取证能力，在突发事件发生时能够提取、保存和分析重要的数据信息，作为事后事故调查的依据。面对突发事件时，能够快速、准确地与岸基和船员共享信息，避免信息不对称导致的应急响应滞后。具备基本的网络安全意识，能够在遭遇网络攻击或数据泄露时采取紧急防护措施，保障应急信息和系统的安全性。

(4)心理应急与应变能力

突发事件往往伴随着巨大的压力，船员和岸基人员须具备良好的压力管理能力，能够在高压下保持冷静，执行操作指令。应急人员需要在复杂、突发的状况下快速作出判断和行动，适应智能船舶和自动化系统的快速反应节奏，及时作出调整。在突发事件中，团队的协同至关重要，具有团队协作和领导能力的人员能够有效组织和指挥团队，确保应急处置高效有序。

(5)跨学科知识和创新应急能力

面对新一代航运系统的复杂性，人员应具备跨学科的基础知识，包括信息技术、自动化、机械工程等，以便应急中灵活应对多方面的技术问题。在应急场景中，突发事件可能超出预设的方案，应急人员须具备创新能力，根据实际情况灵活调整应急策略。在国际化环境中，船员和岸基人员需要与不同国家的机构、组织配合，具备良好的跨文化沟通能力和多语言沟通能力，确保应急响应的全球化协作。

(6)定期参加训练与模拟演练

新一代航运系统应急人员需要定期参加实战演练,特别是智能系统故障和网络安全事件的应急训练,以提高操作熟练度。借助虚拟现实和增强现实技术,应急人员需参与基于虚拟场景的应急演练,在多种场景中模拟突发事件,提升应急经验。新技术的快速发展要求应急人员具备持续学习的能力,通过定期更新知识和技能保持与新技术的同步,以确保应急响应的准确性。

(7)具备环境保护意识与社会责任感

突发事件可能带来海洋污染,人员须具备环境保护意识,迅速采取措施减轻环境影响。应急人员须具备强烈的社会责任感,以保障人的生命安全和生态环境为己任,确保应急响应中的道德和法律合规性。

因此,未来人员应急能力发展的方向包括:①建立面向智能船舶系统的应急能力培养体系,涵盖技术技能、心理素质、人机协同等方面;②设计系统化、标准化的应急能力考核机制,确保船员和岸基人员具备符合新一代航运系统要求的应急能力;③通过国际化的培训和认证体系,确保全球航运系统中应急人员的能力水平一致,提高全球化应急响应的协同性。

具体来说,首先是技术与系统理解方面,船员需要具备使用和监控自动化导航、智能应急设备的能力。例如,理解传感器、自动驾驶系统以及自主决策系统的工作原理,确保在这些系统发生故障时,能够快速切换为手动操作或辅助决策。在人机协作方面,船员不再仅仅依赖手动操作,而是更多与智能设备互动。因此,船员需要具备良好的“人机界面”操作能力,能够理解智能系统的反馈、状态显示和预警提示,并根据系统建议做出决策或调整。当智能系统自动应急时,人员应能在关键时刻介入并正确引导系统。应急培训将加强“自动化失效后的人为干预”能力,使船员具备在自动系统故障情况下,迅速介入进行手动控制的技能。多任务管理与决策能力方面,新一代航运系统的复杂性要求船员具备同时处理多个任务的能力,如应对设备故障、通信中断以及协调岸基支持等。船员需要能够在多任务并行的情况下保持冷静,并对不同的应急需求进行优先级排序。人工智能系统在新航运系统中的广泛应用为船员提供了智能辅助决策工具。人员需要熟悉如何在应急时使用这些工具来获得最优决策建议,提升应急响应的准确性。船员需要具备在应急情况下与岸基团队、国际救援组织、其他船只的高效沟通能力,确保应急响应协调一致;具备参与国际救援行动的能力,包括熟悉多国联合应急机制、国际救援协调和跨文化沟通。网络安全意识方面,在应急管理中须具备一定的网络安全意识,能够识别和应对网络攻击带来的风险,尤其是在智能船舶和自动化系统受到网络威胁时,快速采取应对措施。

7.4.3　应急救援体系运行机制

在海事安全和航运系统中，应急救援体系是一个至关重要的组成部分，其主要功能是确保在海上突发事件发生时能够迅速有效地进行响应和救援，最大限度地减少人员伤亡、财产损失以及环境污染。

应急救援体系的运行机制通常包括预警与监测机制、指挥与协调机制、应急资源调度机制、救援与撤离机制、后续处理与恢复机制。新一代航运系统的快速发展带来了智能化、自动化和数字化等技术的广泛应用，使得应急救援体系的运行机制发生了显著改变。这些变化不仅提高了应急救援的效率和响应速度，还增强了救援的精准性和全球协同能力。

智能化监控大幅度提升了突发事件的检测速度和准确性，能够在事故发生的早期阶段做出预警，缩短反应时间；减少对人工监控的依赖，提升应急反应的自动化水平。信息共享和协同通信提高了事故的透明度，使救援行动可以协调一致；实时通信有助于岸基指挥中心对事故进行快速决策，调动资源，优化救援过程。自动化应急设备减少了人员操作失误的可能性，同时提高了事故响应的速度和可靠性；远程操作的应用提高了对极端情况的应急处理能力，特别是在人员无法靠近事故区域的情况下。无人设备可以进入传统救援手段难以覆盖的区域，扩大了救援的覆盖范围和响应能力；无人设备的自主性和快速响应极大提高了应急救援的效率，并减少了对救援人员的风险暴露。基于大数据的决策系统大大提高了事故应急的科学性与有效性，减少了传统决策中的人为主观因素；AI 辅助决策系统能够根据不同类型的突发事件，快速提出不同的应对措施，提升了救援的精确性。

新一代航运系统的应急救援体系运行机制已经发生了从传统的人工主导、局部应急的模式，向着智能化、自动化、全球协同和高度数据化的转变。自动预警系统、实时通信、智能决策支持和全球协同使应急响应更加高效精准，无人设备和远程操作技术则进一步拓宽救援的覆盖范围和灵活性。例如，岸基和船舶的双向协同指挥，应急救援体系依托分布式的岸基指挥中心与船舶上的应急操作系统进行联动；通过远程通信设备实现岸基与船员的实时沟通，以岸基中心为主导，调度资源，提供技术支持和决策指导。多级应急响应成为趋势。根据事件的严重性和类型，启用不同级别的应急响应机制，分为船舶自救、区域应急和国家或国际救援等层级；不同层级之间实现紧密协调，保证应急资源的高效分配和快速响应。

新一代航运系统的应急救援体系将以智能化、协同化、绿色化为核心，通过整合技术、资源和多方协作，不断提升应急救援能力，为海上运输安全提供更加有力的保障。

7.4.4 应急预案与应急演练

应急预案是对可能发生的各种紧急情况(如火灾、碰撞、漏油、搁浅等)进行全面分析,并制定出详细的应对策略和程序。它包括具体的行动步骤、责任分配、资源调配、通讯流程等内容,以确保在紧急情况发生时,能够迅速、有序、有效地进行应对。在紧急情况发生时提供一套标准化的操作指南,确保船员能够迅速采取行动,最大程度减少事故对船舶、人员、货物和环境的危害。学者发现船舶火灾外部应急响应的有效性对于减少船舶火灾造成的严重后果至关重要,然而,如果不能充分考虑应急响应过程的动态演变,则可能对船舶火灾应急响应的有效性评估不准确。Chunhui Zhou 采用分层赋时有色 Petri 网和马尔可夫链理论对船舶火灾应急响应流程进行评估,以指导如何进一步提升应急响应能力。高效安全的船舶疏散策略在船舶发生事故时对保护乘客生命安全起着至关重要的作用。Yuting Ma 提出的基于无线传感器网络(WSN)的应急导航方法主要考虑危险的动态性,并据此规划疏散路径,以最大限度地减少人类暴露于火灾和烟雾等环境危害中。Yuting Ma 还提出了一种具有最后期限意识的自适应应急导航策略,用于使用 WSN 进行动态危险船舶疏散,该策略在任何情况下都会告知每位乘客一条避开危险的疏散路径,使其在规定的期限内成功到达救生艇。

新一代航运系统中的应急预案与应急演练已逐步从传统的静态预案、单一实地演练,向智能化、协同化、动态化发展,以适应复杂多变的海上环境。依托大数据、人工智能和云计算技术,预案设计更加动态化。例如,利用大数据和人工智能技术,分析历史事故数据、当前船舶状态和航行环境,动态评估风险,制定精准的应急预案。这种基于风险的预案有助于增强应对突发事件的灵活性。新一代航运系统应急预案按事件类型(如火灾、碰撞、泄漏、系统故障等)模块化设计,能够快速调用对应的应急方案。同时,各模块之间能根据实际情况灵活组合,适应复杂的突发场景。另外,预案包括船舶自救、区域协同、国家和国际应急等多个层次,确保各级救援资源有效联动。船舶自救和岸基指挥紧密协作,有助于迅速控制小规模事故,而区域和国际级别的预案则适用于严重事件。在智能自动化系统的支持下,部分应急响应程序可以通过自动化设备直接执行。例如,自动灭火系统、舱室自动封闭系统等,可以在事故发生时无须人工干预自动启动。船员的角色更多是监控应急措施的执行过程,并在必要时干预。同时,基于大数据和 AI 的决策支持系统在突发事件中提供实时应急方案建议和操作步骤,可以支持船舶和岸基指挥人员作出快速决策。

新一代航运系统通过引入虚拟现实和仿真技术,可以在虚拟环境中模拟各种复杂的应急场景如极端气候事件或设备全系统故障,让船员在仿真环境中经历各种应急事件,如设备故障、火灾、船舶碰撞等,从而提升船员的应急反应能力,提升应急演练的全面性和灵活性。智能船舶中,自动化系统承担了部分应急处理工作,演练中船员需学习如何与自动系统协同工作,特别是在系统出现故障或发生意外时,如何迅速切换到手动模式或介入干预。演练中不仅关注船员的应急操作,还需要测试船员如何监控自动化设备,并在必要时进行及时干预。远程应急指挥和控制将成为关键环节。船员不仅要接受现场的应急操作演练,还需要在演练中学会如何与远程指挥中心沟通并接受指令。同时,演练中还会模拟岸基指挥中心通过远程系统操控船舶或设备,测试远程系统的稳定性和指挥的准确性。

7.4.5　未来趋势与挑战

随着航运网络的全球化发展,跨国合作变得至关重要。如何在紧急情况下协调多个国家的救援力量、共享信息和资源是未来的重要挑战。航运应急救援涉及国际法律与不同国家的政策法规,如何在全球范围内达成一致的救援机制和法律框架是一个挑战。

未来航运应急救援将依托于智能航运平台,实时监测船舶状态和海况,预测可能的风险,并自动发出预警。数据驱动的决策与风险管理将在应急救援中彰显优势。例如,利用大数据技术,对航运过程中积累的历史数据进行分析,可以预测可能发生的事故类型和高风险区域,从而提前部署救援力量和制定应急预案。因此,在应急救援过程中,如何快速获取和处理大量实时数据(如气象信息、船舶位置、损坏情况等),并将其转化为有效的决策支持信息,是未来的一大趋势。

越来越多的新兴技术用于应急救援。区块链技术可以确保航运数据的透明性和不可篡改性,这对于应急救援的后续调查和责任划分具有重要意义。增强现实和虚拟现实技术可用于应急救援训练和模拟演练,帮助救援人员更好地准备和应对复杂的航海事故。无人船、无人机等自动化系统将在应急救援中发挥更大的作用,它们能够在危险环境中执行救援任务,如搜寻失踪人员、投送应急物资、协助灭火等。

在自然灾害如地震、洪水、飓风发生后,无人机可以迅速飞往灾区拍摄高清图像和视频,帮助救援团队评估损失情况,确定需要重点救援的区域。无人机配备热成像仪和传感器,可以在茂密森林、山区或废墟中搜索失踪人员,尤其是在夜间或低能见度条件下。山林搜索与救援任务中,无人机可以通过热成像技术成功定位失踪的徒步旅行者。在受灾严重且交通不便的地区,无人机可以快速投送紧急医疗物资、食物和水,如地震救援。灾难发生后,地面通信网络可能中断,无人机可以作为临时的通信中继,恢复救援队伍与外界的联系。

无人船可以在恶劣的海况下执行搜救任务,尤其是在远离岸边的深海区域。它们可以配备声呐、雷达和摄像系统,用于探测和定位落水人员或失事船只。在海洋溢油事故中,无人船可以进行溢油的侦测和清理工作。它们可以部署吸油材料或喷洒化学分散剂，减少对环境的损害。无人船还可以长时间巡航监测海洋环境，尤其是在台风、海啸等极端天气情况下，它们可以提供实时的数据，如海浪高度、风速和水温，帮助预警和应急决策。在湖泊、河流等内陆水域，无人船可以用于执行救援溺水人员、监测水质污染等任务。

随着环境保护的要求越来越高，航运系统应急救援将更加注重使用环保技术，如使用清洁能源的救援设备、减少溢油事故对海洋环境的影响等。因此在事故发生后，如何快速进行环境修复和灾后恢复，并将其纳入可持续发展规划，也是未来的一个重要趋势。随着技术的复杂化，救援人员需要具备更高的专业技能和技术知识。而系统化的培训和定期的演练将成为常态。航运事故往往涉及多个部门，如海事部门、环境保护部门、公安等，如何有效组织和协调多部门的应急响应是关键挑战。

全球气候变化导致极端天气事件增多，如海上风暴、台风等频发，增加了航运事故的风险。随着北极航道的逐步开放，极地航运的应急救援面临着极端寒冷、长时间的黑夜、通信困难等挑战。

在早期预警与预测方面，随着气候变化导致极端降雨事件的增多，洪水频发成为全球性问题。在洪水频发流域部署基于卫星和物联网的洪水预警系统，能够提前数小时甚至数天预测洪水，并及时向下游居民发出警报，减少人员伤亡。

在基础设施的适应性建设方面，面临海平面上升的威胁，政府需要投入大量资源加强沿海堤坝，并升级城市排水系统，以防止洪水泛滥。鹿特丹的“水广场”项目是一个典型例子，通过设计特殊的城市广场，在暴雨时作为临时的蓄水池，有效缓解城市内涝问题。

受气候变化影响较大的国家应该定期组织大规模的应急演练，特别是针对森林火灾和洪水等极端天气事件。孟加拉国面临着气候变化带来的频繁气旋和洪水威胁，政府通过大规模的公共宣传和教育活动，增强居民的防灾意识。例如，通过学校教育、广播电视、社交媒体等渠道，传播应对气候灾害的基本知识和行动指南。气候变化导致灾害跨越国界，国际应急救援合作日益重要。例如，欧盟启动了“欧盟民事保护机制”，成员国之间可以共享救援资源和技术支持。为帮助发展中国家应对气候变化带来的灾害风险，全球气候基金(GCF)提供资金支持用于建设防灾减灾基础设施、开展应急演练以及改善应急救援系统。

在技术创新与智能应急系统方面，新加坡利用先进的技术建立了智能灾害管理系统，该系统整合了气象数据、地理信息系统和实时监控技术，用于应对城市洪水、热浪和台风等气候灾害。例如，该系统能够实时监测城市水位，自动调整排水阀门，预防城市内涝。美国加利福尼亚州的森林火灾应急响应中，无人机被用于火灾监控和损失评估。无人机可以快速覆盖大片区域，实时传回影像数据，帮助指挥中心制定扑救方案，并在火灾后评估生态恢复情况。

随着新一代航运系统日益依赖数字化和智能化设备，网络安全问题成为重大挑战。需要加强应急管理系统的网络安全防护，开发更安全的数据传输和存储机制，确保在事故期间关键应急系统免受网络攻击。新技术的引入并不意味着完全替代人力，未来面临的挑战是如何在智能化自动系统与人力干预之间保持最佳平衡。过度依赖自动化可能导致人员在系统失效时无法有效应对突发情况，传统应急技能也可能因自动化普及而被忽视。未来如何改进船舶设计和航运规划以应对这些趋势与变化，也是重要的研究方向。智能船舶、无人船等新兴技术的加入，增加了系统的复杂性，这要求应急系统能够灵活应对多种类型的事故。自动化、智能化设备的广泛应用，船员和应急救援人员的传统技能要求正在发生变化。如何让人员快速适应新技术环境下的应急救援任务是一个挑战。

"课程思政"延伸阅读材料七：

卫海安澜——海事安全监管与应急救援的发展及启示

在海洋运输日益繁荣的今天，海事安全监管与应急救援能力是保障海上生命财产安全、维护海洋环境的关键防线。我国在这一领域的发展历程充满了挑战与突破，同时，国内外一系列重大海事安全事件也为我们提供了深刻的教训与启示。

新中国成立初期，我国海事安全监管和应急救援体系十分薄弱。相关法律法规不完善，监管手段有限，主要依靠人工巡查和简单的通信设备进行船舶管理，难以全面覆盖广阔海域。应急救援方面，缺乏专业队伍和设备，面对海上事故往往只能进行有限救助。

20 世纪 80 年代，国际上发生了多起重大海事安全事件。如 1987 年菲律宾渡轮"多纳·帕斯"号与油轮相撞事故，造成了数千人伤亡，这是当时全球最严重的海难之一。此次事件凸显了船舶安全管理、航行规则遵守以及应急响应机制的重要性。我国从中认识到，必须严格执行船舶检验标准，确保船舶具备良好的适航性；必须加强船员培训，提高船员应对紧急情况的能力；同时，要建立高效的应急指挥体系，以便在事故发生时迅速开展救援行动。

进入 21 世纪，我国海事安全监管与应急救援工作取得了显著进步。

在安全监管方面，大力推进信息化建设，船舶交通管理系统(VTS)、船舶自动识别系统(AIS)等广泛应用，实现了对船舶的实时、精准监控。执法力度不断加强，对违法违规行为严厉打击，保障了海上交通秩序。

应急救援能力也得到了大幅提升。我国组建了专业的海上救助队伍,配备了先进的救助船舶和直升机,如交通运输部直属的北海、东海、南海救助局在海上救援中发挥了重要作用。同时,完善了应急预案,定期开展实战演练,提高了救援队伍的协同作战能力。

2015 年"东方之星"号客轮翻沉事件是我国航运史上的一次沉痛教训。这起事件造成了重大人员伤亡,暴露出我国在客轮安全管理、恶劣天气应对、应急救援协调等方面存在的不足。事件发生后,我国进一步加强了对客滚船、客渡船等重点船舶的安全监管,严格执行船舶安全技术规范;强化了对恶劣气象条件下船舶航行安全的管理措施,提高了船舶的抗风险能力;同时,对应急救援机制进行了全面梳理和完善,确保救援行动更加迅速、高效。

近年来,我国继续加大在海事安全监管与应急救援领域的投入。积极开展国际合作,参与国际海事规则制定,提升我国在全球海事安全领域的影响力。不断研发和应用新技术,如利用大数据分析预测海上安全风险,推动智能船舶技术发展,提高船舶自主避碰能力等。

我国海事安全监管与应急救援事业在发展过程中,从国内外重大事件中吸取了宝贵经验教训,不断完善自身体系建设。未来,我们将继续努力,以更高的标准、更先进的技术和更完善的管理,守护海洋安全,为我国航运业的可持续发展和海洋强国建设保驾护航,确保蓝色国土的安宁与繁荣。

("课程思政"延伸阅读案例部分内容参考大语言模型"豆包"相关检索结果)

本章思考题

1. 请根据 7.2.3 针对新一代航运系统绘制 Bowtie 模型图,并思考有待完善的地方。

2. 请思考 TOPSIS 模型中指标权重的获取方式,有哪些途径可以获得权重数据?

3. 与传统海事事故风险影响因素相比,新一代航运系统风险影响因素中哪些因素会日益重要,哪些因素会逐渐消失?

参考文献

[1] ZHANG D, YAN X, YANG Z, et al. Incorporation of formal safety assessment and Bayesian network in navigational risk estimation of the Yangtze River[J]. RELIABILITY ENGINEERING & SYSTEM SAFETY, 2013, 118: 93-105.

[2] CHEN J, ZHANG C, ZHANG X, et al. Planetary gearbox condition monitoring of ship-based satellite communication antennas using ensemble multiwavelet analysis method[J]. Mechanical Systems & Signal Processing, 2015, 54: 277-292.

[3] HANZU-PAZARA R, BARSAN E, ARSENIE P, et al. Reducing of maritime accidents caused by human factors using simulators in training process[J]. Journal of Maritime Research, 2008, 5(1): 3-18.

[4] TRUCCO P, CAGNO E, RUGGERI F, et al. A Bayesian Belief Network modelling of organisational factors in risk analysis: A case study in maritime transportation[J]. Reliability Engineering & System Safety, 2008, 93(6): 845-856.

[5] TZANNATOS E. Human element and accidents in Greek shipping[J]. Journal of Navigation, 2010, 63(1): 119-127.

[6] FAN S, ZHANG J, BLANCO-DAVIS E, et al. Effects of seafarers' emotion on human performance using bridge simulation[J]. Ocean Engineering, 2018, 170: 111-119.

[7] 范诗琪. 远洋船舶驾驶员情绪和工作负荷定量分析及人因失误关联性研究[D]. 武汉：武汉理工大学，2020.

[8] FAN S, YANG Z, BLANCO-DAVIS E, et al. Analysis of maritime transport accidents using Bayesian networks[J]. Proceedings of the Institution of Mechanical Engineers, Part O: Journal of Risk and Reliability, 2020, 234: 1748006X19900850.

[9] FAN S, BLANCO-DAVIS E, YANG Z, et al. Incorporation of human factors into maritime accident analysis using a data-driven Bayesian network[J]. Reliability Engineering & System Safety, 2020, 203: 107070.

[10] 中国船级社. 船舶安全管理体系认证规范[S]. 2018.

[11] GUEDES S C, TEIXEIRA A P. Risk assessment in maritime transportation[J]. Reliability Engineering & System Safety, 2001, 74(3): 299-309.

[12] CHAUVIN C, LARDJANE S, MOREL G, et al. Human and organisational factors in maritime accidents: Analysis of collisions at sea using the HFACS[J]. Accident Analysis & Prevention, 2013, 59(Supplement C): 26-37.

[13] GRAZIANO A, TEIXEIRA A P, GUEDES SOARES C. Application of the TRACEr taxonomy for the codification of grounding and collision accidents[M]. Maritime Technology and Engineering, 2015: 215-226.

[14] KUM S, SAHIN B. A root cause analysis for Arctic Marine accidents from 1993 to 2011[J]. Safety Science, 2015, 74: 206-220.

[15] MA Q, TANG H, LIU C, et al. A big data analytics method for the evaluation of maritime traffic safety using automatic identification system data[J]. Ocean & Coastal Management, 2024, 251.

[16] PENG Z,JIANG Z,CHU X,et al. Spatiotemporal distribution and evolution characteristics of water traffic accidents in Asia since the 21st Century[J]. Journal of Marine Science and Engineering,2023,11(11).

[17] ZHOU C,QIN S,ZHONG J,et al. Modeling and analysis of external emergency response to ship fire using HTCPN and Markov chain[J]. Ocean Engineering,2024,297.

[18] MA Y,LIU K,CHEN M,et al. ANT:Deadline-Aware Adaptive Emergency Navigation Strategy for Dynamic Hazardous Ship Evacuation With Wireless Sensor Networks[J]. IEEE ACCESS,2020,8:135758-135769.